더 실패

높

더 나은 실패

김미현 비평 선집

강지희 엮음

민음사

연구실에서 제자가 찍어 준 故김미현 평론가

서문

경쾌한 비평과 근사한 뒷모습

> "어둠의 시간,
> 눈은 보기 시작하네."
> — 시어도어 로스케, 「어둠의 시간에」

　김미현 평론가는 한국의 대표적인 문학평론가이다. 1995년 문학평론을 시작한 그는 그 자체로 하나의 창작물로 인정받는 평론을 지향하며 출발했다. 실제로 그의 독특한 스타카토식 문체와 활기 넘치는 비유, 정합성이 도드라지는 구조의 글은 약 삼십여 년 가까이 많은 독자들과 만나며 사랑받았다. 여성문학이론과 분석에 누구보다 깊이 발을 들여놓았지만, 특정한 틀에 갇히지는 않고자 했다. 전투적이고 남녀 이분법적인 페미니즘 문학을 넘어, 즐겁고 유쾌한 페미니즘 문학이 되기를 주창하며 기존의 지평을 넘어서고자 시도했다. 1990년대 포스트모더니즘 담론과 신세대 문학에서 출발해 2020년대 포스트휴머니즘 담론과 SF 소설에 이르기까지 그의 손이 닿지 않은 문학은 거의 없다. 하지만 지금 시대의 독자가 그의 평론을 다시 읽어야 하는 이유가 있다면, 그의 글이 우리 삶에 대해 다시 돌아보게 하는 바가 있기 때문이다.

인생은 문학을 낳고, 문학은 평론을 낳지만, 평론은 그 문학을 증류시킨다. 그래서 좋은 평론은 자기만의 방식으로 다시 인생과 만난다. 김미현 평론가의 저서들을 따라가다 보면, 곳곳에서 얼마나 치열하게 삶과 만났는지 그 흔적을 확인할 수 있다. 첫 평론집에서 문학에 대한 맹목을 뜨겁게 고백하며 시작한 그의 여정은 마지막 평론집에서 '그림자의 문학론'으로 응축된다. 다음의 말은 그의 인생론으로도 들린다.

이 평론집에서 추구하는 '그림자의 문학'은 정오에도 그림자를 보려는 문학이다. 그림자가 보이지 않는다는 것을 볼 수 있는 문학이기도 하다. (……) '빛의 그림자'는 너무 절망적이다. 하지만 '그림자의 빛'은 모순 안에 내재하는 열린 가능성이고, 절망 속에서도 힘들게 작동하는 희망이다. '부정 속의 긍정'이 아니라 '부정 자체의 긍정'을 지향하기 때문이다. 그렇다면 '그림자의 빛'에서 그림자와 빛의 관계가 동격이나 소유격으로 손쉽게 치환되지 않는다는 사실이 중요하다.

그는 환하게 보이는 어떤 인생에도 그림자가 있다는 사실을 적시하길 넘어, 한번 더 들어간다. 그림자의 고통과 절망 속으로 깊이 몸 담글 때에 비로소 얻게 되는 빛과 가능성이 있다는 것이다. 절망은 누구나 한다. 하지만 절망과 희망의 뿌리가 같다는 걸 알아차리고 계속 인생의 파도를 타는 일은 문학을 깊이 이해한 자만 할 수 있는 일이다. 인용한 윗글의 마지막 문장에는 그림자를 성급히 지우고 어떻게든 빛을 찾기보다, 인생이 계속되는 한 빛과 그림자의 팽팽한 동행을 꿰뚫어 보는 날렵한 시선이 있다. 그래서 그의 마지막 평론집에서 두드러지는 것은 절망 속에서도 기이하게 자라나는 희망에서 비롯된 '감정의 윤리'와 '삶의 역동성'이다. 문학을 신앙 삼아 살아온 그에게 최종적으로 여과되어 남은 것은 삶에 대한 뜨거운 믿음과 사랑이었다.

이렇게 김미현의 평론은 삶에 대한 하나의 철학이자 지침으로 스승이 되어 왔지만, 동시대 문학과 긴밀하게 호흡할 때면 허심탄회하면서도 통찰력이 매력적인 친구이기도 했다. 여러 담론을 정교하게 엮어 작품이 놓일 자리를 정확히 위치 짓는 데 있어서는 언제나 탁월한 솜씨를 발휘했다. 그러니 여전히 다시 즐겁게 읽을 글들이 많다. 좋은 신화소가 시대를 뛰어넘어 여러 서사로 변주되며 살아남듯, 커다란 잠재성을 품고 있기에 앞으로도 계속해서 많은 이들의 눈과 손이 닿으리라 생각되는 글 열 편을 추렸다. 김미현 평론가의 저서 『판도라 상자 속의 문학』(2001), 『여성문학을 넘어서』(2002), 『젠더 프리즘』(2008), 『그림자의 빛』(2020)에서 어렵게 꼽은 글들이다.

가장 서두에 놓인 「이브, 잔치는 끝났다」와 「다시 쓰는 소설, 덧칠하는 언어」는 여성문학의 토대를 놓아주는 작은 총론격의 글들이다. 먼저 소천비평문학상(2003) 수상작이기도 한 「이브, 잔치는 끝났다」는 한국여성문학사의 축약본이다. 식민지 시기 김명순, 김일엽, 나혜석에서 시작된 제1기의 여성문학, 1960~1970년대 활발하게 활동했던 박경리, 손소희, 강신재, 한무숙, 한말숙 등이 끌어 갔던 제2기의 여성문학, 1980년대 중반 이후 불거져 나온 여성 문제와 함께 호흡했던 제3기의 여성문학 전체를 점검한다. 집약적인 정보로 이루어진 이 글의 매력은 마지막 결말부에 놓인 1990년대 여성문학에 대한 냉혹한 반성과 통찰에 있다. 주목과 잔치에 현혹되는 대신, '여성 문학은 얼마나 변하지 않았는가' 경계하며 다시 묻는 데서 김미현 평론 세계는 시작된다. 「다시 쓰는 소설, 덧칠하는 언어」는 여성 패러디 소설을 통해 여성적인 언어의 존재 가능성을 탐색하는 글이다. 여성만을 위한 언어가 불가능함을 폭로하는 아이러니의 언어와 해체적 언어를 횡단해 나가면서, 여성 정체성은 새롭게 탈구축될 가능성을 갖는다. '거울'이 아닌 '반사경의 언어'가 완성되는 것이다.

이후의 글들은 발표한 시간 순서대로 놓였다. 1990년대

문학에 대한 매력적인 진단을 확인할 수 있는 핵심적인 대표 평론이 「섹스와의 섹스, 슬픈 누드」와 「불한당들의 문학사」다. 「섹스와의 섹스, 슬픈 누드」는 1990년대 소설 속의 성(性)이 어떻게 다루어졌는가에 주목하며, 신세대 문학을 편견으로부터 구출하는 구제 비평의 대표적인 사례다. 1990년대를 주조한 진정성의 기원이 뜨겁고 불온한 정열의 정신성이 아닌, 무감정한 차갑고 가벼운 섹스의 육체성에 있다는 주장은 지금 보아도 신선하고 파격적이다. 이 글과 나란히 「불한당들의 문학사」가 읽힌다. 김영하, 백민석, 배수아의 서사에서 다채로운 성적 실천과 섹슈얼리티는 사회 전반의 권력에 대한 일종의 반란이자, 교감이나 정념이 표백된 채 심미적 주체성을 도모하는 방안이 된다. 두 글에서 주목하는 비정상적인 성과 악은 '미학적 부정성'의 형태를 띤 1990년대 문화정치적 저항을 정확히 짚어낸다.

팔봉비평문학상(2009)을 수상한 평론집 『젠더 프리즘』 안에서도 돋보이는 평론들이 「이브의 몸, 부재의 변증법」과 「페미니즘이 포스트페미니즘에게」다. 「이브의 몸, 부재의 변증법」에서는 오염되고 박탈되고 변이가 일어나기에 괴물로 취급되어 온 여성의 몸의 재현 양상에 대해 프랑스의 정신분석학적 페미니즘부터 에코페미니즘에 이르기까지 종횡무진하며 이론을 응용해 설명한다. 「페미니즘이 포스트페미니즘에게」는 가변적인 구성물로서의 젠더 정체성을 대표하기에 김미현의 평론에서 중요하게 위치했던 안티고네의 형상을 가장 선명하게 확인할 수 있는 글이다. 1990년대에서 2000년대로 넘어가며 기존의 페미니즘이 포스트페미니즘으로 형질 변화가 일어나고 있음을 날카롭게 포착한 글이기도 하다.

현대문학상 평론 부문(2008) 수상작 「수상한 소설들-한국소설의 이기적 유전자」는 기존의 한국문학 비평이 잘 들여다보지 않은, 보수적인 대중성을 지닌 작품들의 세부를 분석함으로써 관성이나 추상화된 악을 문제 삼는다. 한국 소설의 '이기적 유전자'로 꼽힌 대상 텍스트들은 바로 이문열의 『호모 엑세쿠탄스』, 김훈의 『남한산성』, 박민규의 『핑퐁』이다. 제각기 다른 세대를 대변하는 남성 작가의 작품들을 통해 "한국문학에서 언제나 살아남는 이기적 유전자는 바로 강력한 아버지에 대한 환상"이라는 통찰에 이르는 과정을 보는 것은 짜릿한 경험이 되어준다.

김환태평론문학상(2020)을 수상한 평론집 『그림자의 빛』에는 2010년대 세월호 사건을 통과하면서 생겨난 애도의 문제가 어른거린다. 「주체의 궁핍과 '손'의 윤리」는 '견고한 주체성과 당위적 윤리를 어떻게 벗어날 것인가'라는 의미심장한 질문을 던진다. 이 글은 소설에서 '연대' '용서' '치유'와 같은 이상적인 윤리로 향하는 당위적 결론을 손쉽게 확인하는 대신, 이상적인 윤리의 수행이 현실에서 얼마나 불가능할 수 있는지 그 지난한 과정을 보여준다. '포스트맨(Post-Man) 시대의 윤리'를 말하는 이 평론은 2000년대 이웃에 대한 절대적 환대의 윤리에 대한 통렬한 비판을 담고 있기도 하다. 「정의에서 돌봄으로, 돌봄에서 자기돌봄으로」는 팬데믹 시대를 통과하며 다각도로 펼쳐진 돌봄 담론에 대한 적극적 개입이다. 이 글은 돌봄에 헌신과 희생 등의 이상적 의미를 부여하는 대신, 돌봄 윤리 내부에서도 긴장과 균열이 있음을 먼저 포착한다. 돌봄 제공자와 의존자 사이에 존재하는 의존적 취약성을 인정하고 그런 돌봄의 한계를 자기 돌봄의 행위로 극복함으로써만 진정한 돌봄 윤리를 지향할 수 있다는 것이다. 이 두 편의 글을 이어 읽으면, 외부의 규준에 따르던 이상적 윤리에서 자신을 책임지기 위해 스스로 선택하는 긍정적 윤리로 거듭나는 과정이 읽힌다. 이는 『젠더 프리즘』에서 '가진 것'을 강조하고 미래를 긍정적으로 생산하는 "행복한 페미니즘"에 대한 추구와 맞닿아 있으면서도, '파워 페미니즘(Power Feminism)'은 벗어나는 지점이다.

「포스트휴먼으로서의 여성과 테크노페미니즘」은 한국 SF가 중흥기를 맞이한 2020년대에 더 널리 읽히고 인용될 선구적인 평론이다. 이 글은 윤이형과 김초엽 소설을 중심으로 포스트휴먼으로서의 여성이 '지구-되기', '모성-되기', '기계-되기'의 층위에서 어떻게 젠더 정체성을 찾아가는지 살펴본다.

이를 통해 완벽하고 절대적인 이상향으로서의 지구에 대한 향수나 복귀 자체가 환상에 불과함을 인정하고, 모성 또한 자연적이고 본질화될 수 없는 상황적이고 물질적인 문제임을 강조하며, 진정성의 아포리아를 보여 준다. 여성과 과학 기술이 비관/낙관, 긍정/부정, 지배/억압 등의 이분법적이고 고정된 관계를 유지하기보다 흔들리며 새로운 정치적 미래를 탐색해 나가는 '테크노페미니즘'은 기존 페미니즘을 산뜻하게 깨뜨린다.

1990년대 포스트모더니즘 담론에서 시작되어 2020년대 포스트휴머니즘에 이르기까지 이어진 김미현의 비평적 여정은 여성의 언어와 몸과 정체성에 뒤엉킨 환상들을 찢어내면서 새로운 길을 터왔다. 그 비평적 여정은 경쾌하다. 이 특유의 경쾌함은 삶과 문학 모두에서 긍정과 부정을 단순히 나누지 않고, 앞에서 언급한 '그림자의 빛'처럼 '부정 자체의 긍정'을 응시하는 힘에서 비롯된다. 그림자에 잠재된 노래와 춤을 끌어내듯 그는 쉬지 않고 즐겁게 읽고 썼다.

이 책의 제목 『더 나은 실패』는 2020년 김환태평론문학상의 수상소감에서 빌려온 말이다. 문학에서 성공은 무의미하지만 실패만을 반복하지도 않는다고 말하며, 그는 사뮈엘 베케트의 "다시 시도하기, 다시 실패하기, 다시 더 잘 실패하기"라는 말을 좋아한다고 고백한다. 이와 더불어 바틀비의 배달 불능 편지처럼 전달하는 데는 실패했지만, 다른 누구에게 전달되어 새롭게 읽힐 수 있는 가능성을 가진 문학을 '더 나은 실패'에 해당하는 문학이라 명명한다. 우리는 이를 김미현의 문학론에 대한 문장이면서, 동시에 인생에 대한 문장으로도 읽어낼 수 있다. 실패처럼 보이는 문학의 '그림자'가 오히려 더 나은 '빛'이 될 수도 있기를 바랐던 그의 마음은 이 책을 통해 계속 이어져 나갈 것이다.

〈부기〉

김미현 선생님이 돌아가신 지 일주기에 나오는 책이다. 선생님은 많이 아프셨을 때에도 힘들다는 내색 대신 농담을 던지는 사람이었다. 그 호방한 품성이 어디 가는 게 아니라서, 선생님의 평론 곳곳은 명랑한 지성으로 빛난다. 이 서문을 쓰던 시기에 아끼는 후배 하나가 김미현 선생님의 칼럼을 공유해 주었다. "뒷모습이 아름답게 떠나자"(《동아일보》, 2009. 9. 21.)에 나오는 한 구절이다.

뒤를 돌아보는 것과 뒷모습을 보이는 것은 다르다. 뒤를 돌아보면 다시 앞모습을 보여 주게 된다. 반면 뒷모습을 보이기 위해서는 다른 사람보다 앞서 걸어야 한다. 미련이나 집착, 욕망이 인간을 뒤돌아보게 한다. 포기하지 못했기 때문이다. 그래서 추한 뒷모습을 자꾸 숨기게 만든다. 하지만 관용과 자유, 무소유는 인간을 앞으로 나아가게 만든다. 그래서 그 근사한 뒷모습을 자꾸 보게 만든다.

이 글에서 선생님은 앞모습보다 뒷모습을 책임지기가 더 어렵다고 말한다. 자신의 뒷모습은 스스로 볼 수 없으며, 박수는 그 뒷모습을 보고 남이 쳐 주는 것이기 때문이다. 삶이든 글이든 최선을 다하되 그 뒤에는 어떤 삿된 욕망도 남기지 말고 자유롭게 나아가라는 말로 다시 새겨듣는다. 빛보다 그림자를 들여다보던 시선이 뒷모습을 눈여겨보는 이 글에도 일찌감치 새겨져 있었음을 새삼 확인한다. 돌아가시고 일 년이 지나 선생님의 뒷모습이 더 멀어지니, 선생님이 얼마나 앞서 걸었으며 많은 것들을 감당하고 계셨는지 비로소 알게 된다. 근사한 뒷모습이다. 선생님은 경쾌한 걸음으로 지금쯤 더 자유롭게 멀리 가셨을까.

제자들이 모여 김미현 선생님을 대표하는 한 구절을 꼽을 일이 있었다. 최종적으로 남은 한 문장은 이것이었다. "문학비평가는 자신의 방식으로 작가를 두 번 살게 하는 자다." 그런 마음으로 쓴 글들이니, 이 책이 선생님을 다시 살게 할 것이라 믿는다.

민음사의 편집자이자 믿음직한 평론가인 박혜진 선생님이 선뜻 나서준 덕분에 이 책이 번듯하게 세상에 나올 수 있었다. 많은 제자들의 정성스러운 마음을 모은다는 생각으로 선생님의 글들을 추리고 서문을 썼다. 혹여 아쉬움이 남는 지점이 있다면, 그것만큼은 나의 몫이다. 김미현 선생님 영전에 바친다. 생전에 그러셨듯 더없이 환하고 호탕하게 웃으셨으면 좋겠다.

2024년 8월

강지희

차례

서문—강지희　　··· 5

이브, 잔치는 끝났다　　··· 19
젠더 혹은 음모

다시 쓰는 소설, 덧칠하는 언어　　··· 56
패러디 소설에 나타난 여성 의식

섹스와의 섹스, 슬픈 누드　　··· 83
1990년대 소설 속의 성

불한당들의 문학사　　··· 114
1990년대의 악마주의 소설

이브의 몸, 부재의 변증법　　··· 145

수상한 소설들　　··· 174
한국 소설의 이기적 유전자

페미니즘이 ··· 207
포스트페미니즘에게

주체의 궁핍과 '손'의 윤리 ··· 235

정의에서 돌봄으로, ··· 271
돌봄에서 자기 돌봄으로

포스트휴먼으로서의 여성과 ··· 306
테크노페미니즘
    윤이형과 김초엽 소설을 중심으로

에필로그 ··· 341
더 빛나는 그림자 ··· 343
나'들'의 문학'들' ··· 346
암리타가 있는 키친의 풍경 ··· 358

이브, 잔치는 끝났다

젠더 혹은 음모

바그다드 카페에는 유혹이 있다

예쁘지도 않고 날씬하지도 않은, 심지어 말마저 잘 통하지 않는 한 독일 여성이 미국의 허름한 카페 '바그다드'에 오면서 그곳의 모든 것이 바뀐다. 지저분하고 정신없던 카페와 모텔은 새집처럼 변하고, 무능한 남편과 속 썩이는 자식들 때문에 불행했던 카페 여주인 브렌다는 낯선 방문객인 야스민 때문에 삶의 활기를 되찾게 된다. 그리고 정처 없이 유랑하던 콕스 또한 그녀 때문에 예술적 열정이 되살아나 그녀를 모델로 다시 그림을 그린다. 브렌다의 아들과 딸도 그녀 때문에 행복하게 피아노를 치거나 마음의 아름다움을 되찾게 된다. 야스민 또한 더 이상 남편과 헤어졌을 때의 그녀가 아니다. 이처럼 영화 「바그다드 카페」에는 '낮은 목소리'로 자신의 정체성을 찾아가는 사람들의 이야기가 있다. 그중에서 특히 야스민은 물처럼 다른 사람들의 상처를 치유하고, 바람처럼 지친 영혼을 살려 낸다. 그녀는 아무것도 주장하지 않는 듯하면서도 자신이 바라는 것을 얻는다. 싸우지 않고도 이긴다면 그것 자체가 마술이다. 그래서 마술을 원하는 우리 또한 주제가 「콜링 유(Calling You)」에 맞춰서 그녀를 애타게 부르게 된다. 수전 손태그가 말한 "예술은 강간이 아니라 유혹이다."라는 말과 장 보드리야르의 "여성의 힘은 유혹의 힘이다."라는 말이 실감 나는 영화가 바로 「바그다드 카페」다.

그러나 우리가 지금 살고 있는 곳은 미국이 아니다. 더구나 우리는 영화가 아닌 문학을 읽어야 한다. 그래서인지 유혹당하면 부족한 것 같아 불안하고, 강간당하면 넘치는 것 같아 불쾌해진다. 이처럼 여성 문학을 접할 때 특히 강화되는 이런 딜레마나 자기 검열의 기나긴 역사를 확인하기 위해서는 여성 문학사 속으로 직접 들어가 보아야 한다. 유혹과 강간 사이에서 끊임없이 방황하는 여성들의 의식은 그 자체로 생물학적·자연적인 성(sex)이 아니라 사회적·역사적 성(gender)과 밀접한 관련이 있고, 그런 젠더의 산물이 바로 여성 작가들의 작품이기 때문이다. 그리고 젠더가 사회적인 규범에 의한 성의 이원론적 분할과 관계있다면, 그런 젠더의 양상을 가장 치열하게 보여 주는 것이 여성 문학을 바라보는 남성 평론가들의 시각일 것이다. 한국문학사에서는 남성 작가들이 여성 문제를 문학적으로 형상화한 경우가 드물고, 여성 작가들이 남성 문제를 작품화한 경우나, 남성 작가들의 작품에 대한 여성 평론가들의 논의도 최근 들어서야 시도되기 시작했다. 때문에 이런 현실을 감안하면 현실적이고도 상대적으로 젠더의 충돌 양상을 가장 극명하게 보여 주는 것이 여성 작가나 작품에 대한 남성 평론가들의 논의라고 할 수 있다.

이런 이유로 이 글은 '앨리스'가 되어 여성 문학에 대한 남성 평론가들의 글이라는 '거울'을 통해 '이상한 나라'로 들어가는 것이 목적이다. 그 거울이 여성들로 하여금 자신들의 모습을 '다시 보고(re-vision)' 그동안 잘못 알려졌던 자신의 모습을 '교정(revision)'하도록 만들어 주기 때문이다. 그런 작업을 위한 시도로서 이 글에서는 거의 30년을 단위로 지속과 변화의 양 측면을 모두 보여 주는 여성 문학사를 세 시기로 나누어 각 시기의 젠더적 특성을 살펴보려 한다. 즉 제1기(1920~1930년대), 제2기(1950~1960년대), 제3기(1980~1990년대)를 거치면서 남성 평론가들에게 가장 많이 논의되었거나 논쟁적이었던 여성 작가나 여성 소설을 통해 20세기 한국문학 속의 젠더를 재고해 보려는 것이다.

그 결과 우리는 다음과 같은 사실을 확인하게 될 것이다. 아직도 여성 문학은 '차이'가 아닌 '차별' 대우를 받고 있다는 것, 때문에 진정한 여성 문학은 언제 올지 모르는 고도(Godot)와 같다는 것, 그동안 여성 문학에서 이룬 것은 엄청난 승리를 유예시키는 하찮은 승리에 불과할지도 모른다는 것, 여전히 여성은 아버지 제우스의 머릿속에서 갑옷을 입고 태어난 아테나이거나 아폴론에게 순종하지 않은 죄로 아무도 그녀의 말을 믿어 주지 않는 벌을 받은 카산드라일 수밖에 없다는 것, 그래서 여성의 운명은 오디세우스를 기다리며 낮에 짠 옷을 밤에 다시 풀어야 하는 페넬로페와 닮아 있다는 것, 이처럼 여성들은 아직도 해피엔딩의 영화가 아니라 비극적인 신화 속에 더 많이 산다는 것 등. 이런 사실을 확인해 가는 작업은 20세기의 한국 여성 문학사에서 사라지지 않았던 여성들의 좌절과 절망을 곡비(哭婢)처럼 대신 울어 주는 일이 될 것이다.

노라, 인형의 집을 나오다

1917년 김명순이 「의심의 소녀」를 발표한 후 시작된 여성 문학은 김일엽과 나혜석이 가세하면서 3인 중심으로 제1기를 맞게 된다. 그들은 한국의 노라로서 기존의 봉건적 인습과 가부장적 질서에 대해 과격한 거부의 몸짓을 보였다. 물론 입센은 자신이 여성해방론자로 취급받는 것을 달가워하지 않았지만, 그의 작품 「인형의 집」의 영향을 받은 한국의 노라들은 나혜석의 입을 빌려 "남편과 자식에 대한/ 의무같이/ 내게는 신성한 의무 있네/ 나를 사람으로 만드는/ 사명의 길을 밟고서/ 사람이 되고저."(「인형의 집」 중에서)라거나 "나는 사람이라네/ 남편의 아내 되기 전에/ 자녀의 어미 되기 전에/ 첫째로 사람이라네."(「노라」 중에서)라고 외친다.

제1기에는 이외에도 엘렌 케이의 모성론, 베벨의 부인론, 알렉산드라 콜론타이의 사회 해방론이 소개되었다. 그 영향으로 신여성들 사이에서는 당시에 유행했던 소설 「적련(赤戀)」의 여주인공처럼 여러 남성과 거침없이 결합하고 헤어지는 새로운 연애관이나 방종한 성도덕이 문제시되었다. 김명순이나 김일엽, 나혜석도 소설이나 수필을 통해 성의 해방이나 자유연애, 신도덕이나 신정조관을 주장하고 있다. 때문에 그녀들은 작품보다는 사생활로, 관심과 기대보다는 편견과 멸시로 평가된, '저주받은' 선각자들이었다. 그 대표적인 예로 김동인은 김명순을 모델로 한 「김연실전」에서 '작품 없는 문학 생활'을 한다고 이들을 비판했다. 그리고 김일엽을 최명애로, 나혜석을 송안나로 등장시켜 그녀들을 '여류 문사'라는 허울 아래 성적인 방종을 일삼는 인물들로 비하하고 있다.

상황이 이러했으므로 김명순이 여성 작가로서는 처음으로 『생명의 과실』(1925)이라는 창작집을 냈다거나, 김일엽이 「자각」, 「사랑」, 「희생」 등의 소설을, 나혜석이 「경희」나 「원한」 등의 여성 소설을 창작했다는 사실은 가려진다. 물론 그녀들의 작품 수준이 고르지 못하거나, 그녀들이 논설이나 수필을 더 많이 창작했다는 것은 사실이다. 그러나 그렇더라도 김기진이 김명순을 논하면서 "그는 평안도 사람의 기질인 굳고도 자가 방호(自家防護)하는 성질이 많은 천성에 여성 통유(通有)의 애상주의를 가미해서 그 위에다 연애 문학서류의 펭키칠을 더덕더덕 붙여 놓고 의붓자식이라는 환경으로 말미암아 조금은 꾸부정하게 휘어 가지고 처녀 때에 강제로 남성에게 정벌을 받았다는 이유가 있기 때문에 더 한층 히스테리가 되어 가지고 문학 중독으로 말미암아 방분(放奔)하여졌다."라고 평한 것은 그 내용이 다분히 인신공격적이고 문학 외적 요소로 그녀의 문학을 평가한 측면이 강하다.

이처럼 동경 유학 체험이 있는 중산층 여성들의 서구 중심적·자유주의적·개인주의적 여성해방론에 입각한 1920년대 선배 여성 작가들의 활동에 대해서는 1930년대의 후배 여성 작가들도 부정적인 시각을 보인다. 이전 시대의 여성 작가들이 발표한 글들을 보면 자신들의 무지함을 폭로하고 있기 때문이라는 것이다.[2] 때문에 1930년대에는 작품으로 대접받으려는 여성 작가들이 많이 등장하면서 작품 활동을 많이 하려 했기에 홍구(洪九)는 오히려 "여류 작가 범람 시대", "다량 생산 시대"이자

---

1 김기진, 「김명순 씨에 대한 공개장」, 《신여성》 1924년 11월호.
2 최정희, 「1933년도 여류 문단 총평」, 《신가정》 1933년 12월호.

"기근 시대", "폭락 시대의 전조"¹라는 우려까지 한다.

이런 와중에 그나마 남성 평론가들로부터 가장 인정받은 작가는 박화성이라고 할 수 있다. 흔히 박화성의 문학은 선이 굵다, 주제 의식이 강하다, 논리적이다, 구성력이 있다, 사회 문제에 관심이 있다 등으로 평가되었다. 「하수도 공사」나 「홍수 전후」, 「두 승객과 가방」, 「한귀」, 「춘소」 등의 작품에서 보여 주는 면모가 그런 평가들을 확인해 준다. 그런데 아이러니컬하게도 남성 평론가들이 보기에는 이런 특성 자체가 박화성 문학의 장점도 되고 단점도 된다. 남성 평론가들은 박화성이 여성 특유의 감상성이나 소재의 한계성을 벗어난 '남성적 작가'이기에 그녀를 여성 작가가 아닌 작가라고 옹호하는가 하면, 그녀가 여성이면서도 여성다운 특성을 살리지 못했다고 비판하기도 한다.

보다 구체적으로 박화성이 남성적인 작가이기 때문에 높이 평가한 남성들로는 이광수, 김기진, 백철, 양주동 등이 있다. 박화성을 문단에 추천한 이광수는 "우리는 우리 누이들 중에서 이렇게 정성 있고 힘 있는 이를 만나는 것을 심히 기뻐하지 않을 수 없다."²라고 극찬했으며, 김기진 또한 "저널리즘적 명성보다도 그들의 작품이 꾸미는 역량에 있어서 출중하다."³면서 박

---

1 홍구, 「여류 작가의 군상」, 《삼천리》 1933년 1월호.
2 이광수, 「소설선후언(小說選後言)」, 《조선문단》 1924년 12월호.
3 김기진, 「구각(舊殼)에서의 탈출」, 《신가정》 1935년 1월호.

화성과 강경애를 여성 작가 중에서 최고로 평가한다. 백철도 동반자 작가적인 박화성에 주목하면서 그런 특성에 의해 문학사의 주류에 편입시키고 있으며,[1] 양주동 또한 "그의 소설은 선이 굵고 테마가 뚜렷하다. 더구나 사회 현실에 대한 관찰과 해부를 게을리하지 않는 점은 확실히 여류 문단의 한 이채다."[2]라고 극찬한다.

이런 찬사에 반대하는 글이 김문집의 「여류 작가의 성적 귀환론 — 화성을 논평하면서」[3]이다. 김문집은 "여류 문단의 맏딸"로서의 박화성의 위치를 인정하면서도 박화성에게 "여성성 소실" 혹은 "여성성 기피"에서 벗어나 여성으로 "귀환"하라고 촉구하고 있다. "남성으로선 취급치 못할 면을 남성으로선 향유치 못한 센스로서 표현한 여성의 작품에 정복당하는 것이 남자라는 것이다. '여성적인, 너무나 여성적인' 작품을 위해 '여성 호르몬의 개성적 발로'가 중요하다."라는 것이 그의 논지다. 안회남 또한 「박화성론」[4]에서 박화성이 '아들' 같은 작품을 선호하는 남성적 작가이기에 오히려 여성을 모멸하는 작가라고 비판한다. 그런 후 "이쁘고 싸근싸근하고 고요하고 깨끗한 모든

1 　백철, 『조선 신문학 사조사』(백양당, 1949).
2 　양주동, 「여류 문인 편감 촌평」, 《신가정》 1934년 2월호.
3 　김문집, 『비평문학』(청색지사, 1938).
4 　안회남, 「박화성론」, 《여성》 1938년 2월호.

여성의 좋은 점을 소설에서 좀 더 잘 표현하고 보다 옳게 탐구해 나가는 것이 오늘날 여류 작가들의 의무요 또한 권리"라고 강조한다.

그런데 특이한 것은 박화성을 비판할 때 김문집이나 안회남 모두 프로이트의 학설을 그 근거로 삼는다는 사실이다. 예술은 성적인 표현의 양식이고, 여성은 영원히 남성이 될 수 없기에 각자의 특성을 유지·발전시켜야 한다는 것이 그들이 주목하는 프로이트의 이론이다. 하지만 이런 프로이트 이론에 대한 페미니스트들의 비판은 크게 두 가지로 요약될 수 있다. 첫 번째는 그의 생물학적 결정론의 입장이다. 남근 선망이나 거세 콤플렉스는 생물학적인 것이 아니라 사회적 환경에 의한 것인데도 프로이트는 이 점을 간과한다는 것이다. 두 번째는 그의 남성 우월적 입장이다. 그의 이론은 여성을 '불완전한 남성'으로 간주하는 여성 혐오적인 서구 철학의 전통 위에 세워져 있다는 것이 페미니스트들의 분석이다. 프로이트가 여성성을 수동성이고 피학적이며 자아도취적인 것으로 파악하는 데서 이 사실은 증명된다. 이에 입각해 볼 때 김문집이나 안회남의 여성성 옹호는 겉으로 보기에는 여성 고유의 독자성과 특수성을 인정하는 듯하지만 그 이면에는 남성의 특권을 침해받고 싶지 않다거나 남녀 차등적 위계질서를 옹호하려는 남성 심리가 내포되어 있다고 할 수 있다.

결국 박화성에 대한 평가에서 드러나듯이 1930년대의 여성 문학은 외화내빈(外華內貧)의 측면이 있었다고 할 수 있다. 신문이나 잡지 등의 저널리즘에 의해 발표 지면이 확보됨으로써 작품의 양적 증가나 질적 변화를 이루었지만, 그런 긍정적인 측면 자체가 기득권자들의 선심 쓰기용 배려였을 가능성을 배제하지 못한다는 것이다. 김남천이 지적했듯이 여성 문학은 오히려 그 희소가치로 인해 "지나친 귀여움"을 받은 측면도 있다. 거기에 안주했던 까닭에 "좀처럼 자라질 않는", "백 년이 일 년과 같은" 문학이 되었다는 뼈아픈 지적을 받아야만 했다.(김남천,「구각에서의 탈출」, 참조) 물론 이런 김남천의 의견에는 여성 작가의 작품에 대한 의도적인 폄훼 혹은 급성장한 여성 작가들에 대한 신경질적인 반응이 담긴 것은 아닌가라는 의심도 든다. 하지만 애완물로 취급되기를 바라거나 우선권과 특권을 바라는 여성 문학에 대해 반성의 기회를 주었다는 점에서 의미 있는 구석이 있다. 사실 김명순, 김일엽, 나혜석 등이 남성들의 비난 속에서 힘들게 혼자 싸웠던 것에 비해 1930년대의 여성 작가들은 남성들의 비호 속에서 활동한 측면이 있기 때문이다.

하지만 누구보다도 여성 문학에 대한 관심과 자성의 태도를 뚜렷이 한 독보적 존재가 바로 최초의 여성 평론가 임순득이다. 늦게 등단한 데다가 6·25 전쟁 후 북한 문학사에 편입됨으로써 많은 글을 남기지는 못했지만 임순득은 논리적이고 분석적인 태도로 여성 문학을 논하고 있다는 점에서 의의 있는 여성 평론가다. 특히 그녀는 1940년을 전후로 한 전반적인 문학 침체의 영향을 받아 여성 문학이 하향세를 보이자, 이 시기를 역설적으로 '불효기(拂曉期)'로 명명하면서 여성 문학의 미래를 위해 고언(苦言)을 하고 있다. 이미 「여류 작가의 지위」[1]에서 "진정한 인간의 해방은 부인이 해방되는 것, 부인의 인간으로 복귀하는 것으로써 완성된다."라고 주장했던 임순득은 「불효기에 처한 조선 여류 작가론」[2]에서 더욱 비판적으로 여성 문학의 문제점을 객관적으로 지적하고 있다.

그녀는 우선 기존의 여성 문학에 대해 논의할 때 여성이 우선이고 문학이 나중인 것에 대해 반대한다. 그 후 "이 땅에 있어서의 부인 문학이란 어디까지나 미래를 위한 전망 속에 모셔 놓은 우리의 끊임없는 이상에 불과했고 그 명목에 상응할 부인 문학의 근거는 최초부터 없었던 것은 아니었던가?"라고 도전적으로 묻는다. 여성 작가들이 먼저 "시든 카네이션을 가슴에 안고 차 먹는 데를 출입하는 것으로써 진실로 문화적 분위기를 향수하는 양" 잘못 아는 천박한 허영심을 없애야 한다는 것이다. 물론 임순득은 이런 여성 작가 내부의 문제뿐만 아니라 외부적인 문화 현상의 파행성에서도 여성 문학 저조의 원인을 찾고 있

---

[1] 임순득, 「여류 작가의 지위」, 《조선일보》(1937년 6월 30일~7월 7일).
[2] 임순득, 「불효기에 처한 조선 여류 작가론」, 《여성》 1941년 9월호.

다. 여성 작가들에게 베푸는 남성들의 친절한 태도 자체가 "특별히 시설한 자선석(慈善席)"에만 여성 작가들을 우대하는 '왜곡된 페미니즘'이라는 것이다.

이처럼 제1기의 여성 문학은 여성 작가나 그들의 작품이 문학사에 편입됨으로써 코페르니쿠스적 전환이 이루어진 시대라고 할 수 있다. 그리고 '여성답다'라는 것이 남성성의 결핍으로 비난받기도 하고 '남성답다'라는 것이 여성성의 왜곡으로 비난받았던, 그래서 여성다울 수도 없고 남성다울 수도 없었던 혼돈의 시기이기도 했다. 여성다워야 한다는 말이나 남성과 구별되지 않아야 한다는 말이 여성 억압의 기제라는 측면에서 동일하게 사용되었던 시기인 것이다. 또한 이 시기의 남성 평론가들은 여성 의식과 사회의식을 이분법적으로 분리했으며, 여성적 문체에 대해서는 부정적 평가를 내렸다. 한 예로 강경애를 평가하면서 그녀의 소설이 하층민의 궁핍을 그린 것은 높이 평가하면서도 그 하층민이 대부분 여성 인물들이라는 것은 간과했다. 또 그녀의 문체를 감상적이고 기교적인 여성적 문체가 아니라 직선적인 남성적 문체라고 보았기에 높이 평가했다. 때문에 막 형성되기 시작했던 여성적 주체는 1940년 신문이나 잡지의 폐간, 친일 문학의 득세, 태평양전쟁이나 2차 세계대전의 발발로 인한 외풍에 의해 제대로 정착하지 못한다. 채만식이 「인형의 집을 나와서」를 쓰면서 의도했듯이 인형의 집을 나온 노라들이 맞닥뜨린 것은 어둠과 좌절이었기 때문이다.

자유 부인에게서는 비누 냄새가 나지 않는다

1950년대에 등장하여 주로 1960~1970년대에 활동한 제2기는 여성뿐만 아니라 모든 인간이 타자이고 주변인이며 소외인이었던 총체적 비극의 시대였다. 때문에 여성 문학사에서도 이 시기는 침체기나 소강기로 간주된다. 위기 상황에서는 보수화될 수밖에 없는 것이 사회 현실임을 감안할 때 제2기의 여성 문학은 제1기 때보다 가부장적 이데올로기를 기반으로 한 지배 이데올로기가 여성들을 더욱 억압했다고 할 수 있다. 이 시기에 여성 단체의 교육 활동이나 가족법 개정 등에 대한 관심은 고조되었으나 직접적으로 여성해방의 이념을 표출한 문학작품을 거의 찾아볼 수 없다는 사실이 이 점을 확인시켜 준다. 특히 1950년대는 신세대 소설이나 실존주의에 대한 논쟁이, 1960년대에는 최인훈의 분단 이데올로기 소설이나 김승옥의 새로운 감수성에 의한 도시 소설에 대한 논의가 문단의 중심에 자리 잡았다. 당연하게도 그에 필적할 작품을 생산하지 못한 여성 작가들은 그들의 그늘에 묻힐 수밖에 없었다. 그래서 여성 작가들은 허무적·소극적·수동적 태도로 여성 문제나 사회 현실에 대응하는가 하면, 체념적인 운명론이나 낭만적 사랑으로 도피하는 경향을 보이게 된다.

이런 배경에서 1920년대에 이어 제2의 정조론이나 자유 연애론이 다시 유행함으로써 '자유 부인형' 여성이 등장하게 된다. 여성의 성 해방이 왜곡된 형태로 폭발된 것이 자유 부인형 성 풍조다. 물론 이런 성 문제에 대한 의식이 그동안 무시되거나 숨겨져 왔던 여성의 성적 욕망을 예각화했다는 점에서 나름대로의 의의가 있는 것도 사실이다. 그리고 진정한 의미에서의 자유 부인이었다면 전통적인 현모양처 이데올로기에 의해 가정 내에서 '집안의 천사'로 안주하는 여성상에 대한 도전이나 전망 없는 미래에 대한 처절한 저항을 보여 줄 수 있었을 것이다. 하지만 그 당시의 자유 부인은 너무 낭만적이거나 나약했고, 가부장제는 너무 폭력적이거나 강했다. 더구나 1950~1960년대는 사회 속의 남성과 가정 안의 여성, 집 밖의 창녀와 집 안의 천사라는 이분법적 대립이 가장 첨예하던 시기였다고 볼 수 있다. 때문에 결혼을 통해 가정에 안주하려는 여성들이 강요에 의해서가 아니라 자발적으로 여성다움을 내면화하는 시기이기도 했다.

제2기에 속하는 여성 작가들의 면면을 살펴보면, 가장 여성적인 작가로 평가되는 경우가 한무숙, 한말숙 등이고, 가장 남성적인 작가로 평가되는 경우가 송원희다. 그 사이에 있는 작가들이 박경리, 손소희, 강신재 등이다. 그중에서 다른 작가들과는 달리 당대에 여성성과 남성성의 사이에서 문제시되었던 작가가 바로 강신재다. 특이하게도 박화성이 남성적 작가이기 때문에 긍정적·부정적 평가를 모두 받았다면, 강신재는 여성적 작가이기 때문에 긍정적·부정적 평가를 모두 받았다. 최초로 대표작 전집(전 8권, 1974)을 출간했던 여성 작가인 강신재의 소설들을 여성 문학으로 간주할 때는 대개 두 가지 이유에 근거했다.

첫째는 그녀의 소설에서는 여성 인물들이 주인공인 경우가 많고, 남성 인물이 주인공이더라도 여성의 눈을 통하여 남성 인물이 해석된다는 것이다. 그래서 조연현은 강신재를 "가장 여류 작가적인 여류 작가"[1]라고 평가한다. 그러나 이에 대한 반론이 정규웅에 의해 제시된다. 스스로 여류 작가라는 한정사를 거부하는 강신재답게 그녀의 소설 속에는 여러 가지 유형의 인간상이 등장하며, "주인공이 남성이든 여성이든 작가가 근본적인 인간 문제에 어프로치했을 때 문제가 되지 않는"[2]다는 것이다. 정규웅이 보기에 강신재는 "유능한 요리사처럼 어떤 제재에서도 작품을 만들어 낼 수 있고, 작품마다 그 주제의 방향이 아주 다르게 나타날 수도 있다."라고 지적한다. 이런 강신재 문학의 다양성은 조연현도 인정하고 있는 바다.

반면 평론가가 아닌 시인이지만 고은은 「실내작가론」[3]에

---

1 조연현, 「강신재 단상」, 《현대문학》 1960년 2월호.
2 정규웅, 「내밀한 조화의 세계」, 《문학사상》 1975년 1월호.
3 고은, 「실내작가론」, 《월간문학》 1969년 11월호.

서 시종일관 강신재 소설을 강력하게 비판하고 있다. 고은이 강신재의 소설을 비판하는 이유는 그녀의 여성 인물들이 보여주는 생활 기피증, 남성 기피증, 희망 기피증 때문이다. 생활 기피증은 강신재가 지식 계급에 속하는 여성들을 주로 등장시켜 세속성 핍하나 현실과의 유리를 초래한다는 것이다. 남성 기피증은 "강신재에게 있어서 남성과 여성의 만남이라는 것은 그 자체가 파괴의 여신 시바를 수반하고 있고, 사신 데몬을 수반하고 있기 때문에 언제나 남성은 단절되어야 할 외부로 간주된다."는 사실을 의미한다. 희망 기피증이란 강신재 소설 속의 여성들이 어떤 구원도 기대하지 않거나 해결책을 도모하지도 않으면서 패배주의에 빠져버린다는 사실을 지적한 것이다.

　이런 고은의 비판에 대해서는 다음과 같은 답변을 제시할 수 있다. 첫 번째로 강신재의 소설은 다양한 계층과 연령의 여주인공이 등장하며, 특히 「관용」과 「해결책」, 「해방촌 가는 길」처럼 양공주가 등장하는 소설에서는 생활 때문에 몸을 팔아야 하는 여성들이 등장하고 있다. 두 번째 그 누구보다도 사랑의 가치와 그 치유성을 믿고 있는 작가가 바로 강신재다. 강신재는 「정순이」, 「봄의 노래」, 「여정」, 「젊은 느티나무」 등에서 순수하고 낭만적인 사랑을 이야기하고 있으며, 「강물이 있는 풍경」이나 「이브 변신」처럼 사랑의 부정적인 측면을 이야기할 때도 정신적이고 도덕적인 사랑에 대한 열망을 동시에 보여 주는 경우가 많다. 또한 강신재가 여성 자체의 자의식에 초점을 맞추었다고 본다면 남성에 대한 증오와 의존심을 보이지 않는 것도 여성의 자아 확대라는 측면에서 긍정적으로 평가될 수 있다. 세 번째로는 염무웅[1]이 지적했듯이 강신재의 여성 인물들은 체념, 탈출, 잠정적 타협 등의 세 가지 유형으로 반응하기에 소극적인 맹종만을 보여주지는 않는다는 것이다. 강신재 소설의 여성 인물들은 아무것도 시도하지 않는 것이 아니라 시도해도 실패하거나 잘못 시도하는 경우가 더 많다. 이런 사실 자체가 당시 사회 상황의 반영으로 읽힐 수 있다.

강신재의 소설에서 여성 문학적 특성으로 간주되는 두 번째 요소는 그녀의 여성적 문체다. 제1기에 최정희가 「곡상」, 「흉가」, 「인맥」, 「지맥」, 「천맥」 등의 작품을 통해 고백체라는 '여류다운 문체'를 확립했다고 평가받듯이 강신재 또한 감각적이고 세련된 여성적 문체로 높이 평가되는 작가다. 때문에 수십 편에 달하는 장편소설이나 자신이 생각하는 대표작 『파도』가 아니라 "그에게서는 언제나 비누 냄새가 난다."라는 감각적 문장으로 시작되는 「젊은 느티나무」로 기억되곤 한다. 이러한 강신재의 서정적이고 섬세한 문체가 대상에 대해 일정한 거리를 유지했기 때문에 가능하다는 데에는 염무웅과 김주연 모두 의견을

---

[1] 염무웅, 「팬터마임의 미학」, 『현대 한국 문학 전집』(신구문화사, 1968).

일치시키고 있다. 염무웅은 강신재가 말에 대한 날카로운 감수성을 토대로 대상과 일정한 거리를 유지함으로써 "투명한 이미지의 조형"이 가능했다고 본다.(앞의 글) 그리고 색채, 냄새, 명암 등에 대한 날카로운 촉수로 풍경과 감정 상태를 상호 침투시킴으로써 감각적인 문장을 이루었다고 평가한다. 김주연 또한 이런 거리 감각을 "감성의 객관화"[1]로 칭하면서 이것이 강신재를 '가장 여성다운 작가'로 만든다고 지적한다. 대상을 객관적으로 묘사하는 수법을 통해 가냘프고 아름다운 감성을 내보이면서도 대상에 깊이 매몰되는 것을 막고 있다는 것이다.

고은에게서 "감정의 냉장고"나 "박제된 여성"이라고 비난받았던 근거인 강신재의 감정과 대상과의 거리 유지라는 특성을 염무웅이나 김주연이 긍정적으로 평가하는 것은 고무적인 현상이다. 그러나 염무웅은 그로 인한 문체적 특성이 강신재의 문학을 더욱 여성다운 문학으로 만드는 데 기여한다고 보았고, 김주연은 이런 감성의 객관화가 "이 작가를 가장 여성답게 하면서 동시에 여류라는 한정된 테두리 속에 작가를 유폐시켜 버리지 못하게 하는 관건"으로 작용한다고 보았다. 이런 이중적 평가에서 다시 한번 확인되는 사실은 여성 작가들의 문체란 감정에 토대를 둔 감각적, 주관적, 묘사적인 것이기에 이성에 토대

---

[1] 김주연, 「여성성의 발견과 그 현실 파탄」, 『문학비평론』(열화당, 1986).

를 둔 논리적, 객관적, 서술적인 남성적 문체와 본질적으로 다 르다는 남성적 사고다.

강신재 소설을 둘러싼 여러 논의들을 볼 때 제2기 여성 문학에서 호평받는 것은 여성적 문체요 혹평받는 것은 사회의식의 부재나 결핍이라고 할 수 있다. 이런 호평과 혹평에는 정반대의 뜻이 숨어 있다. 여성 작가들의 문체를 연구한 대표적인 평론가인 구인환은 여성적 문체의 특징으로 "즉물적, 상태적 표현인 체언형"이나 "감각적인 문체인상"[1]을 들면서 여성 작가들은 소설 속에서 색채어나 명암의 표현, 직유법 등을 많이 사용한다고 지적한다. 물론 이런 지적 자체가 여성 작가이기 때문에 가능한 뛰어난 관찰력이나 예민한 감수성, 탁월한 심리 묘사 등을 인정해 주는 측면도 있다. 그러나 그런 장점이 '기교'나 '기법'의 차원에서 논의됨으로써 내용과 분리된 형식의 문제로만 한정되기에 그 가치가 축소된다.

이런 문제는 대개 여성 작가들이 사회문제에 관심이 없다는 비난이 가해질 때 더욱 심각해진다. 홍사중이 박경리를 평하면서 "사회적 관심이 그처럼 한정된 것이고 생활 자체가 현실성을 상실해 가며 있을 때에는 다시금 여류 작가로 되돌아갈 수밖에 없다."[2]라고 말했을 때나, 고은이 강신재의 소설이 "타이트

---

1 구인환, 「한국여류소설의 기법」, 《아세아여성연구》 11집(1972).
2 홍사중, 「한정된 현실의 비극」, 『현대 한국문학 전집』(신구문화사,

스커트 안에서만 두 다리를 자유롭게 움직일 수 있는 현실"에 관심을 갖는다고 비판할 때 이러한 남성적 무의식이 드러나고 있다. 이와 연관되어 구인환도 "이젠 여류 작가라고 해서 서정의 감미에만 안이하게 젖어 있을 수만은 없고, 휴머니티가 절규되는 현대의 광장에 나아가, 역사의식을 가지고, 좀 더 좁은 여류의 윤리에서 벗어나 작품을 써야 할 때다."[1]라고 힘주어 말하고 있다.

이 당시에 가장 활발하게 활동했던 여성 평론가인 강인숙은 디보데의 이론을 빌려 여성적 문학은 편력, 모험, 행동을 추구하는 남성적 문학에 비하여 정착의 문학이며 내면적 심리 갈등을 추구하는 문학[2]이라고 구별한다. 하지만 이처럼 여성 문학적 주제를 나눌 때 중요한 것은 이런 구별이 수준이나 질의 차이로 환원되지 말아야 한다고 지적한다. 그런데 이 시기의 남성 평론가들은 여성들의 미묘한 심리나 구체적인 생활 감정, 불행한 운명 등을 다루는 작품은 신변잡기적인 경향으로 흘렀다거나 깊이가 없다고 낮게 평가한다. 역사나 사회에 대해 논하지 않으면 주제가 약한 것이라는 편견은 여성들이 처한 특수한 환

1968).
1 구인환, 「한국 현대 여류 작가의 기법」, 《아세아여성연구》 9집(1970).
2 강인숙, 「여류 문학의 새 지표」, 『한국 현대 작가론』(동화출판공사, 1971) 참조.

경이나 배경을 문학적 소재로 인정하지 않는 데에서 유래한 것이다. 그리고 어차피 여성들은 역사나 사회문제를 잘 다룰 수 없기에 한계가 있다는 식의 논리를 편다.

때문에 제2기에서도 남성들의 편견이 굳건히 지속되고 있음을 다음의 글에서 확인하게 된다. "여성 작가는 작가인 동시에 철두철미 여자여야 한다는 것이다. 바로 그 여자가 남자 이상으로 타락해서는 안 된다는 것이다. 남자보다는 좀 순결하다고 할 때 여류 작가의 작품을 읽을 의미가 생긴다는 것이다. 그래서 육욕(肉慾)도 좋고 무슨 장면이라도 좋으니 청결하고 위생적인 미학에 의해서 묘사해 달라는 것이다. 그것이 몇몇 비평가들의 의견이다. 나도 그 의견을 지지하는 사람 중의 한 사람이다."[1] 여성은 남성일 수 없으므로 여성다워야 한다는 이 말은 이전의 김문집이나 안회남의 말과 다를 바 없다.

이렇게 보면 여성 작가들의 위치는 이전과 별로 달라지지 않았다. "술맛도 모르고 글을 쓰다니."라고 깔보는 남성들에 대해 "미역국 맛도 모르시구 어떻게 글을 쓰세요."라고 응수할 수밖에 없었던 한무숙[2]의 분노가 바로 당시 여성들이 처한 위치를 알려 준다. 때문에 이어령이 1960년대의 문학을 향해 이전의 전통을 버리고 잿더미 위에서 다시 시작해야 한다고 '화전민 의

---

[1] 정창범, 「여류 작가의 경우」, 《현대문학》 1969년 5월호.
[2] 한무숙, 「책머리에」, 『축제와 운명의 장소』(미문출판사, 1963).

식'을 강조했을 때 누구보다도 자신들의 화전민 의식을 체감한 존재들이 바로 여성 작가들이었을 것이다.

서 있는 여자는 꿈을 꾸지 않는다

"부드럽고, 따뜻하고, 너그럽고, 겸손하고, 남자가 기고만장할 땐 애교 부리고 응석 부려 그 기분을 고조시켜 주고, 남자가 의기소침했을 때는 지혜로운 격려와 꽁꽁 뭉쳐 놓은 비상금으로 재기할 수 있는 용기를 주고, 남자가 집에 있을 동안만이라도 철저하게 왕이나 승리자의 환상을 가질 수 있도록 시녀나 패자의 연기에도 능한 여자, 음식 잘하는 여자, 섹시한 여자, 돈 적게 들이고 옷 잘 입는 여자 등등……." IMF 사태를 맞아 남편기 살리기 운동에 동참하거나 실직 가장 돕기 캠페인을 벌이는 주부들의 슬로건이 아니다. 1980년대에 남성들이 '여자다운 여자'라고 열거했던 사항들이다. 지금 읽어도 시대에 걸맞지 않다거나 과장되었다는 생각이 전혀 들지 않을 만큼 여성 문제에 관한 한 변화가 거의 없다고 할 수 있다. 인용한 앞의 예문은 잿더미에 숨겨져 있던 여성 문학의 불씨를 다시 피운 박완서의 『서 있는 여자』(1985)의 한 구절이기 때문이다. 그렇다면 우리가 통과한 1990년대는 과연 어떤 시대인가. 혹시 여성들만 1990년대를 통과하지 못한 것은 아닌가.

사실 박완서는 제2기 여성 작가들과 가장 밀접하게 연관되어 있는 제3기 여성 작가다. 박완서가 『나목』(1970)으로 등단한 후 본격적인 여성 소설인 『살아 있는 날의 시작』(1980)을 쓰기 전까지 10년 동안 그녀는 주로 전쟁과 산업화를 화두로 삼아 6·25 전쟁의 상처나 중산층의 속물주의에 대해 문학화했고, 이런 주제들은 정확히 제2기의 다른 여성 작가들도 몰두했던 주제였기 때문이다. 박완서는 지금까지도 자신이 처한 현실에 끊임없이 눈길을 주면서 당대성과 시의성 있는 문제를 문학화하는 현역 작가다. 때문에 그런 박완서가 1980년대 중반 이후부터 불거져 나온 여성 문제에 대해 무관심할 수 없었을 것이다. 이미 『살아 있는 날의 시작』을 여성적 시각에서 쓰면서 '앞으로 집요하게 되풀이 시도해 볼 만한' 주제라고 한 말을 실천하듯이 박완서는 『서 있는 여자』와 『그대 아직도 꿈꾸고 있는가』(1989)를 쓴다. 그 이후 '박완서 신드롬'이나 '박완서 현상'을 만들어 낼 만큼 그녀의 여성 소설들은 문단의 '뜨거운 감자'로 부상하면서 여성 문학에 대한 논의를 전면에 부각시켰다는 데에 그 의의가 있다.

그런데 이런 박완서 문학에 대한 문학비평에서 특이한 현상을 발견하게 된다. 이미 조혜정이 「박완서 문학에 있어 비평은 무엇인가」[1]에서 자세하고 치밀하게 언급하고 있듯이 박완서

---

[1] 조혜정, 「박완서 문학에 있어 비평은 무엇인가」, 『박완서론』(삼인행, 1991).

와 그의 문학에 관한 담론을 통해 "작게는 한 여성 작가에게 행해지는 의식적, 무의식적 거부와 횡포를, 크게는 우리 사회의 축소판인 문학비평계 문화의 일면"을 엿볼 수 있다. 그러나 이 전제가 타당함에도 불구하고 조혜정의 논의는 여성 평론가 부분을 제외하고 여성 문학적 시각으로 다루기에 무리가 있는 작품과 비평마저 논의에 끌어들이고 있다는 점이 문제다. 반드시 작가가 의도적으로 여성 문제를 다룬 작품만이 여성 문학은 아니다. 그러나 중심적인 주제나 작가 자신의 의견, 독자들의 반응을 고려할 때 박완서 문학에 있어서의 여성 문학적 논의는 1980년대 이후의 『살아 있는 날의 시작』이나 『서 있는 여자』, 『그대 아직도 꿈꾸고 있는가』 등으로 모아져야 무리가 없다. 하지만 조혜정이 논의하는 남성 평론가들의 글은 여성 문학적 시각에서 쓰인 평론도 아니고, 그런 작품을 대상으로 한 평론도 아니다. 그런데도 여성 문학적 시각에서 볼 때 부족하거나 부적절한 점을 지적하는 것은 스스로도 경계했듯이 평론가가 쓰지 않은 것으로 평론가를 공격하는 '죽임'의 비평일 수도 있다. 가령 대중문학적 입장에서 박완서 문학에 접근하고 있는 오생근, 이동하, 성민엽 등의 글들에 여성 문학적 시각이 부족한 것은 당연하다.

    박완서 문학을 둘러싼 남성 평론가들의 편견은 박완서 문학에 대해 그들이 잘못 접근한다는 사실이 아니라 아예 접근조차 하지 않는다는 사실로 확인된다. 남성 평론가들은 분단이나 중산층 문제를 다룬 1970년대의 소설이나 『미망』(1990)에 대해서는 주목한다. 그러나 그사이에 발표된 여성 소설들에 대해서는 놀라우리만치 무관심과 침묵으로 일관한다. 이처럼 다른 주제를 다룬 소설들에 비해 여성 문제를 다룬 소설에 대해서는 남성 평론가들이 덜 주목한다는 것이 박완서 문학을 다룬 비평들의 첫 번째 특징이라고 할 수 있다.

매우 드물지만 여성 문학적인 시각에서 박완서를 논한 남성 평론가로는 홍정선과 김치수가 있고, 남성 작가로 유순하가 있다. 이 때문에 박완서의 여성 문학은 주로 '여성사연구회(한국여성연구회)'의 입장을 대변하는 김경연, 전승희, 김영혜, 정영훈 등과 '또 하나의 문화'의 입장을 대변하는 조혜정 사이에서 벌어지는 여성들 간의 대립으로 축약된다. 때문에 남성과 남성의 대립이 아니라 여성과 여성의 대립 중심으로 치러지는 '여성들만의 리그'가 최초로 등장했다는 것이 박완서의 여성 문학을 둘러싼 논의의 두 번째 특징이라고 할 수 있다.

그 구체적 양상들을 살펴보면, 먼저 홍정선의 글「한 여자 작가의 자기 사랑」은 조혜정의 지적대로 작품보다 작가의 사생활에 더 관심을 가진 남근 중심적 글에 해당한다. 홍정선이 박완서를 "무서운 집념을 가지고 자신의 생애를 살아가는 이기주의자"라고 혹평하는 근거는 박완서가 소설 속에서 남편들을 왜

소하고 무미건조하게 그리기 때문이다. 아내들이 인간의 처지가 아니라 여성의 처지에서 자신들의 생애를 지나치게 귀중하게 여기기에 남편들을 그처럼 극단적으로 왜곡시켜 그린다는 것이다. 이런 시각은 홍정선이 『나목』, 「맏사위」, 「닮은 방들」 등 여성 소설이 본격적으로 쓰이기 이전의 작품들을 대상으로 했는데도 불구하고 그 후 박완서 소설을 비판적으로 다루는 의견들과 비슷한 것을 지적한다는 점에서 놀라운 데가 있다. 홍정선의 이런 논의와 유사한 지적을 하고 있는 유순하를 논의할 때 이 문제에 대해서는 다시 살펴보도록 하겠다.

홍정선의 비문학적이고 객관성을 상실한 입장과는 달리 김치수의 「함께 사는 꿈을 위하여」는 원래 작품 해설로 쓰이기도 했지만 『서 있는 여자』에 대해 문학 자체를 중심으로 객관적인 접근이 이루어지고 있다. 특히 철민의 남성 우월적 태도에 대해서도 작가의 의도대로 예리하게 파악하고 있다. 그리고 이 작품이 여주인공의 진취적인 태도나 기존의 도덕관념에 대한 강력한 도전이 아니라 '우리의 삶이 가지고 있는 모순의 비극성'을 다루고 있기에 감동적이라고 평가한다. 여성 문제뿐만 아니라 보편적인 인간 문제로 읽힐 수 있음을 긍정적으로 평가한 것이다. 그러면서도 김치수는 이 소설의 결말에 대해서는 다소 우려를 표명한다. '혼자 서는' 연지의 모습이 '낭만적인 감동이거나 헛된 꿈의 감동'에 지나지 않거나 현실이 아닌 당위의 세계로 오해되어서는 안 된다는 것이다. 하지만 박완서도 연지의 '서 있음'이 싸움의 '결과'가 아니라 싸움의 '시작'임을 강조하고 있다. 그리고 그런 결정 자체가 어쩔 수 없는 선택임을 알려주고 있다. 김치수도 지적했듯이 연지는 쉽게 이혼을 결정하지 않았으며, 동등한 '둘'로 제대로 만나기 위해서 우선 '혼자' 서려는 것이다.

다음으로 여성 중심적 시각에서 박완서의 문학을 본격적으로 논의하고 있다는 점에서는 고무적이지만 여성들 내부에서도 존재하는 시각차를 보여 주는 경우가 김경연, 전승희, 김영혜, 정영훈 등의 「여성해방의 시각에서 본 박완서의 작품 세계」 (《여성》 2호, 1988)와, 조혜정의 「박완서 문학에 있어 비평은 무엇인가」이다. 두 글 모두 이론적으로는 어느 한쪽에 치우친 입장을 거부하고 있다. 하지만 실제로 김경연 등은 계급적 불평등과 기층 여성 중심적 시각을 보이고, 조혜정은 가부장제와 중산층 여성 중심적 시각을 보인다. 구체적인 예가 『살아 있는 날의 시작』에서의 여주인공 청희의 인물 설정 문제다. 김경연 등은 청희가 전업주부가 아니라 경제적 능력이 상당한 직업여성이므로 중산층 주부의 이혼 문제를 다루기에 부적합하다고 본다. 이런 지적에 대해 조혜정은 리얼리즘적 측면에서 볼 때 작품의 시간적 배경인 1977년에 이혼할 수 있는 여성은 전업주부가 아닌 직업여성이어야 한다고 반박한다. 또한 김경연 등은 박완서가 중산층 여성의 성적 갈등에 초점을 맞춤으로써 '남성-가해자, 여성-피해자'라는 이분법적 대립의 도식을 만들어 냈다고 비판한다. 이런 비판에 대해 조혜정은 그들이 기층 여성의 입장을 드러내면서 여성 문제와 민중·민족 문제가 결합된 특정 소재를 선호하기 때문이라고 해석한다.

    오독이나 오해에서 기인한 점도 있지만 근본적으로 여성 문제에 대한 시각 자체가 대립되는 이들에 대해 각각 '여성의 계급 차는 남성들 간의 계급 차보다 크지 않다.'라는 사실과 '개인적인 것이 정치적인 것이다.'라는 반대 논리를 들어 양비론(兩非論)을 펼 수도 있다. 그러나 중요한 것은 이들의 대립을 통해 여성 문학이 처한 문제점을 확인할 수 있다는 사실이다. 여성 문학이 지향하는 바는 다양성과 평등성이기에 그들의 입장 차이는 비판되거나 적대시될 것이 아니라 생산적인 대화를 나누어야 할 것들이다. 하지만 그들이 그렇게 하지 못했기 때문에 나중에 유순하로부터 '여성의 적은 여성'이라는 사실을 실감하게 되었다는 비판을 받게 된다. 또한 그들의 논의 자체가 관념적이고 이론적인 문제 제기에 그쳤기에 정작 구체적이고 본격적인 여성 문학이 생산된 1990년대 이후에 오히려 그 목소리가 작아지는 아이러니가 발생하고 있다. 그들 사이에 자발적인 입장 정리가 이루어진 것이 아니라 1990년대적인 시대 상황 자체가 그들의 대립을 무화시킨 것이다.

이런 '여성들만의 리그'에서 벗어나게 해 준 것이 남성 작가 유순하다. 그는 『한 몽상가의 여자론』(문예출판사, 1994)에서 그때까지 논의된 여성 문학에 대해 적극적으로 비판한다. 그러나 스스로도 고백하고 있듯이 그의 글은 논리적이고 객관적인 '론(論)'이라기보다는 몽상가의 꿈 이야기에 가깝다. 유순하는 그 어떤 남성보다도 솔직하게 이야기한다. "나는 스스로 밥통이나 멍텅구리가 되는, 빤히 손해 보는 장삿길에 나서는 데 선뜻 용기를 낼 수 없었다. 잠자코 있어 본전이나 챙기고 있는 쪽이 나에게는 훨씬 더 마음 편한 일 같아 보였다." 대부분의 남성들은 손해 보는 장사를 하지 않는다. 때문에 유순하처럼 여성에 대한 말을 직접적이고 공식적으로 하기는 쉽지 않다. 그런 면에서 그는 존경받을 만큼 용기 있는 사람이다.

유순하는 여성해방주의적 입장에서 쓰인 박완서의 작품들이 여성해방 문학으로서의 한계와 가능성을 동시에 담고 있다는 면에서 그 가치를 인정한다. 하지만 『살아 있는 날의 시작』이나 『그대 아직도 꿈꾸고 있는가』에 드러난 인물 형상화의 상투성을 지적하고 있다. 즉 여주인공은 가련화, 성화, 영웅화되는 데 비해 남자 주인공이나 다른 인물들은 철저히 비속화된다는 것이다. 이런 비판을 그는 박완서 이외의 다른 여성 작가들의 작품을 평가하는 데에도 그대로 적용시키고 있다. 이경자의 『절반의 실패』는 남성을 타도의 대상으로 삼았고, 김향숙의 『떠나가는 노래』는 무책임하고 폭력적인 남성을 그렸고, 양귀자의 『나는 소망한다. 내게 금지된 것을』은 병적인 이상 심리의 여성 인물을 부각시킨 것 등을 문제점으로 지적하고 있다.

그의 비판에 대해 다음처럼 대답해 보자. 박완서가 그려 내는 남성 인물들의 성격은 주제와의 상관관계에서 평가해야 한다. 최소한 다른 문제가 아닌 여성 문제를 다룬 소설이라면 그런 별 볼일 없는 남성을 설정해야 여성 의식을 문제시할 수 있다는 것이 여성 소설의 딜레마가 아닐까. 실제로 아내가 여성 으로서 느끼는 슬픔에 대해 깊이 이해하는 멋진 남편들도 많다. 그러나 그런 남성 인물이 등장할 수 있는 것은 미래 지향적이고 바람직한 남녀 관계를 그리는 소설이다. 현재의 여성이 겪고 있는 억압을 문제시하는 비판적 소설을 쓸 때에는 멋있는 남성을 등장시킬 수 없다. 괜찮은 남성에게서 문제를 느끼는 여성이야 말로 남성을 무조건 적으로 아는 진짜 비정상적인 여성일 것이다. 때문에 문제는 단순히 바보 같은 남성을 그렸느냐 아니냐가 아니라 왜 그런 남성을 그렸으며, 그런 남성적 특성이 개연성을 확보하면서 작품의 주제 구현에 적절한 효과를 거두었는가에 모아져야 할 것이다. 모든 문학에서 사랑은 비극 아니면 불륜이기 쉽듯이 여성 소설에서의 남성은 얼마간 문제 있는 남성일 수 밖에 없기 때문이다.

여기에서 좀 더 발전적인 논의를 한다면, 박완서 소설의 문제점은 남성의 비속화에 있는 것이 아니라 오히려 인물들의 극단적인 단순화에 있다. 즉 한 인물을 그려 냄에 있어 어떤 전형을 그리겠다는 의욕이 앞서서 상투적인 인물로 단순화시킬 때가 있다는 것이다. 한 예로 박완서 스스로도 인정하고 있듯이[1] 『그대 아직도 꿈꾸고 있는가』에서 차문경의 상대역으로 나오는 정애숙의 경우, 남편이나 시댁이 원하는 모양에 자신을 꿰맞추는 여성의 모습을 나타내려다가 지나치게 평면적인 인물이 되었다. 그리고 김혁주의 경우도 그의 못난 성격을 그린 것 자체가 아니라 그런 인물의 리얼리티를 살리기 위해 여성 관계에서뿐 아니라 다른 사회관계에서도 드러나는 그의 복합적인 비인간성이 확보되지 못했다는 측면에서 비판해야 할 것이다. 결국 남성이 비속하게 그려진다는 사실은 그 자체가 잘못은 아니다. 다만 주제와 연관되어 설득력 있게 비속화되지 못한 경우에 비판을 받아야 한다.[2]

---

1 박완서, 「내 문학의 나무에 돋은 한 작은 가장귀」, 《사상문예운동》 1991년 여름호.
2 이러한 인물의 형상화에 대한 논의는 유순하 자신도 소설가로서 여성 문제에 관한 소설 『여자는 슬프다』(민음사, 1994)를 썼기에 그 소설을 통해 그가 주장하는 이론과 실제 사이의 관계를 확인해 볼 수 있게 한다. 그런데 불행인지 다행인지 유순하가 이 소설에서 그려 내는 남성 인물들도 하나같이 볼품없고 비인간적이다. 한 예로 여주인공인 조희남의 남편 양훈민은 자신이 변비 때문에 매일 공복시에 먹는 찬물을 단 하루 잘못 챙겨 주었다고 "이런 쌍! 물 달란 말야, 물!" 하며 아내에게 쌍소

다른 쪽에서 이 문제에 접근해 보자. 박완서의 소설에서 모든 여성 인물들이 무조건 미화되거나 성화되지는 않는다. 왜 유순하는 박완서의 『휘청거리는 오후』를 인용하지 않았을까? 박완서는 그 작품에서 결혼을 수단으로 신분 상승을 꾀하려는 허영심에 찬 두 세대의 여성(민여사, 초희)을 신랄하게 비판하고 있다. 때문에 심지어는 '여성 학대 소설가'(정영자)라는 평까지 듣는다. 이외에도 중산층의 속물성을 다룬 「조그만 체험기」, 「닮은 방들」, 「지렁이 울음소리」, 「주말농장」, 「도둑맞은 가난」 등의 작품에서는 남녀를 불문하고 혹은 남성보다 여성에게 더 신랄한 비판을 가하고 있다. 그러면 또 유순하는 이렇게 반문할 수도 있을 것이다. 그런 소설들은 상대적으로 여성주의적 시각에서 쓰인 작품이 아니지 않느냐고. 맞는 말이다. 그렇기 때문에 여성주의적 시각에서 작품을 쓸 때는 상대적으로 다른 시각에서 쓰이는 작품보다 남성의 부정성이 부각될 수밖에 없다는 앞의 해명은 더욱 공고해진다.

리를 하는 사람이다. 그러고는 자신이 원할 때만 성관계를 가지면서 성욕이 만족되지 못하면 "에잇 김새!"라는 말을 수없이 내뱉는 사람이다. 더욱 어처구니가 없는 것은 다른 여자와의 성관계를 너무나 자랑스럽게 아내에게 밝힐 정도로 뻔뻔스럽다는 것이다. 그러면서도 아내가 부정을 저지르자 남성과 여성은 다르다며 당연하다는 듯이 이혼을 요구한다. 그 밖에도 이 소설에서는 박성부나 심원섭, 양훈철 등 부정적인 남성상이 많이 등장한다.

그녀에게 무슨 일이 일어났었나

20세기를 통과하면서 여성은 여성이면서도 여성이기를 '거부'해야 했고(제1기의 박화성), 그다음에는 여성이기를 '주저'해야 했으며(제2기의 강신재), 또 그 이후에는 여성이기를 '주장'해야 했다(제3기의 박완서). 때문에 한국 문학사에서 여성 문학에 대한 시각은 여성 문학의 특수성이 아니라 보편적인 문학(남성 문학)과 얼마나 차이가 나는가에 따라 그 질이 평가되는 경향이 짙었다. 이렇게 볼 때 20세기에 들어와 식민지적 억압이나 반공 이데올로기, 자본주의나 민주화 등의 문제에 항상 우선권을 빼앗겼던 여성 문제는 쥐나 바퀴벌레처럼 인간이 멸망하지 않는 한 사라지지 않는 최후의 식민지로 남아 있을 수도 있다.

물론 박화성, 강신재, 박완서 이후 오정희, 이경자, 양귀자, 김향숙, 김채원 등의 작업이 김형경, 공지영, 신경숙, 이혜경, 김인숙, 최윤, 공선옥, 차현숙, 은희경, 전경린 등으로 이어지면서 여성 문학의 커다란 조류를 형성한 것은 사실이다. 그래서 1990년대 문학을 정리할 때 반드시 언급되는 것이 여성 문학이다. 여기에 합리적 이성과 거대 이론에 대한 거부 및 탈위계적 성격을 보이는 포스트모더니즘이 '없음-주변부-타자'를 주장하는 페미니즘에 이론적 근거를 제시해 준 측면도 작용한다. 억압되었던 것이나 주변적인 것의 복귀라는 포스트모던적 감각과 가부장적 헤게모니에 대한 도전이라는 페미니즘적 인식 사이에 교차점이 있기 때문이다. 특히 1990년대의 탈이념·일상성·내면성의 추구가 여성성과 자연스럽게 함수관계를 맺고 있다.

그러나 이런 현상을 '삐딱하게' 본다면 여성 문학에 대한 지대한 관심은 여성 작가들의 의도와는 상관없이 '위기의 여자들'이 신종 '상품'으로 등장하게 된 데서 오는 상업적 배려일 수 있다. 그리고 문학의 여성화가 우려될 정도로 여성 작가들이 대거 등장했지만 이런 현상 자체도 문학의 주변화에 따라 남성 작가들의 수가 감소한 데서 그 반대급부로 이루어진 것이지 여성 문학 자체에 파격적인 변화가 있거나 여성 문학에 대한 관심이 급증한 것은 아닐 수 있다. 어쩌면 1990년대는 문학의 이런 열악한 상황이 여성의 열악한 조건과 가장 화해롭게 조우한 시대일지도 모른다. 또한 포스트모더니즘의 비교 불가능성·다양성·비결정성이 페미니즘을 무분별한 상대주의나 무비판적인 다원주의에 빠지게 함으로써 여성들의 유대감을 감소시키거나 여성 문학을 무장 해제시킨 측면도 있다.

물론 이런 지적이 지나친 의구심이나 회의일 수 있는 근거도 있다. 한강, 배수아, 송경아, 조경란, 하성란, 윤성희 등의 젊은 여성 작가들은 그 이전의 여성 작가들과 차이를 보이며 자신이 여성이라는 사실로부터, 보다 정확하게는 그런 사실로 인한 상처로부터 좀 더 자유로운 글쓰기를 행하고 있는 것처럼 보인다. 긍정적인 의미에서 그들은 어머니로서의 희생이나 의무보다는 딸로서의 특권이나 권리에 익숙한 첫 세대일 수도 있을 것이다. 그래서 21세기의 여성 작가들은 이전의 여성 작가들처럼 여성적인 주제를 남성적으로 쓰거나 여성적으로 쓰지 않고, 인간적인 주제를 여성적으로 쓰거나 인간적으로 쓰게 될지도 모른다.

하지만 아직까지는 이런 변화가 여성들만 사는 레스보스 섬에서 한시적으로 벌어지는 잔치로만 존재하므로 여성 작가들에게는 아무 일도 일어나지 않은 것과 같다. 부메랑처럼 자신들의 이전 자리로 다시 돌아온 것일 뿐이기 때문이다. 아니, 더욱 나빠졌을 수도 있다. 가장 가혹하고 무서운 것은 정해진 한도 내에서만 허용되는 자유다. 실제 우리들의 삶에서는 잔치는 잔치고, 일상은 일상이다. 그래서 잔치가 끝나면 일상으로 돌아가야 한다. 물론 잔치조차 없는 삶보다야 그런 잔치라도 있는 삶이 더 낫다고 볼 수도 있다. 그런데 만약 잔치 자체가 온갖 불만과 저항을 잠재우는 안전판으로, 교묘하게 위장된 통치 수단이라면 그것은 없느니만 못한 셈이다. 잔치를 즐기려면 뇌관이 제거된 폭탄이 되어야 하기 때문이다. 심지어 제대로 된 잔치도 아니고 흉내만 낸 잔치 때문에 설거지만 해야 한다면 얼마나 허무할 것인가. 혹시 우리는 그동안 작가보다 여성을, 그리고 여성 문학 자체보다 여성 문학이라는 환상을 더 좋아하며 잔치를 벌였던 것은 아닐까. 때문에 우리는 이렇게 물어야 할 것이다. '여성 문학은 어떻게 변했는가'가 아니라 '여성 문학은 얼마나 변하지 않았는가'라고 말이다.

이제는 여성 문학이 이론이 아닌 작품이 중심이 되어야 한다. 외국 이론 중심의 논의에서 벗어나 자생적인 이론이나 문학 전통을 세워야 한다. 여성 문학은 '여성' 문학이지만 여성 '문학'이기에 내용과 형식을 모두 고려해야 한다.[1] 여성과 남성을 지나치게 대립적으로 파악하지 말아야 한다. 남성에서 여성으로 그 주체만 바뀐 전복된 성차별주의를 경계하자거나 기존의

---

[1] 가장 최근의 여성 문학에 대한 논쟁인 이문열의 『선택』(민음사, 1997)에 대한 논의는 내용 위주의 공허한 논쟁의 대표적 예였다. 이 작품에 대한 논쟁은 이 작품의 주인공인 정부인(貞夫人) 장 씨가 양반 가문의 윤리적 규범과 법도를 지녔기에 본보기가 될 만한 존경스러운 여성인가 아니면 남성 사회의 권력이나 부, 명예에 기생한 시대착오적 매춘부인가라는 내용의 논의가 중심이 되고 있다. 그러나 여성 문학적 입장에서 이 작품을 제대로 논의하려면 이 작품이 그런 주제를 문학적으로 어떻게 형상화했는가라는 형식적 측면에 대한 고려가 있어야 한다. 이 작품은 1) 여성의 내면을 고백체와 회고체로 서술하면서도 교조적·권위주의적·단성적(單聲的)·확정적·규정적인 남성적 언어를 주로 사용했다는 점, 2) 행장(行狀)이나 전(傳)의 형식을 택함으로써 갈등 중심의 복합적인 구성이 아니라 배경과 분위기 위주의 평면적·단선적 구성이라는 점, 3) 작가 자신과 장 씨 부인 사이의 비판적 거리가 부재하는 전지적·주관적 시점을 남용함으로써 남성 중심적인 시각에서 벗어나지 못했다는 점 등의 한계를 지니기에 문학성 자체에도 많은 결함이 있다. 이런 측면에서의 논의가 보다 구체화되어야 이 작품의 한계가 더 잘 드러날 수 있을 것이다.

피해자 페미니즘(Victim Feminism)에서 벗어나 여성의 힘과 다름을 강조하는 파워 페미니즘(Power Feminism)으로 나아가자, 여성 내에서도 존재하는 지역·계급·인종·나이 등의 차이에 대해 주목하자 등등의 원론적인 이야기를 해결책으로 제시하지 말자. 그렇게 말하기는 너무나도 쉽지만, 오랜 굶주림 후의 갑작스러운 폭식은 소화불량을 부른다. 그리고 모르거나 중요하지 않아서가 아니라 알고 있어도 실천하기 어렵기 때문에 더욱 괴로운 사람들이 바로 여성 작가들일 것이다.

여기에서 이렇게 '딴죽'을 거는 이유가 밝혀진다. 현재의 여성 문학은 자신에게 걸려 있는 마술을 풀거나 필요 이상으로 과대 포장된 거품을 빼야 할 과제를 안고 있기 때문이다. 이를 위해서는 어떤 특수한 영역을 여성들만의 영역으로 절대화시키면서 더욱 그 활동 공간을 좁게 만들거나 여성 문학에 대한 주목을 통해 더욱 효과적인 여성 배제의 장치를 마련하는 것을 경계해야 한다. 하루하루가 모두 잔치인, 아니 잔치 자체가 필요 없는 날들을 위해서는 아마도 '세상의 절반'이 필요할 것이다. 우리가 지금 서 있는 지점이 바로 그 경계다.

다시 쓰는 소설, 덧칠하는 언어
패러디 소설에 나타난 여성 의식

패러디 소설과 겹침의 언어

패러디는 과거의 풍요로우면서도 위협적인 유산을 가진 텍스트들과 연관되는 양식으로서, 전통에 대한 창조적이고 생산적인 접근을 통해 '비평적 거리를 둔 반복'을 행하는 양식을 말한다.[1] 즉 패러디는 현재의 패러다임과 과거의 패러다임을 서로 대립시키고 그 양자에 대한 독자의 기대를 전환시켜 문학 전통과 사회 관습에 근거한 독자의 선입관을 교정함으로써 텍스트의 불확실성을 탐구하는 것이다.[2] 과거의 것을 빌려 기존의

---

[1] 린다 허천, 김상구·윤여복 옮김, 『패러디 이론』(문예출판사, 1992), 12~17쪽 참조.
[2] 퍼트리사 워, 김상구 옮김, 『메타픽션』(열음사, 1989), 93쪽 참조.

담론에 깃든 권력을 되돌아보게 하는 반성적 양식이 바로 패러디이기 때문이다.¹ 이때 원전과 패러디 텍스트는 서로 대화적 관계를 형성하게 된다.

그런데 이런 대화 관계에서 원전이 남성 작가의 작품이고, 패러디 텍스트가 여성 작가의 작품일 때는 남성과 여성이라는 대립 항이 그런 대화성을 더욱 증폭시킨다고 할 수 있다. 여성 작가의 패러디 소설은 초맥락화(transcontextualize)나 재맥락화(recontextualize)를 통해 남성 작가의 작품을 창조적으로 오독(誤讀)하거나 변형시킨다. 이를 통해 본래의 의미나 가치를 변화시킴으로써 남성 언어에 대해 반기를 드는 것이다. 때문에 새로운 여성적 시각을 확보하거나 기존의 남성 작가들의 작품을 낯설게 만듦으로써 억눌려 왔던 여성의 목소리를 복원해 내는 데에 패러디가 일조할 수 있게 된다. 남성 작가의 목소리에 대해 비판적 거리를 가지면서 다르게 반복하는 것이 바로 여성 패러디 소설인 것이다.

따라서 이런 여성 패러디 소설의 언어는 남성 언어를 그대로 되비추는 '거울(mirror)'이 아니라 볼록한 표면으로 대상을 왜곡, 분열, 수정시키는 '반사경(speculum)의 언어'에 해당한다고

---

1 권택영, 「패러디, 패스티쉬, 그리고 독창성」, 《현대시사상》, 1992년 겨울호, 178쪽 참조.

할 수 있다.[1] 그리고 기존 텍스트의 토대를 뚫고 들어가 그 논리를 와해시키거나 훼손시키면서 자신의 터널을 파는 '두더지의 언어'와도 가깝게 된다.[2] 또한 이런 반사경과 두더지의 언어를 사용하면서 기존의 문학적 관습을 거부하고 문체의 혼란을 야기시키는 패러디적 위반은 '위장의 언어'이자 '가면의 언어'가 중심이 될 수밖에 없을 것이다.[3]

이러한 언어를 사용해 여성 작가들이 쓴 패러디 소설 중에서 이남희의 「허생의 처」[4]와 은희경의 「빈처」,[5] 김연경의 「다시 쓰는 '날개'」[6]의 공통점은 (1) 여성 작가들의 소설이기에 의식적 혹은 무의식적 차원에서 직접적이거나 간접적으로 여성의식을 문제 삼을 수 있다는 점, (2) 남성 작가들이 쓴 원전을 패러디해서 '과거의 현재화'가 이루어지고 있다는 점, (3) 액자소설의 형식을 취함으로써 원전과 패러디 텍스트, 허구와 현실,

---

1 Luce Irigaray(1974), (trans) Gillian C. Gill, *The Speculum of the Other Woman*(New York: Cornell Univ. Press, Ithaca, 1985) 143쪽; 팸 모리스, 강희원 옮김, 『문학과 페미니즘』(문예출판사, 1997), 215쪽에서 재인용.
2 팸 모리스, 위의 책, 207, 230쪽 참조.
3 정끝별, 『패러디 시학』(문학세계사, 1997), 45~46쪽 참조.
4 이남희, 『지붕과 하늘』(문예출판사, 1989).
5 은희경, 『타인에게 말걸기』(문학동네, 1996).
6 김연경, 『고양이의, 고양이에 의한, 고양이를 위한 소설』(문학과지성사, 1997).

남성과 여성 간의 경계를 문제 삼는다는 점, (4) 남녀 간의 문제를 부부 관계를 중심으로 풀어 간다는 점 등을 들 수 있다. 이런 공통점을 지니고 있기에 이 소설들은 남성 작가들의 텍스트와 긴장 관계를 형성하면서 여성 정체성을 살펴볼 수 있게 한다. 자신의 의도나 목적에 따라 원전에 이질적인 요소들을 도입함으로써 두 텍스트 간의 차이나 변화를 문제 삼게 만들기 때문이다. 따라서 여성 패러디 소설을 통해 독자들은 남성 작가들의 원전이 지니고 있는 자명한 진리를 의심하면서 그 위에 자신의 목소리를 겹쳐 서술하는 여성 의식을 확인하게 된다. 바로 이 때문에 여성과 패러디스트 사이에 의미 있는 만남이 가능해진다.

단성적 언어와 남성성

이남희는 「허생의 처」에서 연암 박지원이 쓴 '허생 이야기'[1]를 허생 처의 입장에서 재구성함으로써 당시에는 불가능했던 목소리를 전면에 내세운다. 이처럼 이남희가 원전을 패러디하는 목적은 허생이 선비나 양반으로서 지닌 허위의식을 조롱하거나 비판함으로써 그 어리석음과 악을 치유하려는 것이다. 이남희는 풍자적 거리를 확보함으로써 독자들로 하여금 현재의

---

1 박지원의 『열하일기』 중 「옥갑야화(玉匣夜話)」 부분에 삽입된 이야기.

현실에 대해 비판적 시각을 갖도록 종용한다.[1] 풍자 자체가 지닌 치료하고 처벌하는 힘[2]에 긍정적인 미래를 건설하고 싶다는 여성의 욕망을 겹쳐 보여 줌으로써 남성 중심적 세계의 위선, 자만, 자신감에 찬 우행, 합리화, 허영을 폭로하려는 것이다. 이런 언어를 통해 독자들은 현실과 이상의 차이를 날카롭게 인식하게 된다.[3]

　물론 연암의 '허생 이야기'와 그것을 패러디한 이남희의 「허생의 처」는, (1) 단 한 번뿐이었음에도 불구하고 처가 불평을 한다고 허생이 분연히 집을 나갔다는 점,(허생의 처가 불평하는 부분의 대화가 거의 그대로 이남희의 소설 속에 다시 등장한다.) (2) 변 부자에게 만 냥을 꾸어 간 후 5년 만에 십만 냥을 벌어 와 돌려준 점, (3) 벼슬 제의를 받았으나 그것을 거절했다는 점 등이 공통적으로 드러난다. 특히 이남희가 패러디 소설에서 액자로 삼은 '허생 이야기'는 원전에 실린 '許生後識 其二'의 내용을 거의 그대로 가져온 것이다. 그 후지의 내용은 허생과 그의 이야기를 전한 윤영 혹은 신색의 정체에 대한 이야기이다. 이남희는 이런

---

1 이순옥,「풍자와 패러디」, 김준오(편),『한국 현대시와 패러디』(현대미학사, 1996), 191, 205쪽 참조.
2 아서 폴라르, 송낙헌 옮김,『풍자』(서울대학교 출판부, 1979), 6쪽 참조.
3 Nancy A. Walker, *Feminist Alternatives: Irony and Fantasy in the Contemporary Novel by Women*(Jackson & London: UP of Mississippi, 1990), 4~8쪽 참조.

액자 이야기를 내용 자체의 황당성이나 허구성에 진실성이나 신뢰감을 부여하기 위한 구체적인 논거로써 사용하고 있다.

그런데 원래 연암의 '허생 이야기'는 허생이 변 부자의 돈 만 냥을 가지고 여러 가지로 재물을 시험해 본 이야기와 이완 대장이 제시한 벼슬을 물리치면서 제시한 현실 타개책이 중심 내용이다. 이를 통해 연암은 '실사(實事)'나 '경세제민(經世濟民)'의 역량을 갖춘 이상적 선비상을 창조해 내고 있다. 봉건적 이상과 현실 사이의 괴리를 문제 삼으면서 새로운 인간 유형을 통한 사회 변혁을 구체화시킨 것이다.

하지만 이남희는 재물이 도(道)를 망친다거나 장사치와 선비는 근본이 다르다는 생각을 포기하지 못하는 연암의 한계점을 극대화한다. 원전에서 허생이 변 부자에게 "돈 만 냥이 어떻게 도(道)를 살찌게 할 수 있겠소."라거나 "당신은 어찌 나를 장사치로 여기는 거요?"라고 말함으로써 양반층의 상업 천시 풍조를 철저하게 극복하지 못한 점을 남성이나 가장, 남편의 입장에서 재평가한 것이다. 이것이 바로 이남희가 허생 이야기를 패러디한 목적이라고 할 수 있다.

때문에 이남희는 '허생 이야기'의 후지에서 허생 이야기를 전해 주는 기인의 "허생의 아내 말씀이요, 참 가엾더군. 그러고도 그 여잔 여전히 굶주렸던 거요."라는 말에 강조점을 둠으로써 원전과 갈라서고 있다. 이 부분을 중심으로 이야기를 끌어

나감으로써 액자 이후에 이어질 내부 이야기가 허생 이야기가 아니라 허생 처의 이야기라는 점, 그리고 그녀에 대해 동정적이고 동일화된 시점에서 이야기하리라는 점을 암시하고 있다.

　시점이 바뀐 내부 이야기에서의 1인칭 '나'는 허생 처다. 이남희는 1인칭 주인공으로 허생 처를 내세워 허생의 삶 속에 가리워져 있던 그녀의 삶을 밖으로 끌어낸다. 여성으로서의 삶에 대한 허생 처의 자각은 병자호란으로 인해 수모를 당하게 되자 자결한 어머니의 삶과 욕을 당했어도 살아남아 자식을 돌본 서모의 삶을 대비하는 데서 시작된다. 정절 이데올로기가 현실적인 삶의 원리보다 중요한지에 대해 의문을 제시하는 것이다. 이런 회의는 실속 없이 '선비 타령'을 하고 있는 남편에 대한 비판으로 발전한다. "할 줄 아는 거라곤 배고픈 것 참고 위세 떠는 거하고 책 읽는"것밖에 없는, 그리고 항상 '용(用)'을 말하면서도 과거나 벼슬자리를 마다하고 '신선놀음'만 하는 남편의 무능력과 이상주의를 부정하는 것이다. 심지어 백중날 절에 갔다가 변을 당해 임신을 하게 된 상황이 더욱더 여성으로서 허생 처의 삶을 위태롭게 한다. 그래서 그녀는 그런 자신의 삶을 팔자로 여기는 숙명론적 태도와, 남편과 절연하고 보다 나은 세상을 위해 실천적 행동을 행하는 적극적 태도 사이에서 심각하게 갈등한다. 그런 갈등 후에 허생 처는 소설의 끝부분으로 가면서 "사람이 살고 자식을 낳고 그 자식들을 보다 좋은 세상에서 살게 하려는" 이치를 위해 살겠다는 자기 선언을 한다.

> 인륜? 예의? 염치? 그게 무엇이지요? 하루 종일 무릎이 시도록 웅크리고 앉아 바느질하는 게 인륜입니까? 남편이야 무슨 짓을 하든 서속이라도 꾸어다 조석 봉양을 하고, 그것도 부족해 술친구 대접까지 해야 그게 예의라는 말입니까? 하루에도 열두 번도 더 청소하고 빨래하고 설거지하는 게 염치를 아는 겁니까? 아무리 굶주려도 끽소리도 못하고 눈이 짓무르도록 바느질하고 그러다 아무 쓸모없는 노파가 되어 죽는 게 인륜이라는 거지요? 난 터무니없는 짓 않겠습니다. 분명 하늘이 사람을 내실 때 행복하게 살며 번성하라고 내셨지, 어찌 누구는 밤낮 서럽게 기다리고 굶주리다 자식도 없이 죽어 버리라고 하셨는가 말예요. (이남희, 「허생의 처」)

이런 허생 처의 직접적인 목소리는 그동안 무시되었거나 억압되었던 여성의 목소리를 풀어놓아 기존의 가부장적 이데올로기의 권력을 해부한다는 측면에서 의의가 크다. 황무지나 주변부에 존재하면서 '침묵'이나 '비가시성'으로 규정되어 왔던 여성의 목소리를 복원해 냄으로써 '말하는 주체(speaking subject)'로서의 여성을 더욱 부각시키는 것이다. 이런 과정을 통해 기존의 남성 언어를 의심하고 뒤집어 보게 한다는 점에서 이때의 언어는 도발적이거나 반항적인 언어가 된다. "타인의 목소리에 의존하지 않는, 남성 중심의 가부장 이데올로기에 의한 지배를 벗어난 각성의 목소리"¹에 해당하는 것이 바로 허생 처의 언어다.

그런데 중요한 것은 이남희의 소설에서 허생 처는 원전에서 허생이 변 부자나 이완 대장에게 통상(通商)이나 정치에 대해 연설하는 것과 똑같이 일방적이고 교조적인 목소리로 허생에게 이야기한다는 점이다. 허생에서 허생 처로 주체만 바뀌었을 뿐 그 어조나 위치에는 변화가 없다. 그래서 청자와의 갈등이나 긴장을 형성하지 못한 채 일방통행적이고 웅변적인 단성적(單聲的) 목소리만 들린다는 것이다. '체험'의 차원이 아닌 '구호'나 '주장'의 차원에 머무를 위험성도 이때 발생한다.

이런 단성적 목소리를 지닌 이남희 소설의 여성 화자는 남성 언어를 포섭하여 자신의 목소리 안에 가둔다. 그래서 허생의 언어는 통제되면서 제 힘을 발휘하지 못하고 있다. 자신의 의도만을 직접적으로 표현함으로써 타자와의 상호작용이나 침투가 차단되고, 의심의 여지나 반박의 가능성이 전혀 없게 된다.² 이런 여성 화자의 단성적 목소리에 의해 여성의 입장이나

---

1 박혜주, 「글읽기와 글쓰기 — 다시 쓰는 '허생전'」, 김현실 외, 『한국패러디 소설 연구』(국학자료원, 1996), 256쪽 참조.
2 미하일 바흐친, 전승희·서경희·박유미 옮김, 『장편소설과 민중 언어』(창작과비평사, 1988), 94~97쪽 참조.

작가의 의도만이 지나치게 강조됨으로써 허생 처와 허생은 동등한 관계를 맺지 못하며, 허생 처 또한 작가 이남희의 단일한 의식이나 목소리를 전달하는 수동적 매개체에 머물게 된다.[1]

결국 이남희의 단성적인 목소리가 갖게 되는 맹점은 페미니즘 자체를 '인간'이 아닌 '여성'의 문학으로 만들어 버림으로써 그 입지점을 좁게 만든다는 것이다. 그 자체가 남성에서 여성으로 그 주체만 바뀐 '전복된 성차별주의(inverted sexism)'의 소산일 수 있기 때문이다. 이남희는 주체적인 언어로 여성의 고통에 대해 이야기하고 있지만, 남성과 여성이라는 이항 대립적인 범주들을 여전히 강조하고 있다. 지금까지 페미니스트들이 남성 언어를 자기만족적이고 득의만만하며 모든 것을 다 알고 있는 듯한 전지적인 언어라고 비판했으면서 그런 남성 언어와 닮은 언어를 그대로 사용한 격이 되어 버린 것이다.[2]

이렇게 볼 때 이 소설은 여성을 억압하는 적대적인 존재로서의 허생을 그림으로써 남성을 배제시킨 '여성만을 위한 문학'에 더 가까워졌다. 이런 당파적 시각으로서의 여성 문학은 대부분의 작품들이 여성 문제를 '여성=피해자, 남성=가해자'라는 피상적이고 도식적인 대립 구도의 차원에서 접근해 왔다

---

[1] 김욱동, 『대화적 상상력』(문학과지성사, 1988), 165쪽 참조.
[2] 조세핀 도노반, 「페미니스트 문체 비평」, 김열규 외(편역), 『페미니즘과 문학』(문예출판사, 1988), 95쪽 참조.

거나, 남성 지배적인 사회 속에서 여성이 겪는 피해의식이나 사회적 불이익의 부당성을 지극히 감정적이고 원론적인 측면에서 표출해 왔다는 사실을 상기시켜 준다.[1] 그러나 여성해방의 목표가 남성과 동등한 위치에 있는 여성을 통한 인간 해방이라는 점을 생각할 때[2] 남성과 여성을 극단적인 대립 관계에서 파악하거나 여성들의 피해의식만을 강조하는 것은 여성 문학의 본질을 축소시킬 위험이 있다.

이중적 언어와 양성성

현진건의 「빈처」는 경제력이 없는 남성 문학가가 예술인이나 지식인으로서 느끼는 자괴심과 자신의 아내가 겪는 경제적 궁핍을 1인칭 서술로 전하는 작품이다. 그런데 이 작품에서 여러 가지 현실적인 어려움에도 불구하고 그들 부부가 화해로운 관계를 유지하는 것은 주로 아내의 맹목적인 희생이나 사랑 때문이다. 아내는 '예술가의 처'로서 고매한 영혼을 지녀

---

[1] 클라우스 미하엘 보그달(편저), 문학이론연구회 옮김, 『새로운 문학 이론의 흐름』(문학과지성사, 1994), 279~290쪽 참조.
[2] 여성해방론은 여성의 경험이나 여성이 처한 상황 혹은 여성의 신분과 같이 주로 여성에 관한 것을 다루지만, 바로 그러한 점에서 여성해방론은 기본적으로 남성에 관한 학문이자 사회 변동에 관한 학문이다.
헤스터 아이젠슈타인, 한정자 옮김, 『현대 여성해방사상』(이화여자대학교 출판부, 1989), 21~22쪽 참조.

야 한다는 생각에 물질적인 가난을 정신적인 만족으로 극복하려 한다. 이처럼 "없으면 없는 대로 살아도 의좋게 지내는 것이 행복이야요."라는 생각에 남편을 믿고 따르는 아내의 모습은 전형적으로 남성의 입장에서 본 이상적인 여성상이라 할 수 있다. 때문에 남성 화자인 '나'가 그런 아내를 자신에게 '위안을 주고 원조를 주는 천사'로 여기는 것은 당연하다.

은희경은 이런 현진건의 작품을 패러디한 「빈처」에서 원전처럼 남성 화자를 1인칭으로 내세우지만 남성 중심적인 시각에서 벗어나 보다 중립적인 입장에서 아내의 내면까지 문제 삼고 있다. 그래서 경제적으로 가난한 빈처가 아닌 마음이 가난하고 사랑이 고픈 빈처를 창조해 낸다. 물질적인 결핍이 아니라 심리적인 억압이나 정서 장애의 문제를 다루는 것이다.

여기에서 은희경의 작가 의식은 앞에서 다룬 이남희와도 다르다. 이남희가 제도적인 입장에서 정절 이데올로기나 현모양처 이데올로기를 문제 삼았다면, 은희경은 심리적이고 본성적인 차원에서 발생하는 일상성을 문제 삼기 때문이다. 따라서 은희경의 소설은 현진건의 「빈처」에서 제목을 따오고 갈등에서 화해에 이르는 부부간의 관계를 가져오지만 서술 방식이나 구체적인 내용에 있어서 상당한 차이를 보여 준다. 은희경은 균형 감각이나 확대된 시야를 통해 넋두리나 투정이 아닌 냉정한 관찰이나 절제력을 보여 줌으로써 여성적인 피해의식이나 특권의식 모두를 거부하면서 동일한 인간으로 대우받는 평등성을 강조하고 있다.

이런 이유로 은희경은 삶의 이면을 엿보거나 허위를 벗기게 해주면서 상이한 가치나 목소리를 동시에 보여 주는 언어를 사용하려 한다. 즉 은희경은 흔히 여성 소설에서 채택하는 1인칭 여성 주인공 시점이 지닌 주관성이나 몰아적 태도를 견제하려는 문학적 장치로 1인칭 남성 관찰자 시점을 선택한다. 다른 여성 작가들에 비해 은희경의 여성 문제에 대한 시각이 공격성과 수동성의 양극단에서 벗어나 균형 감각과 적절한 거리를 확보하는 것도 이 때문이라고 할 수 있다. 은희경은 이런 중립적 태도를 성취하기 위해 시치미를 떼면서 말하는 것과 생각하는 것 사이의 거리를 강조하는 아이러니의 언어[1]를 주로 사용한다. 이것을 이야기하면서 저것을 이야기하는 것, 직설법으로 가능한 것보다도 더욱 광범위하고 풍부한 의미를 표현하는 것, 지나치게 단순하거나 독단적이 되기를 피하는 것[2]에 기여하는 아이러니의 언어를 통해 남성과 여성의 입장을 동시에 고려하는 것이 은희경의 서술 전략이다.

먼저 은희경은 「빈처」에서 남편인 '나'의 서술에 아내의

---

[1] D. C. 뮈케, 문상득 옮김, 『아이러니』(서울대학교 출판부, 1980), 19쪽, 36쪽 참조.
[2] 위의 책, 44쪽 참조.

일기를 삽입시킴으로써 '이야기 속의 이야기'를 구성하고 있으니 이 소설을 액자소설로도 볼 수 있다. 이때 액자에 해당하는 것이 남편의 이야기고, 내부 이야기에 해당하는 것이 일기를 통해 중개되는 아내의 이야기다. 때문에 아내는 남편을 중심으로 하는 액자 이야기에서는 3인칭으로 존재하지만, 내부 이야기인 자신의 일기 속에서는 1인칭으로 존재하고 있다. 그래서 이 소설은 3인칭과 1인칭 사이를 오가면서 아내가 자신의 일기를 읽는 남편과 직접 대화하고 있는 듯한 상황을 연출하게 된다. 이런 상황이기에 독자들은 이 소설을 통해 남편과 아내 중 어느 한쪽만의 이야기가 아니라 양쪽 모두를 1인칭 화자로 느끼면서 균형 잡힌 시각을 가질 수 있다. 이때의 균형감은 내면 심리의 주관적 표출이나 고백을 통한 직접적 반응이라는 함정을 피해 보다 중립적인 반응을 유도해 내려는 작가 의식에서 연유한 것으로 보인다.[1]

  이 소설 속의 아내가 일기를 통해 뒤돌아보는 자신의 삶은 여성으로서의 자아를 인식하는 과정과 맞물려 있다. 일기에 나타나는 (1) 나는 독신이다, (2) 아침 6시부터 밤 10시까

---

[1] 은희경 스스로도 "글만 봐서는 이게 여성이 쓴 건지, 남성이 쓴 건지 구별이 안 갈, 그런 성별적인 것을 떠나서 보여 줄 수 있는 문체나 구성을 갖고 싶다."라고 밝히고 있다.
은희경·황병하(대담), 「내 소설은 내가 파악한 세상 이야기」, 《문학정신》, 1996년 여름호 참조.

지 근무하는 직장에 다닌다, (3) 일주일에 한 번도 못 볼 때가 많지만 애인도 있다 등의 정보는 현재 자신이 처한 상황과 상반되는 것이다. 앞의 말들은 사실상 (1) 결혼은 했지만 과부와 다름없다, (2) 아이들 돌보고 집안 살림하는 일상은 힘든 노동이다, (3) 남편은 직장 일로 인해 가정사에 소홀하다라는 말의 역설적인 표현인 것이다. 애인/남편, 연애/결혼, 사랑/일상, 꿈/현실 등의 대립에서 전자를 포기하고 후자에 안주시키려는 억압적 이데올로기를 뒤집어 표현해 본 것이기 때문이다.

1) 나는 연애하고 싶다. 남자에게 심각한 얼굴로 헤어지자고 한 뒤 술을 마시고 싶다. 같이 자자고 요구하는 남자에게 눈물만으로 사랑을 확인해 달라며 폼 잡고 싶다. 누구든 애태우고 싶다. 누구도 내 환심을 사려 들지 않을뿐더러 나 때문에 마음 졸이지 않는다. 나는 하찮은 존재다. 나는 소박만 맞는다. 그이는 이제 내 얼굴을 똑바로 쳐다보는 일조차 없다.

2) 내가 나쁜 놈일까. 별로 그런 것 같진 않다. 바람을 피운 것도 아니고 월급을 안 갖다주는 것도 아니다. 세상에 자기 아내와 자식 귀하지 않은 놈 있겠는가. 밖에서 술을 먹고 돌아다니는 게 내 아내나 자식새끼가 싫어서 집에 안 들어가려고 버팅기는 게 아님은 모든 술꾼들은 다 안다.

— 은희경,「빈처」

첫 번째 글은 아내의 일기 중 한 토막이고, 두 번째는 그런 아내의 일기를 읽고 남편이 하는 말이다. 이처럼 이 소설 속의 남성 화자는 자신의 말 속에서 아내의 말을 그대로 반복하면서 그 주장에다 새로운 평가를 덧붙이거나 자신의 감정을 첨가함으로써 아내와 대화적 관계를 형성하고 있다.[1] 이렇게 도입된 타자의 말이 이중적인 목소리를 내면서 독자들의 새로운 이해와 평가를 요구한다. 두 개의 의식과 두 개의 시점, 두 개의 평가가 두 개의 언어를 통해 전달되고 있기 때문이다. 은희경의 이런 이중적 언어는 여성들에게는 '보호색의 언어'가 된다. 남성들의 언어로부터 살아남기 위해서 여성들은 자신의 언어를 숨겨야 하고, 그렇게 숨긴다는 사실을 은연중에 드러내야 한다. 이런 보임/숨김, 공격/순응, 앎/모름 등을 동시에 나타내면서 보호 기능과 해방 기능을 동시에 획득하려는 것이 바로 이중적인 아이러니의 언어다.[2]

또한 은희경의 이런 이중적인 언어는 '보여지는 나'와 '바라보는 나', '아내인 나'와 '여성인 나', '여성인 나'와 '인간인 나' 등을 모두 고려할 때 가능한 것이다. 그런 분리 의식이 이중적인 목소리를 내면서 냉철한 통찰과 성숙한 화해를 낳고 있다.

---

[1] 미하일 바흐친, 김근식 옮김, 『도스토옙스키 시학』(정음사, 1988), 281쪽 참조.
[2] 위의 책, 108~109쪽 참조.

은희경에게 있어서 남성과 여성은 서로에게 '그'도 아니고, '나'도 아니며, 완성된 '너', 즉 '나'에게 낯선 자이면서도 '나'와 대등한 다른 하나의 '나'인 것이다.¹ 그리고 '나 또는 너'가 아니라 '나 그리고 너'인 것이다. 이 같은 인식은 단 하나의 진리나 지식, 정체성을 강조하는 권위적이고 지배적인 언어를 거부하는 데에서 나온다.²

    이처럼 은희경은 인물과 인물, 남성과 여성이라는 이중적인 서술자 사이를 오가면서 서술함으로써 세계 자체가 한 가지 언어에 의해 파악될 수 없을 정도로 복합적이고 다층적이라는 것, 각 개인들의 삶은 혼자만으로는 완결된 의미를 지닐 수 없다는 것을 보여 준다. 때문에 이 소설의 끝에서는 남편과 아내가 이 세상에서 힘겹게 살아가는 일 자체에 대한 연민이나 긍정을 통해 남성과 여성이라는 이분법을 극복하고 서로 가족이나 인간으로 다가서는 화해를 이루게 된다. 마치 자신의 몸에서 나온 '똥'처럼 더러워도 부인할 수 없거나 궂고 수고로운 일을 도맡는 엄연한 존재로서 상대방을 받아들이기 때문이다. 이런 이유로 이 소설의 결말에서는 "살아가는 것은 진지한 일이다. 비록 모양 틀 안에서 똑같은 얼음으로 얼려진다 해도 그렇다. 살

---

1 츠베탕 토도로프, 프랑수아 발르 외, 민희식 옮김, 「시학에 있어서의 구조주의」, 『구조주의란 무엇인가』(고려원, 1985), 181쪽 참조.
2 팸 모리스, 앞의 책, 207쪽 참조.

아가는 것은 진지한 일이다."라는 긍정과 화해의 목소리가 들려오는 것이다.

해체적 언어와 중성성

이른바 '신세대 작가'에 속하는 김연경의 소설 「다시쓰는 '날개'」는 작가가 작품의 말미에 밝히고 있듯이 이상의 「날개」나 「종생기」, 「공포의 기록」을 그대로 인용하거나 패러디했으며, 김윤식의 『이상연구』에 많은 빚을 지고 있는 작품이다. 그리고 마치 이상의 「날개」에서 그 서두가 전체 이야기의 주제나 사상을 요약하고 암시하듯이 김연경의 소설에서도 '안해의 말 — 남편에 의해 매개된 아내의 말 — 다시 안해의 말'로 3분된 구성 중에서 내부 이야기를 감싸고 있는 앞뒤의 아내 이야기가 내부 이야기를 유추 해석하게 만들고 있다. 그리고 이상과 김연경 모두 서두와 액자 이야기에서 지적하고 있는 것은 남녀 사이의 애정 문제와 문학에서의 창조성 문제다. 남녀 사이의 애정 문제는 '존재의 집'을, 창조성의 문제는 '언어(시)의 집'을 짓거나 찾는 일과 연관된다. 두 작가 모두 이 두 가지의 집을 찾는 과정을 소설화한 것이다.

먼저 남녀 사이의 애정 문제를 볼 때 주로 행동성이 결여된 지식인(문학인)을 통해 세계의 폭력성이나 인간관계의 물화를 비판하고 있는 것은 이상과 김연경 모두 마찬가지다. 이들에게는 남녀, 특히 부부 사이는 '숙명적으로 발이 맞지 않는 절름발이' 관계라는 점에서 별다른 차이가 없다. 그러나 이상에게 있어서는 그런 불균형성이 돈이나 성(sex)의 우열 관계에 기인하지만, 김연경에게는 언어 문제와 더 긴밀하게 연결된다는 점이 다르다. 김연경이 볼 때 권력이나 지배 관계는 누가 말을 많이 하고, 누가 누구의 말을 가로막으며, 남의 말을 어떻게 중개하느냐의 문제와 연결된다. 이런 맥락에서 보면 이 소설 속의 남편과 아내의 관계는 다음처럼 정리된다.

나(열세)	VS	아내(우세)
밤(비현실)		아침(현실)
침대		책상
냉담, 권태, 허무,		열광, 분주, 저돌성
불구(절름발이)		건강(잘 맞는 다리)
인간(신도)		신(교주)
말없음표, 말줄임표		느낌표, 물음표
침묵		수다, 다변
파지(破紙)		펜

이런 우열 관계가 언어의 침투성이나 혼합성을 통해 드러난다는 데에 김연경 소설의 특징이 있다. 아내는 "아마도 말을

못 해서 죽은 귀신의 후예인 듯""언제나 내 옆에서 종알종알 거린다". 이에 걸맞게 아내는 몸을 팔지 않고 말을 파는 직업을 가진 여성이다. 그래서 아내는 자신의 말뿐만 아니라 '나'의 말 속으로도 침투해 들어온다. 그런 아내에게 '나'는 아무런 저항을 할 수 없다. 때문에 이상처럼 비유해서 말해 보면 모든 여성은 '여왕봉'이자 '미망인'이다. 웅봉(雄蜂)은 여왕봉과 교미하면 죽어 버리므로 모든 여성은 미망인이 될 수밖에 없다는 것이다. 이처럼 기존의 전통적인 우열 관계를 전도시킨 남녀관이 언어 속에서도 그대로 드러나고 있다.

    1) 어쩌면 문제는 나에게 있는지도 모른다. 그래, 나는 왜 여태 아내의 말을 모조리 큰따옴표에다 옮기고 있는가. "……"? 너무 빽빽하다. 작은따옴표로도 충분하지 않았을까. '……'? 차라리 아내만의 표지를 드러내지 말아야 했는지도 모른다. 아내는 내가 왜 우는지 안다는 것이다. 돈이 없기 때문에 그러는 것이 아니냐는 것이다 쩜쩜(點點). 이렇게 아내의 말을 깡그리 숨겼어야 했다. 그래야 능력 있는 내 아내와 능력 없는 나 사이의 파행성이 역설적으로 두드러질 터이니. 아내의 말을 내가 삼켜 버리는 것이다. 옳다. 지금부터, 이 천재적인 아내의 음색을 다 먹어 치우자.

    일어나라는 아내의 소리가 한 번 더 들렸을 때 나는 눈을 떴다.

  2) 아내의 눈엔 '생기'가 동동 떠다닌다. 아내는 뭔가 중요한 말을 하려 한다. 나는 더 이상 간접화법을 쓸 수 없다. 평면적인 문장 속에 가두어 두기에는, 아내의 말이 너무도 생생하기 때문이다.

  "부탁이에요, 떠나지 마요."

  "기다려 줄 거죠, 내가 올 때까지?"(김연경, 「다시쓰는 '날개'」)

  예문에서 확인할 수 있듯이 1)처럼 '나'와 아내 사이가 긴밀하거나 '나'가 덜 위축되었을 때, '나'는 아내의 말을 따옴표 없이 간접 인용하면서 그나마 적극적으로 그녀의 말을 중개한다. 그러나 2)처럼 '나'와 아내의 사이가 소원하거나 '나'가 열세일 때는 '나'의 말 속에 아내의 말을 가두어 둘 수 없어서 '나'는 아내의 말을 아무런 중개 없이 직접화법으로 그냥 옮기게 된다. 이런 말의 상호 침투 양상에 따라 인간관계의 양상을 확인할 수 있다. 끊임없이 타자의 말 속으로 침투함으로써 진정한 만남을 이루려 하지만, 아내의 입장에서도 "남편의 소리는 남편의 장(場)을 벗어나지 못하고 내 소리는 내 장(場)을 벗어나지 못" 하기 때문에 진정한 의사소통은 이루어지지 않는다. 자아와 타자의 세계가 본질적으로 닫혀 있기 때문에 그 간극을 극복할 수 없다는 것이다. 둘은 둘이어서 하나가 될 수 없다는 사실의 확인으로 상처 입는 소설이 바로 이 소설이다.

그런데 문제는 이 소설이 이런 애정의 불구 상태에서 끝나지 않는다는 데에 있다. 이런 남녀 사이의 관계가 선배 작가와 후배 작가 사이의 영향 관계로 발전하기 때문이다. 남녀 간의 대립은 무화되고 선배 작가와 후배 작가 사이의 대립을 새롭게 설정해 창조성의 문제를 고찰하고 있다. 애정 관계에서 아내가 차지했던 위치를 창조성의 문제에서는 선배 작가가 차지한다. 때문에 후배 작가인 아내도 선배 작가의 영향권에서 벗어날 수 없기는 마찬가지다. 아내가 서두에서 이상의 소설에서부터 다시 '제이의 잡설(雜說) 혹은 담론(談論)'이 펼쳐진다고 밝히고 있는 것도 이와 연관될 수 있다.

이상의 소설에 대한 패러디를 중심으로 전개되는 내부 이야기 속에서 남편인 '나'는 아내와의 애정 관계에서 '존재의 집'을 짓지 못했듯이 시인이면서도 시집(詩集), 즉 시의 집(宅)을 짓지 못한다. 남편은 박제가 되기는 했지만 천재는 아니기 때문이다. 날개를 돋게 해 다시 날아 보려 한 이상과는 다르게 그는 날아 보려던 다리를 다시 내려놓는다. 그런 비상은 이미 이상이 이전에 시도해 본 것이므로 식상함과 구태의연함만을 준다는 것이다. '나'는 이상과의 그런 인식론적 단절을 통해 문학사를 '뚝' 끊어 버림으로써 독창성을 확보하려고 한다. 선배 작가의 영향으로부터 벗어나려는 것이다. 그러나 문학사는 연속과 진보의 역사다. 때문에 과거나 전통과의 절연이 아닌 극복이 후배 작가들의 운명이자 의무가 된다. 김연경은 이를 이상의 목소리를 빌려 이렇게 이야기한다. "나처럼 '한 번만 더 날아 보자꾸나.' 하고 외치는 데서 그쳐서는 안 된다. 그럴 바엔 아예 시작도 하지 말아야 한다. 나야 그런 외침에서 끝을 낼 수가 있었다. 왜냐면 난 그런 발작(發作)의 원조(元朝)였으니까. 하지만, 당신은 처음이 아니니 적어도 일 센티미터라도 더 나가야 할 의무(義務)가 있다. 사실, 당신 같은 아류(亞流)가 무슨 수로 박제가 되어버린 천재의 발악(發惡)을 이해하겠는가."

이렇게 볼 때 김연경에게는 남녀의 차이나 구별이 중요한 것이 아니라 거기에서 더 발전한 선배 작가와 후배 작가 사이의 갈등과 긴장이 더 중요하다고 할 수 있다. 그래서 김연경은 오히려 성차로부터 자유로운 글쓰기를 한다. 그녀는 선배 작가들의 흔적을 파편화시키거나 균열시킴으로써 전통이나 질서를 거부한다. 선배 작가들이 쓴 기성품이 마치 '아버지의 법'처럼 존재하면서 후배 작가들을 괴롭히기 때문이다. 이것은 남성의 언어가 여성의 언어를 가로막고 방해했던 것과 유사한 양상이다. 이런 맥락에서라면 '선배 작가=아버지=권위=중심', '후배 작가=아들=위반=주변'의 등식을 세워 볼 수도 있을 것이다. 후배 작가인 김연경은 선배 작가들의 글에 침투해 권위나 중심을 해체시킴으로써 새로운 텍스트를 만들어 내고 있다. 때문에 이런 김연경에게 중요한 것은 근원이나 독창성에 대한 재고다.

김연경은 가치나 의미, 통제, 이분법적 대립이나 고정된 성 정체성을 전복하고 부정한다. 이런 이유로 김연경은 마치 아버지를 부정하는 오이디푸스처럼 선배 작가들의 작품을 통해 익숙해진 문장들을 두려워한다. 때문에 문학사는 이런 아버지와 아들 간의 갈등 관계로 이루어진다는 것이다.[1] 이처럼 권위적이고 억압적인 아버지로부터의 도주와 해방을 꿈꾸는 오이디푸스의 언어로 채워진 것이 바로 김연경의 소설이라고 할 수 있다. 따라서 그녀에게 중요한 것은 남녀 사이의 이분법적 대립이나 우열 관계가 아니라 현실/소설, 원전/패러디 텍스트, 과거/현재, 창조/모방 간의 경계를 허무는 해체적인 글쓰기의 언어들이다.

여성적 글쓰기와 틈입의 언어

여성 언어를 탐구할 때의 어려움은 본질적으로 여성적인 언어가 과연 존재하는가라는 점이다.[2] 하지만 여성만을 위한 언어가 불가능함을 폭로함으로써 오히려 여성 언어라고 주장할

---

1 헤럴드 블룸, 윤호병 옮김, 『시적 영향에 대한 불안』(고려원, 1991), 220~237쪽 참조.
2 K. K. 루스벤, 김경수 옮김, 『페미니스트 문학비평』(문학과 비평사, 1989), 144쪽 참조.

수 있는 언어를 탐색할 수 있다. 남성 언어를 빌려다 쓰지 않을 수 없는 불가능성, 남성 언어를 제대로 쓸 수 없는 불가능성이 여성 언어의 억압성을 드러내 주기 때문이다. 이런 맥락에서 여성 언어에 대한 논의는 여성만이 사용하는 여성 고유의 언어를 규명하려는 작업이 아니라 여성들이 그러한 언어들을 사용하는 목적이나 빈도를 규명하려는 작업이 되어야 할 것이다. 남성의 언술 행위 안에서 작용하되 끊임없이 그것을 어떻게 변형시키느냐와 남성 언어를 가져오되 어떻게 '다르게' 사용하려고 노력하느냐에 초점을 맞추어야 한다는 것이다. 이러한 방향은 곧 '무엇을' 말하느냐가 아니라 '어떻게' 말하고 '왜' 그렇게 말하느냐 하는 점을 문제시한다는 측면에서 여성적 글쓰기의 양상을 규명하는 것과 상통한다.[1]

이때 남성의 언어 속에 있으면서 그 언어를 변형시켜 자신의 언어를 만들어 내거나 이미 익숙해져 있는 언어의 의미를 바꾸어 버리는 것이 바로 여성 패러디 소설이라고 할 수 있다.[2] 지배적이거나 권위적인 기존의 남성 언어에 저항하는 여성 언어의 움직임이 마치 원전의 기득권이나 창조성에 저항하면서 새로운 텍스트를 만들어 내는 패러디의 운명과 유사하기 때문

---

[1] 김미현, 『한국여성소설과 페미니즘』(신구문화사, 1996), 60쪽 참조.
[2] 이명호, 「분노와 웃음의 미학 — 페미니즘시에 대한 몇 가지 생각」, 《시와 사회》, 1994년 봄호, 218쪽 참조.

이다. 여성 패러디스트들은 남성들의 언어 속으로 틈입해서 그것들을 전복시키거나 균열시킨다. 그리고 패러디 텍스트가 원전을 부정하거나 차이를 두면서도 그것과 공존하거나 유사성을 지닐 수밖에 없듯이, 여성 언어도 남성 언어와 차별화를 꾀하면서도 남성 언어로부터 완전히 벗어날 수는 없다. 하지만 다시 생각해 보면 이처럼 다른 언어를 빌려와 쓸 수밖에 없다는 면에서 다시 한번 여성 언어와 패러디 언어 사이에 공통점이 존재한다.

그런데 이런 여성 패러디 소설 속에도 다양한 스펙트럼이 존재하고 있다. 비판적이고 공격적인 풍자의 언어로 가부장적 이데올로기를 비판함으로써 오히려 남성 언어를 닮은 단성적 목소리를 내는 경우(이남희), 긴장과 대화 관계를 유지하는 아이러니의 언어로 균형과 조화를 추구하면서 양성성의 세계를 보여 주는 경우(은희경), 혼합적이고 불확정적인 해체적 언어로 탈중심적이고 비이분법적인 중성성(무성성)의 세계를 보여 주는 경우(김연경)가 공존하기 때문이다. 그들은 이런 다양한 언어 의식을 통해 각각 남성성을 비판하거나(이남희) 포용하고(은희경), 무화시킨다(김연경). 이런 과정들을 통해 그들은 여성 정체성을 재구축하거나 탈구축하고 있다.

이와 연관되어 엘렌 식수는 이렇게 이야기한다. "여성적 글쓰기를 규정하는 것은 불가능하다. 바로 이 규정 불가능성만이 남게 될 것이다. 왜냐하면 여성의 글쓰기는 이론화될 수도 약호의 형태로 한정될 수도 없기 때문이다. 그러나 이 말은 여성적 글쓰기가 존재하지 않는다는 뜻은 아니다.¹ 흔히 여성들은 여성들만의 언어를 지니지 못한 채 남성들의 언어를 빌려 쓴다. 그런 의미에서 여성들의 언어는 '없다'. 그러나 여성들은 기존의 남성 언어를 가져와 비틀거나 뒤집고, 바꾼다. 이렇게 남성 언어에 자신들의 여성 정체성을 덧칠한다는 의미에서 여성 언어는 '있다'. 이런 부재와 존재의 경계나 문턱에서 불안정하면서도 생산적으로 글을 쓰는 사람들이 여성들이라고 할 수 있다.

---

1 엘렌 식수, 고미라 옮김, 「메두사의 웃음」, 『포스트모더니즘과 철학』(이화여자대학교 출판부, 1995), 343~371쪽 참조.

섹스와의 섹스, 슬픈 누드

1990년대 소설 속의 성

1   옷의 성, 정신의 그림자

1990년대 이전에는 성(sexuality)에 대해 이야기하는 것이 미인의 얼굴에 대해 이야기하는 것과 같았다. 속보이게 드러내 놓고 칭찬할 수도 없었고, 그렇다고 끝까지 무관심한 척할 수도 없었다. 북실북실한 가슴 털이나 두꺼운 입술을 뽐내는 호색한으로 취급받을 위험과, 힘없는 노인네나 답답한 어린애로 취급받을 억울함 사이에 어떤 화해점도 없었기 때문이다. 그런 야박함이 성을 더욱 안으로 멍들고 곪게 만들었다. 그러나 1990년대에 들어와서는 사정이 달라졌다. 지금은 미인 아닌 여자가 없다. 마치 허물 벗은 '별당 아씨'처럼 모든 여자들이 비슷하게 예쁘다. 이렇게 미인이 많아진 것만큼이나 성 자체도 일상적인 것이 되었고, 이제는 마음 놓고 성에 대해 이야기할 수 있다.

주로 1990년대에 활동하기 시작한 이른바 신세대 작가들도 이런 변화에 발맞추어 "도덕은 결국 스페어타이어 같은 것이다. 기존의 것이 닳아 버리거나 구멍이 나면 언제나 갈아 끼울 준비가 되어 있다."라거나 "나는 처음부터 처녀가 아니었던 것이 아니라 내가 선택한 사랑 앞에서 언제나 처녀일 수 있었다. 그것이 내 순결이었다."(김별아, 『내 마음의 포르노그라피』)라고 자신 있게 말한다. 그리고 연인이 없느냐는 질문에 "섹스 파트너라면, 사실 없지는 않아요. 하지만 연인은 없어요. 별로 있었으면 하는 생각도 안 들어요."(배수아, 「천구백팔십팔 년의 어두운 방」)라고 무감각하게 대답한다. 심지어는 "애를 뗄 때는 반드시 더치페이 할 것"(백민석, 「사랑의 고통」)을 당당하게 요구하기도 한다. 그리고 성을 가지고 예술사를 쓴다면 "고전주의: SEX(정상 체위), 낭만주의: 구강 혹은 항문, 리얼리즘: 포도균성 요도염, 모더니즘: 레즈비언 혹은 게이, 포스트모더니즘: AIDS"(박청호, 『푸르고 흰 사각형의 둥근』)일 것이라고 생각한다.

그러나 별당 아씨는 과연 완전히 허물을 벗었는가. 혹시 사람들은 성의 옷만 보고, 그 속의 피부는 보지 못한 것은 아닐까. 아니면 성이란 것이 원래 파열되어야 하는 것인데도 불구하고 그러기에는 신세대들의 피부가 너무 두꺼운 것은 아닐까. 활짝 피어나는 목련꽃처럼 성 담론 자체는 맨얼굴을 드러내면서 노골화되고 과격해졌지만, 그 흰 꽃이 땅으로 떨어지면 검게 짓이겨지는 것처럼 순식간에 훼손되는 것은 아닐까. 지나치게 옷을 벗으면 그 벗음 자체가 오히려 억압으로 작용할 수도 있지 않을까.

이런 것들에 대한 의문과 함께, 구체적이고 다양한 텍스트를 통해 실체 없이 떠도는 신세대 문학에 다가가고 싶은 욕망이 신세대 문학과 성의 결합을 시도하게 한다.

이 글에서 문제 삼는 신세대 문학과 성에 대한 본질 규명은 "(1) 가벼움이나 쾌락을 추구한다, (2) 개인적이고 비사회적이다, (3) 이성과 반대되는 감성을 대변한다" 등의 신세대 문학에 대한 지적과 관련된다. 이 글은 이런 고정 관념들을 뒤집어 봄으로써, 신세대 문학의 육체가 정신의 반대급부가 아니라 오히려 그 부속물이라는 사실을 확인하고자 한다.

정신은 복화술사처럼 자신은 드러내지 않으면서 육체를 조종하고 있다. 때문에 신세대들의 육체는 햇빛이 비치면 양지로 바뀌는 정신의 "그늘"이 아니라 밤이 되어야만 나타나면서 영원히 빛은 될 수 없는 정신의 "그림자"에 가깝다. 그래서 정신은 이제 육체를 통해서도 강화된다. 신세대들은 정신을 보여 주기 위해 육체를 노출시킨다. 이런 맥락에서 신세대와 성은 "밀월" 관계가 아니라 "냉전" 관계라는 것을 확인하게 될 것이다. 이 확인 과정을 통해서 옷은 벗었지만 그래도 육체가 드러나지 않는 성 담론의 딜레마나 신세대 문학이 그려 내는 성의 성감대를 알 수 있기 때문이다.

2 반성(反性)의 성, 사회의 그림자

우승제와 박성원, 백민석의 소설은 사회적 억압과 성적 억압을 병치시켜 그런 억압을 조장하거나 양산하는 권력을 문제 삼는다. 그들은 성을 가장 본능적인 욕구로 생각하면서, 그런 성적 욕망을 좌절시키거나 억압하는 권력에 예민하게 반응한다. 리비도와 정치가 상호 침투한다는 이런 사유의 기저에는 성이 어느 시대에도 그 자체로 투명하거나 객관적으로 존재한 적이 없었다는 믿음이 자리한다. 긍정적이고 해방적인 본성(本性)에 반대되는 부정적이고 억압적인 현재의 반성(反性)을 반성(反省)하게 함으로써 사회의 그림자를 보여 주는 것이다. 이들에게는 사회의 과잉 억압과 실행 원칙에 반항하는 것이 자유로운 에로스의 구가이고, 그것을 통해 특정한 역사적 제약을 넘어서는 것이 영원한 인간성의 획득이 된다.

우승제의 『열려라, 방』은 "나는 다 필요 없어. 단지 그녀와 마음껏 섹스할 수 있는 공간만 있으면 돼. 아무도 간섭하지 않는 아주 비밀스럽고, 자유로울 수 있는 공간"이라는 말에서 나타나듯이 인간의 원초적 욕망과 좌절을 그린 소설이다. 이 소설 속에서의 '나'와 '그녀'는, 마레크 플라스코의 소설 『제8요일』에서 아그네시카와 피에트레크가 벽이 있는 세 평짜리 방을 찾아 공산주의 지배하에 있었던 바르샤바를 헤매고 다니듯이 둘이 함께할 시간과 공간을 찾아 헤맨다. 그러나 그들의 꿈은 이 세상에는 존재하지 않는 제8요일에나 가능하다.

『열려라, 방』에서의 '나'와 '그녀'는 "이쪽 도시"와 "저쪽 도시"로 양분되는 사회의 어느 곳에서도 그들만의 방을 마련하지 못한다. "이쪽 도시"에서는 "창호지 같은 판자벽" 때문에 섹스조차 공동 분배해야 한다. 그래서 '나'는 느닷없이 침입하는 혁명가 집단 때문에 항상 조루나 발기 불능 증세를 보이고, '그녀' 또한 불안 때문에 오르가슴에 도달하지 못한다. 이런 상황에서는 애무조차 부르주아적인 발상이 된다.

그런데 "이쪽 도시"를 위해 혁명을 정당화시키는 글을 쓰던 "나"는 혁명을 무화시키는 글을 쓰면서 "저쪽 도시"로 편입된다. "저쪽 도시"에서 원하는 글은 "체면의 상실, 최대의 소비(정액까지도), 무조건 상품화"라는 3대 원칙에 충실한 것이다. 그러나 역설적이게도 그곳에서 '나'는 육체적 조루나 발기불능이 아닌 정신적 조루나 발기불능의 증세를 보이게 된다.

이처럼 우승제의『열려라, 방』은 온전한 오르가슴을 허락하지 않는 사회적 억압을 고발한다. 이 소설의 '나'는 "성기와 내 주변 관계와는 어떤 질긴 끈이 있길래 내 주변적 상황에 의해 발기를 했다가, 조루가 됐다가, 이렇듯 발기 불능이 되어버리는 것일까."라며 한탄하고 있다. "열리지 않는 방"은 어떤 "닫혀 있는 존재"에 대한 은유이고, 따라서 이 소설은 성애 소설이자 풍자소설이 된다. 권력의 억압에 대항하는 반권력을 형상화하기 위해서 성을 대두시켰기 때문이다.

박성원의 「라이히 보고서」, 「해 뜨는 집」, 「이상(異常)·이상(李箱)·이상(理想)」은 자본이나 제도, 권력에 의해 왜곡된 성을 통해 성 자체의 순수성을 역설적으로 강조한다. 이 소설들의 주인공들은 모두 김해경 혹은 이상(李箱)으로서, 그들을 통해 작가는 "사회·정치·경제적 혁명이 없이는 성의 만족은 없다."라는 빌헬름 라이히의 명제를 확인시킨다. 박성원이 라이히에 기대어 말하고 싶은 것은 "금전 경제학"이 "정액 경제학"과 만나는, 즉 마르크스와 프로이트가 결합되는 "프로이트적 마르크스주의"이다. 이들 소설은 모두, 성적인 쾌락에 대한 두려움이 심리적인 병을 일으키므로 성의 자유를 억압하는 제반 사회적 조건을 비판하면서 보다 건강한 성생활을 실천하도록 노력해야 한다는 메시지를 전한다.

이런 현실 속에서 이상의 1990년대적 화신에 해당하는 '나=그=김 선생'을 통해 박성원은 그가 "섹스에 미친 병자"가 아니라 "이상한 이상에 대한 이상"을 지닌 사람임을 인정하게 한다. 왜냐하면 섹스에 대한 탐욕은 존재 자체의 본질과 통하기 때문이다. 그러나 '그녀=연심=본래의 성'을 탐하지 못하게 하는 "악마적인 안타까운 현실성" 때문에 '나'와 '그녀'는 자포자기적이고 허무한 섹스를 나눈다. 이때 '나'는 그런 모습에서 "섹스에 미친 패인(敗人)을 자처하는, 무지개같이 파장이 분열된 폐인(廢人) 같은" 1990년대 판 이상(李箱)의 원형을 발견한다.

이처럼 박성원의 소설에 나타나는 성은 가장 인간적인 것임에도 불구하고 오히려 그 본능성으로 인해 굴절되고 왜곡되어 있는 기형의 성이라고 할 수 있다. 때문에 박성원은 타율성과 자율성, 왜곡과 순수, 억압과 해방, 권력과 저항 사이에 놓인 성 담론의 가파른 경계선을 문제 삼는다. 그리고 그는 그 경계선을 가로지르며 성을 통해 악마적인 현실을 극복할 힘을 기르려 한다. 이렇게 볼 때 박성원은 성을 가장 중요한 인간의 조건으로 본다는 의미에서 유물론자이고, 동시에 그런 물질적인 성을 통해 영혼의 치유를 꿈꾼다는 점에서 다시 유심론자가 된다.

백민석은 『내가 사랑한 캔디』에서 동성애를 발기부전이나 변태의 이형태(異形態)로 간주하면서 비정상적이고 일그러진 성으로 취급한다. 그러나 백민석이 다른 이성애주의자들과 다른 점은 그런 동성애를 비난받아야 할 것이 아니라 이해받아야 할 것으로 생각한다는 사실이다. 그에게 동성애는 이성애로 가기 위한 성, 음울한 시간들을 견디기 위한 성, 시대적 억압에 대한 반항을 보여 주기 위한 성이기 때문이다. 기형적인 성 안에 환멸의 시대나 일그러진 세계를 담음으로써, 시대와 세계가 비정상적이기에 성 또한 비정상적일 수밖에 없다는 사실을 보여주는 것이다. 때문에 이런 동성애의 배경으로 입시 지옥이나 전교조 문제, 지강헌 사건, 김귀정이나 이한열의 죽음 같은 역사적 사건이 등장한다.

이처럼 전교조 1세대로서 "호모가 아니면 발기 부전, 아니면 변태"일 수밖에 없었던 아이들이 학교를 떠나 본격적으로 1990년대로 진입하여 도달한 곳이 바로 "믿거나말거나박물지사"(『16믿거나말거나박물지』)에서 개최하는 세기말 콘서트장이다. 그중에서도 특히 "믿거나말거나박물지젤라틴풀장"은 수간(獸姦)이나 항문 섹스, 오럴 섹스, 동성애가 판치는 난교 파티장이다. 왜 이런 충격적인 성을 묘사하는가? 권태롭기 때문이다. 그런 권태는 어디에서 오는가? 세상에서 해야 할 일이 없기 때문이다. 그토록 세상이 평화로운가? 아니다. 오히려 환멸스럽기 때문이다. 그렇다면 이때의 성은 세상에 대한 분노나 저항을 내장한 위험스러운 폭발물일 것이다.

백민석이 보기에 세상은 의미를 파악할 수 없는 것들로 꽉 차 있는 불가사의한 괴물이다. 그런 세상에서의 삶은 당연히 "소풍"이 아니라 "유배"다. 그런데도 그런 폭력성을 교묘하게 숨기면서 실체를 드러내지 않는 세상을 폭로하기 위해서는 충격요법이 필요하다. 그래서 그는 포르노로 오해받을 위험도 감수하는 것이다. 어차피 오해되건 이해되건 세상은 바뀌지 않겠지만 그것을 알면서도 그는 절망적인 유희를 계속한다. 심각함이 지나치면 유희가 되기 때문이다. 그래서 이런 일탈적인 성 자체가 백민석에게는 이 세상을 견디는 "은밀한 장난감"이다.

　백민석은 말한다. 자신이 묘사한 성은 일그러져 있다고. 그래서 그것을 보고 야하다 또는 외설적이다라고 말하는 사람은 정말 변태라고. 자신이 진정으로 원한 것은 그런 성이 야기하는 불편함이라고. 그 불편함이 반성을 촉구하는 것이라고. 따라서 그는 성을 말하기 위해 가학과 피학을 일삼는 것이 아니다. 그가 진정 보여 주고 싶은 것은 헐벗고 왜곡된 현실이다. 일그러진 성마저 만들어 낼 수 있는 현실적 상상력이다. 두려움을 유발시키는 성난 성. 이때 느끼는 공포가 바로 백민석이 원하는 독자들의 반응이다.

　이런 의미에서 우승제와 박성원, 백민석은 현실의 성에 저항하는 성을 통해 성다운 성을 환기시키면서, 성을 성답지 않게 만드는 권력을 비판한다. 그들의 소설에서 성은 사회적 억압을 재는 리트머스시험지로 기능하고 있는 것이다. 때문에 이들은 육체적인 성을 다루고 있지만 사실은 그 성을 통해 정신을 문제 삼는다고 할 수 있다. 정신 자체가 육체에 의해 좌우되고 있기 때문이다. 이들 소설의 인물들은 심리적 요인에 의해 오르가슴에 도달하는가 하면, 발기불능 증세를 보이기도 한다. 이런 점에서 그들의 소설에 나타난 정신과 육체는 이원론적 일원론의 관계에 있다고 할 수 있다. 서로 분리되어 있지만 상대방에게 영향력을 행사하는 함수관계를 형성하기 때문이다. 그러나 궁극적으로는 정신에 의해 육체가 좌우된다고 봄으로써 정신을 육체보다 우위에 두는 정신주의자들에 가깝다고 할 수 있다.

3 근성(近性)의 성, 가족의 그림자

멕시코의 화가 프리다 칼로의 「나의 탄생」이라는 그림을 보면 섬뜩함을 느끼게 된다. 자신의 출생을 기형적이고 슬프게 그리고 있기 때문이다. 산모의 상반신은 흰 시트로 가려져 있어 그 표정을 알 수 없으며, 아이는 머리를 축 늘어뜨린 채 힘겹게 세상 밖으로 나오고 있다. 그리고 산모 머리 위의 마리아상은 단검에 맞아 눈물을 흘리고 있다. 자신을 낳아 줄 어머니는 죽었다. 그래서 혼자 태어나야 한다. 이런 상황에서 가족은 없다. 한 번도 가져 본 적이 없어서 그 의미가 무엇인지도 모르기 때문이다.

그래서 가족에 대한 미련이 오히려 크기 때문에 그들은 남아 있는 가족끼리 섹스를 한다. 이런 근친상간적인 성은 가장 가까운 사람들과의 성을 나타낸다는 점에서, 그리고 제대로 된 성은 아니지만 온전한 성이 되려고 한다는 점에서 근성(近性)의 성이라고 할 수 있다. 근성의 성은 가족 같은 연인이 존재하기에 가능하다는 점에서는 긍정적으로 보이지만, 가족이 남처럼 간주되어야 가능하다는 점에서는 부정적으로도 보인다. 그러나 어느 경우이건 가족과 성관계를 맺는다는 점에서 가족이라는 개념이 부재할 때에나 가능한 슬프고 위험한 성이라고 할 수 있다.

특히 배수아나 이응준, 조경란의 소설에는 가족다운 가족이 없다. 그들에게 가족은 더 이상 황금 알을 낳아 주는 거위가 아니다. 그래서 그들은 가족을 새롭게 만들거나 차라리 가족으로부터 벗어나기 위해 가족과 섹스한다. 너무 사랑하거나 지독하게 증오해서 그들은 가족으로부터 벗어날 수가 없다. 가족과의 섹스는 이런 사랑과 증오를 배설하는 행위이다. 배수아는 가족으로부터 거부당했기에 더욱더 가족에 집착한다. 이응준은 자신을 거부한 가족을 부정하거나 극복하려 한다. 조경란은 운명처럼 주어진 가족을 인내하려 한다. 이런 그들에게는 사회의 속살이 가족이고, 가족의 피부가 사회가 된다.

배수아의 『랩소디 인 블루』에서 미호가 자신의 친오빠와 섹스를 하는 것은 가족이 그립기 때문이다. 그녀에게 오빠는 가족이 아니라 그저 "관심을 가져 주는 다정한 사람"일 뿐이다. 무엇보다도 오빠는 가장 가까이에 있는 남자이자 마지막으로 기댈 수 있는 이성이다. 이런 오빠를 떠나 보내지 않기 위해서 그녀는 오빠와 하나가 되려고 한다. 그녀가 가족에게 이토록 집착하는 이유는 "난 아무것도 아니다. 혼자서는 결국은 모두가 다 아무것도 아닌 것이다."라는 생각을 갖고 있기 때문이다. 혼자이지 않기 위해서 그녀는 가족을 자신의 육체 속에 가두고 싶어 한다.

가족에 대한 이런 성적인 이끌림이 『부주의한 사랑』에서는 더욱 폭력적으로 그려진다. '나'의 친언니이자 사촌인 연연이 이모부를 연인으로 삼은 것은 자신의 친동생인 '나'나 이모부의 가족으로부터 떠나고 싶지 않기 때문이다. 그녀에게 이모부는 아버지 같은 존재일 수 있다. 아버지가 없었던 그녀는 아버지와 비슷한 사람을 보면 사랑하게 된다. 그리고 '나'가 사촌인 택이와 운이 둘 다와 섹스하는 것은 그들을 가족처럼 생각하기 때문이다. 특히 '나'가 유부남이자 세 아이의 아빠인 택이를 사랑하는 것은 그에게 가족애를 느끼기 때문이다. "오랫동안 그러고 있으니 마치 정말로 그가 나의 사촌처럼 느껴졌다. 다정하고 부드러운, 멀리 떨어져 있으면 언제나 생각나는 나의 사촌."이라는 고백은 연인이 아닌 가족에 대한 갈구를 드러내는 말이다. 그녀는 보호와 안정감을 줄 대상을 추구하는 것이지 성적인 만족을 줄 수 있는 이성을 그리워하는 것이 아니다.

이 밖에 '나'의 사촌인 미진이 '나'의 애인이었던 철희와 사귀는 것(「천구백팔십팔 년의 어두운 방」, 『푸른 사과가 있는 국도』)이나, 아버지가 이모와 사랑을 하고 나중에는 결혼까지 하는 것(「프린

세스 안나」, 『바람 인형』)은 모두 뿌리가 흔들리는 존재들의 불안한 내면을 보여 준다. 가족처럼 현실 또한 바꾸거나 선택할 수 없다. 따라서 성 또한 그런 현실 안에서 이루어져야 한다. 서로의 삶이 다르지 않다는 운명의 회귀성이나 불행의 지속성 때문에 그녀는 가족을 거부하지 못한다. 가족에서 가족으로 유전되는 병이 바로 외로움이나 결핍감이다. 그리고 아픈 사람은 아픈 사람을 잘 알아본다.

이처럼 부도덕하고 부주의한 근친상간은, 세상의 모든 인간들이 사생아나 고아이기 때문에 인위적으로라도 가족을 만들어야 한다는 강박관념의 소산이라고 할 수 있다. 인간 자체가 "버려진" 존재들이고, 배수아에게는 이런 "유기(遺棄)"가 가장 나쁜 상태이다. 나쁜 상태에 있는 나쁜 존재들이 강렬하고 치열하게 나쁜 섹스를 하는 것은 당연하다. 때문에 이런 근친상간은 가벼움과 무감각의 기호가 아니라 외로움과 두려움의 기호이다. 자신들을 유기한 부모나 형제들에게 저항하려는 발짓이라기보다는 그들을 재발견해서 다가서려는 손짓이다. 그러나 그런 성은, 기댈 곳이 가족밖에 없어서 이루어진 관계라는 점에서 선택이 아닌 강요에 의한 것이다. 부주의한 성은 그것 이외의 다른 선택이 불가능하다는 데서 오는 상처와 폭력의 의미를 가진다.

그래서 라캉식으로 표현하면 배수아가 머무르고 싶어하

는 아이(homme-lette)의 상태는 오믈렛(hommelette)의 상태와 비슷하다. 형태가 없는 계란 덩어리처럼 어린아이는 아무런 경계나 의식, 욕망을 모르는 비정형 상태에 있다. 그래서 결핍 또한 모른다. 배수아가 지향하는 것은 이런 상태다. 오믈렛은 액체도 아니고 고체도 아니며, 우유도 아니고 계란도 아니다. 그녀는 거울을 보기 전, 그래서 자신에 대한 자각조차 생기기 전의 유아처럼 유모차에 앉은 채 자라지 않는 어린아이로, 오믈렛으로 머물고 싶은 것이다. 자아를 발견하면 그때부터 가족의 보살핌을 거부해야 하기 때문에 그녀에게는 거울조차 필요 없다. 그녀의 섹스는 아이로 남아 있기 위한 구순기적 욕망에 머물러 있다.

그런데 오믈렛을 만들기 위해 깨어진 계란은 다시 본래의 모습으로 돌아갈 수 없다. 어머니의 자궁으로부터 떨어져 나온 이상 다시 그곳으로 돌아갈 수 없듯이 현실은 어머니로의 회귀를 용납하지 않는다. 배수아와 달리 이응준은 이런 자궁 회귀의 불가능성을 너무나 잘 안다. 그래서 이응준의 소설에 나타난 성장은 아버지 같은 현실을 닮아 갈 수밖에 없는 것이다. 이렇게 성장해야 "묘지 같은 세계에서의 유령 같은 삶"(『느릅나무 아래 숨긴 천국』)을 살아갈 수 있기 때문이다.

물론 애정 결핍에 시달리며 배고픔처럼 외로움을 느끼는 아이들에게 어머니라는 존재는 뿌리칠 수 없는 유혹이다. 「달의 뒤편으로 가는 자전거 여행」(『달의 뒤편으로 가는 자전거 여행』)에서 '나'가 고아 출신의 식모인 무리 누나에게 첫사랑을 느끼면서 "이 세상의 모든 여자들이 여자임과 동시에 어머니일 수 있다는 사실"을 깨닫는 것이나 「어둡고 쓸쓸한 날들의 평화」(앞의 책)에서 꼽추인 친구가 자신의 굽은 등을 어루만져 주는 여자들을 보면서 "창녀들에게선 어머니 냄새가 나."라고 말하는 것은 모두 어머니 같은 연인을 위한 것들이다. 그래서 남자들은 "엄마 말 잘 듣는 애처럼"(「그 시절을 위한 잠언」, 앞의 책) 어린 창녀의 요구에 따라 주기도 한다.

세상을 알면 불행해진다. 그러나 세상을 모르면 성장할 수 없다. 이응준의 소설에서는 불행을 알게 하는 성장의 촉매로서 가족과 성이 등장한다. 가족은 세상의 속악함을 그대로 담고 있으며, 그런 가족의 속악함은 일그러진 성관계에 기원을 둔다. 때문에 이응준의 소설에 나타난 근친상간적 사랑은 배수아의 소설에서처럼 소외를 극복하면서 합일을 추구하려는 성이 아니라 아름다움에서 추악함을 발견하게 되는 모멸과 치욕의 성이다. 이응준은 부모를 통해 그런 성을 경험하면서 "세상에서 가장 어렵고 힘든 일이 바로 자신의 아버지와 어머니를 극복하는"(「그는 추억의 속도로 걸어갔다」, 앞의 책) 것임을 알게 된다.

『느릅나무 아래 숨긴 천국』에는 "세상에서 가장 간단한 방법으로 한 식구가 된" 가족의 슬픈 이야기가 있다. '나'는 열 살

때 어머니와 함께 새아버지의 집으로 들어간다. 이미 그 왕국에 살고 있던 아버지의 적자(嫡子)인 인하 형은 탐욕스럽고 권력 지향적인 아버지가 아니라 우아하고 고상한 그의 어머니를 닮았다. 이런 구도이기에 이 소설 속의 가족관계는 다음처럼 재편될 수 있다. '나'에게, 억압적인 부성의 원리를 대변하는 인물은 아버지와 생모이다. 젊고 아름답지만 천박한 생모는 아버지를 닮은 또 다른 아버지다. 그리고 합일적인 모성의 원리를 대변하는 인물이 인하 형과 인하 형의 어머니다. '나'는 그들을 통해 "아름다운 것이 옳은 것이다."라는 유미주의적인 생각을 하게 된다.

그런데 인하 형은 불쌍하게 죽어 간 자신의 어머니를 위해 아버지와 '나'의 생모에게 복수를 단행한다. 형의 침대에 같이 있는 생모를 보면서 '나'는 보고 싶지 않은 생과 성의 이면을 보게 된다. 인하 형이 자신의 아름다움을 지키지 못한 것은 부도덕한 아버지 때문이고, 그가 스스로 악과 추함이 되어 복수를 하게 만든 것도 패륜적인 세상 때문이다. '나'는 이런 더러운 성을 경험함으로써, 진흙탕 같은 세상에 사는 사람들이 모두 타인에 대해서는 가해자이지만 고통에 대해서는 패배자일 뿐이라는 사실을 배운다.

이보다는 덜 충격적이지만 성장의 계기로서 부모의 성이 등장하는 또 다른 경우가 「아이는 어떻게 숲을 빠져 나왔는가」

(앞의 책)이다. 이 소설에서 어머니는 지병을 앓던 아버지가 죽자 삼촌과 결혼한다. '나'는 아픈 아버지가 빨리 죽기를 바랐기에, 그리고 어머니와 결혼한 삼촌마저 중동에서 낙사(落死)했기에 더욱 죄책감을 느낀다. 더욱이 삼촌은 옳고 그름이 아니라 아름답고 추함에 의해 세상의 희망과 혼돈을 가늠하는 사람이었다는 점에서 '나'의 미의식의 근원지였다. 삼촌의 죽음을 통해 '나'는 "아름다운 사람들이란 결코 오래 행복할 수 없다는 사실", 삶이란 "비슷한 몸무게를 지닌 고통과 환멸이란 두 사내가 타고 노는 녹슨 시소"라는 사실을 깨닫게 된다. 아버지들의 성과 죽음이 그를 성장시킨 것이다.

조경란에게는 가족을 견디는 것이 세상을 견디는 것이 된다. 가족이 곧 세상이기 때문이다. 그녀는 가족 밖으로 나가기 두려워하며 식물처럼 정지해 있다. 그래서 다른 소설들보다 그녀의 소설에는 운명적인 색채가 강하게 나타난다. 그런 운명성은 스스로 가족으로부터 벗어나려 하지 않거나 벗어날 수 없다고 생각할 때 더욱 강화된다. 조경란은 굳은살이나 사마귀, 겨드랑이의 털처럼 가족을 달고 다닌다. 아무리 잘라 내도 다시 자라나는 것, 아무리 거부하려고 해도 거부할 수 없는 것, 이것이 바로 조경란의 소설에 나오는 가족의 실체이다. 또 조경란에게 가족은 식빵이기도 하다. 모든 빵의 기초이기에 잘 만들면 다른 빵들도 손쉽게 만들 수 있지만 잘 만들기가 가장 어려운 식빵 같은 존재가 바로 가족이다. 가족은 나와 가장 가까우면서도 나를 가장 힘들게 하는 "또 다른 나"이다.

그래서 조경란의 『식빵 굽는 시간』에서 '나'는 처음과 마지막에 식빵을 굽는다. 여기에서 그녀가 가족에서 시작해 가족에서 끝날 것이라는 사실을 암시받을 수 있다. "너를 낳은 건 나다." 이것은 그녀가 이모에게서 들은 말이다. "우리는 아버지가 달라요. 그러니까 남매라고 하면 이해가 빠르겠군요. 하지만 나는 그를 사랑해요." 이것은 그녀가 '나'의 애인의 여동생에게서 들은 말이다. 이 두 말을 통해, 서른 살이 된 그녀 앞에는 "혼자 지내야 하는 시간들"만 남게 된다. 그녀는 그런 사실을 조용히 받아들인다. 달라질 것은 아무것도 없기 때문이다. 이런 운명론적 사고는 모든 만남과 헤어짐이 자신의 의지와는 상관없이 벌어지기 때문에 식빵처럼 더욱 굳어진다.

특별히 원해서 만나지 않았고, 원해도 헤어지지 못한다는 점에서 가족은 운명 그 자체이다. 치매를 앓고 있는 아버지는 거대한 산처럼 움직일 수 없는 존재이고,(「내 사랑 클레멘타인」, 『불란서 안경원』) 어머니와 남동생은 아무런 예고 없이 열차 사고로 내 곁을 떠난다.(「당신의 옆구리」, 앞의 책) 술 취한 아버지는 뚜렷한 이유도 없이 가위로 어머니의 목을 겨눈다. 그런 사람 같지 않은 사람의 자식이라서 '나'와 동생 경서 또한 살의를 품은 채 한 방에서 지낸다.(「환절기」, 앞의 책) 이처럼 가족은 가족이라는 이유만으로도 페스트 같은 질병이 될 수도 있다. 노력해서 피해 볼 수도 있는 것이 "불행"이라면, "운명"은 너무 당연하기에 노력해서 피해 볼 수도 없는 불행이다. 아버지는 피할 수 없는 운명이다.

이런 올가미 같은 가족이 짜는 가장 튼튼하고 커다란 그 물은 "성"이라는 실로 짜진다. 「내 사랑 클레멘타인」에서 '나'는 아버지와 교접하는 꿈을 꾼다. 치매에 걸린 아버지가 아랫도리를 내놓고 집 안에서 서성거리기 때문이다. 더욱 심각한 것은 「목이 긴 사내 이야기」(앞의 책)에서 마치 의처증에 걸린 남편처럼 딸을 감시하는 경우이다. 그런 아버지의 태도는 딸이 자신을 떠나 버리지 않을까 하는 두려움 때문이다. 그래서 중3짜리 제자와의 정사를 통해 아버지에 대한 배반과 집에서의 탈출을 꿈꾸면서도 결국 '나'는 아버지의 곁을 떠나지 못한다. 그에게 연민을 느끼면서 "할 수만 있다면 아버지의 머리채를 휘어잡고 푸르게 질린 입술을 벌려 나의 이 단단한 젖가슴을 물려 주고 싶은 심정"을 갖는다. 아버지의 구순기적인 욕구를 채워 주고 싶기 때문이다. 어차피 "삶 자체가 불륜"(「꿈」, 앞의 책)으로 유지되지 않는가.

이처럼 세상은 가족을 통해 '나'를 조롱하고 시험한다. "삶은 내게 어떻게든 견뎌 보라, 자꾸만 약을 올린다."(「환절기」) 그런 가족을 없애 버릴 수도 있다. 무당벌레가 되어 자신이 깨고 나온 알껍질인 가족을 뜯어먹는 것이다. 그러나 이런 행위는 꿈 속에서만 가능하다. 결국 치매에 걸린 아버지는 방에 그대로 있고, 과거에 사는 다른 아버지는 목이 점점 길어지면서도 여전히 밖을 내다보고 있다. 유일하게 '나'에게 남아 있는 길은 그저 그들을 견디는 것이다. 그들은 '거기' 있고, '나'는 '여기' 있으면 되는 것이다. 가족을 가족 아닌 것처럼 받아들이는 것이다. 그런데 가족은 너무도 지독해서 그 냉대나 거리도 극복한다. 그러니, 가족이지 않겠는가. 다시, 운명이다.

4 무성(無性)의 성, 자아의 그림자

김영하나 박청호의 소설에서 섹스는 성적인 즐거움이나 의미 있는 쾌락보다는 일상적인 무의미와 절망적인 환멸을 확인하는 행위이다. 그래서 그들의 소설에 나타난 섹스는 노골적이지만 야하지 않고, 빈번히 행해지는데도 아무런 변화가 없다. 섹스 자체가 단지 "섹슈얼 비즈니스"에 불과하기 때문이다. 대부분 불감증을 앓고 있는 이런 육체를 가지고는 오르가슴을 꿈꾼다는 것 자체가 난센스다. 그들의 삶에 엑스터시가 없듯이 그들의 성에도 오르가슴은 없다. 그래서 그들의 섹스는 대부분 지리멸렬하고 불만족스럽게 끝난다. 이런 성은 성이어도 성이 아어제 밤에 계약금 입금했는데 닌 무성(無性)의 성에 불과하게 된다. 그들의 섹스가 어떤 교성(嬌聲)도 들리지 않는 무성(無聲)의 섹스인 것도 이 때문이다.

　김영하의 『나는 나를 파괴할 권리가 있다』는 레퀴엠을 들으면서 섹스에 몰두하는 소설이다. 그래서 이 소설의 성은 죽음과 육교(肉交)하면서 존재의 불안한 형이상학을 그려 나간다. 성과 죽음이 만나 절망과 허무라는 자식을 낳고 있기 때문이다. 섹스만이 유일하게 살아 있음을 증명해 주지만 그것마저도 가치가 없다고 생각하는 사람들에게는 그것이 너무나도 절망적인 포즈에 불과하게 된다.

　이 소설에서 '나'의 고객인 "클림트"는 섹스를 하면서도 추파춥스를 빨며 게임처럼 성교를 한다. 총알 택시 운전사인 K는 여성의 성적 매력보다는 달리는 차의 속도감이나 노름인 "섰다"를 치는 긴장감에 더 쉽게 발기를 한다. '나' 또한 "의사 소통이 원활하지 않은 사람과 섹스하는 일은 편안하다. 잡념 없이 감각에만 집중할 수 있어서 좋다."라고 느낀다. 그런 남녀 사이에 이루어지는 섹스에는 하나로 섞일 수 없는 근본적인 분리감이 존재한다. 비닐로 각자의 몸을 감싼 후에 섹스를 하기 때문이다.

　그런데 「거울에 대한 명상」(『호출』)에서처럼 나르시시즘에 빠진 인물과의 섹스는 훨씬 비극적인 것이 된다. 이 소설의 '나' 같은 자아 도취형의 인간들은 "섹스에 몰입하지 않고 사정하는 순간까지도 이,미,지,를 고민"하기 때문이다. 이들에게는 상대방에 대한 배려보다 자신의 만족이 더 중요하다. 그들은 상대 여성과 성교하는 것이 아니라 거울에 비친 자기 자신과 섹스하는 것이다. 이때의 나르시스는 "세상 어디에든 자신의 복제품을 생산"하는 지독한 에고이스트들이다.

이런 이유로 김영하는 "자위"를 보다 선호하게 된다. 최소한 실제의 인간을 복제품으로 만들지는 않는다는 점에서 훨씬 도덕적인 섹스가 바로 자위이기 때문이다. 「도마뱀」(앞의 책)에 나오는 담배 연기 여인의 이야기가 이런 자위의 원형을 보여 준다. 어느 날 정액으로 칠갑을 한 채 죽어 있는 남자의 사인(死因)은 가상의 여인과 나눈 격렬한 섹스로 인한 심장마비다. 자신의 담배 연기로 만든 여인으로부터 남자는 애무를 받고 그 여인과 섹스를 나눌 수 있지만, 자신이 그 여자를 만질 수는 없다. 이런 섹스는 상호 소통적인 섹스가 아닌 일방적인 섹스라는 점에서 나르시시즘과 통한다. 결국 자위는 "삐삐를 통해 호출하는 것은 다른 누구도 아닌 결국 나 자신일 뿐"(「호출」, 앞의 책)인 인간들이 고독을 배설하는 행위인 것이다.

보다 과격하게 이런 자위 행위를 발전시키는 육체의 도구가 바로 "손"이다. 김영하의 소설에서 손은 눈의 관념성과 의식성, 위선을 극복하게 해 주는 직접적이고 구체적인 더듬이로 작용한다. 하지만 성적인 측면에서 보았을 때 그것은, 성기의 삽입으로 인한 완전한 일체가 아니라 자신이나 타인의 몸을 더듬음으로써 발생하는 환상적인 결합만을 허용한다는 점에서 자위의 도구에 머물게 된다.

다소 모호하게 나타나고 있지만, 「도마뱀」에서 여성 화자인 '나'의 꿈속에 등장하는 도마뱀은 남성(아버지)의 성기를 대신하는 자신의 손일 수 있다. 때문에 이 소설 속의 '나'는 꿈결에 손을 몸속에 집어넣으면서 자위행위를 하고 있는 것으로 볼 수도 있다. 근친상간이라는 금기의 위반과, 자위행위라는 육체적 금기의 위반이 도덕의 검열을 통과하면서 '나'의 의식은 분열된다. 「손」(앞의 책)에서는 타인의 몸을 만지는 손이 등장한다. '나'가 레즈비언으로서 성적인 흥분을 느끼는 것은 상대방이 '나'의 몸을 손으로 더듬어 줄 때이다. 그러나 그런 손의 감촉은 전유(專有)될 수 없거나 상상적인 것이기에 서로간의 거리를 확인시켜 줄 뿐이다. 이런 '나'의 불구적 성은 남자 동생의 자위하는 손과 겹쳐지면서 좌절된 쾌락이나 불안, 쓸쓸함을 강화시킨다.

이렇게 볼 때 김영하의 나르시시즘적인 자위는 아무것도 생산할 수 없는 불임의 성이다. 삽입이 아닌 발기를 문제 삼을 수밖에 없기 때문이다. 그래서 자위는 소비만 있고 생산은 없는 성이다. 이때 타인과의 상호 소통적인 성교는 불가능하고 대화가 아닌 독백의 사랑만이 가능하다. 하지만 자기 자신이라도 지키려 한다는 점에서는 처절한 생존 전략이기도 하다. 스스로 '나'가 누구인지도 모르는 상황에서 가능한 것은 자신의 몸을 통해 자신의 존재를 증명해 보이는 것이다. 그러니 이럴 때의 자위는 성교의 실패와 자아의 존재 증명 사이에서 줄다리기를 하고 있는 나르시시스트들의 자가발전이라고 할 수 있다. 자신이기 때문에 자신이 겪을 수밖에 없는 고통의 체위가 바로 자위인 것이다. 자기 자신을 발견해야 하기 때문에 그들은 자신의 몸과 성교한다. 김영하는 그런 웅크림과 단절이 확대와 소통을 위한 기다림의 자세가 되기를 바란다. 그래야 비로소 남의 손이 아닌 자신의 손으로 자신을 연주하면서 자신의 손을 조각할 수 있기 때문이다.

박청호는 이런 김영하보다 상대적으로 낭만주의자이고 이상주의자라고 할 수 있다.『단 한 편의 연애 소설』에 실린 여섯 편의 소설들이 사랑의 불가능성에 대한 확인과 사랑에 대한 희구 사이에서 끝없이 줄다리기를 하고 있는 것에서 이 사실은 확인된다. 그는 사랑의 존재를 믿으면서도 그런 만큼 사랑을 불신한다. 하지만 그래도 꿈이나 낭만을 끝까지 포기하지 않는 것이 박청호 소설의 특징이다. 결국에는 사랑을 통해 소외를 극복하고자 하기 때문이다.

물론 박청호의 소설에 나오는 인물들 또한 자기 자신 이외에는 아무것에도 관심을 두지 않기에 기본적으로는 나르시시스트들이다. 그들에게는 상대방의 감정이나 만족보다는 자신의 존재를 보존하려는 방어 본능이 더 강하다. 이런 인물들이기에 그들은 다음과 같은 성의 언어만을 발설할 수 있을 뿐이다.

"육체적으로는 내가 그녀 몸 속으로 들어갔던 것이 분명한데 그녀의 구멍은 어느새 다물어져서는 쏙쏙 입맛까지 다시면서 시치미를 떼고 있었다."(「장씨 행장」) 혹은 "남자는 여자에게 섹스도 육체의 사용일 뿐이니까 어떤 이유를 찾으려고 애쓰지 말라고 충고한다. 본능적인 행위에 어떤 당위성을 부여하면서까지 정신적인 삶을 살아야 할 이유는 없을 테니까."(「Talk to talk about」)

때문에 박청호의 소설에 등장하는 여성들은 모두 "마녀" 아니면 "창녀"이다. 그런데 마녀는 착한 악마와 결탁하고, 창녀는 나쁜 천사와 결탁한다. 그래서 그 둘의 차이는 전혀 없다. '나'가 지닌 이런 위험한 사고가 종교적인 죄의식을 불러일으키기도 하지만 그녀들의 삶 속에 내재하는 엄청난 삶의 에너지를 부정할 수는 없다. 그녀들은 "삶을 내팽개칠 수 있을 만큼 강"(「러닝타임」)하기 때문이다. 그래서 그녀들은 사악한 뱀이 되어 여러 남성들과 한꺼번에 성교를 맺거나 아버지와도 섹스를 나눌 수 있다고 말한다.(「폴란드産 마녀의 외출」) 그리고 "끔찍한 불륜이라도 경험하게 된다면 조금은 자유로워질지도 모른다."(「Telephone」)라는 위험한 생각을 한다. 그런 성을 통해 그들은 스스로를 저주 속에 방치함으로써 기존의 도덕이나 신성에 도전한다.

그러나 이런 과격성에도 불구하고 박청호는 섹스와 사랑의 힘을 믿는다. 여전히 "가장 인간적인 육체의 사용"(「폴란드

産 마녀의 외출」)이 섹스이고, "만지고 싶고 키스하고 싶고, 온몸을 비벼 대면서 급하게 숨을 몰아쉬는 것. 그리고 함께 잠드는 것"(「단 한 편의 연애 소설」)이 사랑이라고 생각하기 때문이다. "인간은 늘 슬픔에 젖어 있을 수 있을 만큼 지독하진 못하"(「폴란드産 마녀의 외출」)기에 성다운 성을 추구하게 되는 것이다.

이렇게 볼 때 김영하나 박청호의 소설은 얼굴을 보지 않고도 할 수 있는 "가면의 정사"를 주로 연출한다고 할 수 있다. 감정 없이도 섹스를 할 수 있고, 순간적인 발작처럼 쉽게 섹스가 이루어진다는 점에서 그렇다. 이들은 이런 성 같지 않은 무성(無性)의 성을 통해 기쁨을 만들어 내기보다는 고통을 견디는 일에 더 관심이 많다. 종교적이거나 철학적인 위안을 포기했기 때문에 감정 있는 섹스는 오히려 피곤하게 느껴질 뿐이다. 이런 이유에서 이들의 섹스는 자위행위에 가깝게 된다. 상대방과의 상호성이 배제되어 있기 때문이다. 이들은 언제나 소수(素數)로 존재하기에 자기 자신으로만 나누어진다. 이런 자위 행위는 부정적인 자아 중심주의의 산물이기에 위무나 정화를 동반하지 않는 단순한 배설 행위에 불과하게 된다.

하지만 역설적으로 이런 겉모양과는 달리 소외된 성은, 생산적이고 긍정적인 성에 대한 기억을 전제로 해야 가능하다. 이들이 보기에 환희를 포기한 메마른 성교는 단지 짐승들의 교미와 다르지 않다. 이들은 육체의 교환이 없는 사랑이 공상이라면, 사랑의 교환이 없는 섹스는 공포임을 너무나 잘 안다. 이런 의미에서 차갑거나 무미건조해 보이는 이들의 성은 오히려 낭만적이거나 정신적인 성의 역상(逆像)이라고 할 수 있다. 성행위 자체가 허무와 무의미에서 벗어나려는 처절한 SOS 신호에 해당하기 때문이다. 이들에게 육체는 아직도 그리고 여전히 "사랑의 책"이다. 그래서 합일성과 낭만성을 상실한 성을 통해 삶의 활력이나 건강한 쾌락의 중요성을 역설적으로 일깨워 주고 있는 것이다.

5 누드의 성, 알몸의 그림자

케네스 클라크에 따르면 알몸(naked)은 아무것도 걸치지 않은 몸 그 자체나 가식이 없는 본연의 상태를, 누드(nude)는 알몸에 어떤 시각을 도입함으로써 가면으로 변형되고 대상화된 상태를 나타낸다. 때문에 누드는 또 다른 형태의 '옷'에 불과하다는 것이다. 이렇게 볼 때 1990년대 신세대 작가들의 소설에 나타난 성은 알몸의 성이 아니라 누드의 성이라고 할 수 있다. 성을 성 그 자체로 다루지 않고 사회나 가족, 자아 등의 프리즘으로 바라본 성을 다루고 있기 때문이다. 이들 중 우승제나 박성원, 백민석은 권력에 저항하는 성(反性), 배수아나 이응준, 조경란은 가족의 결핍과 충족을 나타내는 성(近性), 김영하나 박청호는 소외를 확인시켜 주는 성(無性) 등을 통해 알몸의 성을 누드화시키고 있다.

신세대는 공포감이나 위기감 때문에 섹스한다. 그래서 이들의 성은 육체적인 행위라기보다는 오히려 지나치게 심리적인 행위가 된다. 흔히 "영혼을 박탈당한 세대"로 취급되지만 이들은 영혼이 아니라 "육체를 박탈당한 세대"일 수 있다. 육체가 영혼을 위한 도구로 쓰이기 때문이다. "나는 몸으로 말한다. 고로 나는 존재한다."가 아니라, "나는 섹스한다. 그런데도 나는 존재하지 않는다."가 이들의 실존이다. 성 자체가 "존재 증명"이 아닌 "부재 증명"의 증거물이 되는 것이다.

이런 맥락에서 이들의 성이 지닌 영혼의 무게를 생각하면, 신세대 문학의 성이 "(1) 가벼움이나 쾌락을 추구한다."라는 기존의 논의는 근거를 잃게 된다. 신세대 문학의 성은 이들의 환부를 보여 주는 상처의 언어이다. 때문에 이들의 성은 "가벼운 웃음"이 아닌 "무거운 울음"에 보다 가깝다. 좀 더 정확히 표현하면 "무거운 웃음"에 해당한다고 할 수 있다. 이들에게 성은 향유할 수 있는 "쾌락의 은유"가 아니라 일그러질 수밖에 없는 "고통의 환유"인 것이다. 한 번도 문학에서의 성이 누드가 아닌 알몸이었던 적이 없듯이, 현실 원칙이 아닌 쾌락 원칙의 지배를 받아 본 경우도 없다. 바로 이것이, 신세대 문학에 나타난 성 담론이 동물적인 욕망을 강조하면서 전통적인 성 관습을 붕괴시켰다고 우려하거나 기뻐하지 않아도 되는 이유다.

또 이들의 성이 "(2) 개인적이고 비사회적이다."라는 오해에 대해선, 그런 오해를 받을 정도로 신세대가 성에 관해서는 히스테리성 억압과 강박 관념적인 집착을 동시에 강요받고 있다고 말할 수 있다. 세상에 존재하는 그 어느 것도 정치성을 띠지 않은 것이 없다는 소극적 의미에서가 아니라 신세대의 성은 그 자체로서 자아와 사회의 공명판이라는 적극적 의미에서 그러하다. 발기 불능이나 조루, 동성애, 근친상간, 자위 등은 모두 존재들의 정치적 무의식 속에 존재하거나 사회적 외상과 관련 있는 불구의 성들이다. 단 이들이 보여 주는 이런 비정상적인 성은 정상적인 성을 희구하는 것이고, 단절적인 성은 소통을 원하는 것이다. 때문에 이들의 비도덕성이나 무책임성은 도덕성이나 책임감을 네거필름으로 보여 준다. 타락한 사회에서 타락한 방법으로 진정한 가치를 추구하는 것이다. 신세대들은 포르노 같은 성을 통해 그런 포르노를 양산하는 포르노를 닮은 사회를 비판한다.

"(3) 이성과 반대되는 감성을 대변한다."라는 의견 또한 신세대 문학의 성이 이성의 전도체라는 점에서 반박될 수 있다. 신세대들은 이성을 적대시하면서 욕망에 사로잡히지 않는다. 오히려 이들의 성은 성에 관한 한 가짜 낙원조차 존재하지 않는다는 사실을 알려 주는 이성의 피곤한 역할을 담당한다. 그래서 이들의 성은 이성적인 저항을 지향하는 것이지 이성 자체의 실패를 증명해 주는 것이 아니다. 이처럼 너무 이성적이기 때문에 몸은 더 많이 벗었음에도 불구하고 덜 감각적인 육체가 되는 것이다.

혹시 신세대가 진정으로 원하는 것은 "지퍼 없는 섹스"일 수도 있다. 그것은 완전한 이방인들 사이에서 이루어지는 이상적이고 순수한 것이기에 기대나 죄의식, 가책이 전혀 없는 섹스를 의미한다. 이런 섹스를 통해 애정과 책임감을 의도적으로 거부함으로써 모든 장애를 없애고 고도로 이상화된 동물적인 행위를 추구한다는 것이다. 혹은 앤서니 기든스가 강조하듯이 앞으로는 피임 기술이나 체외 수정의 발전으로 인해 성에 대한 규범이나 제약이 사라져 "조형적인 성(plastic sexuality)"이 부상할 수도 있다. 이제는 주어진 성이 아니라 스스로 결정하고 선택한 성을 누릴 수 있다는 것이다.

그러나 아직까지는 신세대들에게조차 이런 지퍼 없는 섹스나 조형적 섹스는 바벨탑처럼 불가능한 꿈으로 보인다. 감정이나 의식이 없기 위해서는 항온동물이어야지 변온동물이어서는 안 된다. 그런데 이상하게도 항온동물인 인간은 성에 있어서만큼은 주변 환경에 따라 색깔이 바뀌는 카멜레온이 된다. 성 자체가 항온성을 지닐 수 없기 때문일 것이다. 이처럼 변수를 많이 지니고 시시각각으로 변하는 성이 무엇인지에 대해 확실히 말할 수 있는 사람은 없다는 측면에서 성은 다시 바벨탑의 언어가 된다. 성은 영원히 "의심의 해석학"일 수밖에 없다는 것이다. 그 개념이나 본질의 규명이 계속 결핍되고 유예되어야 문학화될 수 있다는 모순 때문에 성은 지금도 플라톤의 이데아나 UFO처럼 존재하고 있다.

때문에 우리가 신세대 문학에게 요구하고 신세대 문학이 우리에게 요구하는 것은 그들의 '화장술'이 아니라 '변장술'에 대한 관심일 것이다. 어차피 '新세대'는 '辛sin세대'임과 동시에 'scene세대'나 'seen세대'이다. '보는 나'와 '보이는 나'에 집착할 수밖에 없는 세대라면 겉이 아닌 속을 보거나 보여야 한다는 것이다. 그래야 서로를 보는 데에서 그치지 않고 직접 겪을 수 있기 때문이다. 시선의 폭력이 오히려 성욕을 떨어뜨릴 수 있다. 관음증적 성은 성에 대해 오히려 덜 생각하게 하면서 직접 섹스하지 않았는데도 실제로 한 것 같은 느낌을 주기 때문이다. 시각의 우월성이 육체의 빈곤을 초래하는 것이다. 신세대에게나 성에게나 진정 필요한 것은 "보는 눈"이 아니라 "만지는 눈"이다. 지금 신세대들의 성 담론 또한 보이지 않고 만져지기를 원한다. 이것이 바로 이제부터는 문학의 안과 밖에서 "눈 같은 손"이 아니라 "손 같은 눈"이 움직여야 하는 이유다.

불한당들의 문학사

1990년대의 악마주의 소설

I   한 줌의 도덕

1990년대는 너무나 진부하다. 1990년대 문학에 대한 논의는 더 진부하다. 1990년대 초부터 일찌감치, 그리고 활발하게 진행된 1990년대에 대한 논의가 '이미, 벌써' 1990년대를 정리해 버렸기 때문이다. 그래서 1990년대 초 이후는 1990년대의 덤이고, 부록이며, 잉여라고 할 수 있다. 이러한 비정상적인 현상 속에서 조로할 수밖에 없었던 1990년대는, 그래서 '아직, 결코' 그 실체가 온전히 드러났다고 할 수 없을 것이다. 조로는 노쇠보다 더 나쁘다. 엄살과 과장으로 포장될 수 있기 때문이다. 따라서 우리가 되찾아 주어야 할 것은 이처럼 제대로 피어 보지도 못한 채 시들어 버린 1990년대라는 "청춘의 꽃"이다.

1995년에 이미 이루어진 김병익의 지적에 따르면, 1990년대란 "혁명은 운동으로, 실천은 욕망으로, 정치경제학은 문화연구로, 진보주의는 다원주의로, 지배-피지배 논리는 탈중심주의와 해체주의로, 계급에의 논의는 기호에 대한 탐구로, 민중은 대중으로, 민족은 세계화로, 마르크스는 푸코와 보드리야르로"¹ 그 중심이 옮겨 간 시대다. 이런 변화의 기저에는 '반(反)-, 무(無)-, 부(不)- 탈(脫)-' 등으로 시작되는 움직임들이 있었다. 즉 반총체·반인간·반사회·반지성, 무의미·무감각·무비판, 불륜·부도덕·불우·불온·불량, 탈중심·탈이념·탈낭만·탈정치·탈역사 등이 중요하게 부각된 것이다. 이러한 '반-, 무-, 부-, 탈-' 등의 접두어들은 어떤 규범과 규칙에 대한 탈주나 전복, 저항이나 일탈을 의미하면서, 정해진 것에 대한 '위반'을 강조하게 된다. 금기에 도전하거나 초월해야만 이런 접두어들을 사용할 수 있기 때문이다.

그런데 1990년대의 '반-, 무-, 부-, 탈-'의 움직임에는 억눌렸던 것으로의 회귀와 그것의 분출, 그로 인한 균형의 회복을 꾀한 측면이 강하다. 정신이 아닌 육체, 남성이 아닌 여성, 실재가 아닌 이미지, 현실이 아닌 환상, 역사가 아닌 문화, 생산이 아닌 소비의 중시는 모두 전자에 대한 후자의 권리 주장이었기 때

---

1 「신세대와 새로운 삶의 양식, 그리고 문학」, 『새로운 글쓰기와 문학의 진정성』(문학과지성사, 1997).

문이다. 이런 이유로 1990년대의 주요 화두들은 그 이전 시대에 대한 반동으로서의 널뛰기나 그네뛰기인 경우가 많았다. '새로운 것'이라기보다는 다시 '돌아온 것'에 가까웠다는 것이다.

하지만 어떤 것의 새로움은 서열이나 농도의 변화라는 소극적 의미가 아니라 갈등·파괴·대체라는 적극적 의미를 지녀야 진정 새롭다고 할 수 있다. 그리고 이런 맥락에서 에로티시즘·나르시시즘·페미니즘보다는 악마성이 1990년대의 성격을 규명하는 데에 좀 더 유용한 키워드로 다가오게 된다. 에로티시즘은 욕망의 결핍과 충족이 이루는 길항작용을 통해, 나르시시즘은 자아의 위기이자 보호라는 이중성을 통해, 페미니즘은 보수와 진보 사이의 긴장을 통해 이전의 문학을 뒤흔드는 것이지 그것과의 단절을 주장하는 것은 아니다. 이와는 반대로 갑자기 괴물처럼 등장한 것이 바로 그 동안 산발적으로 논의되어 온 "검은 소설"이나 "나쁜 소설"에 나타나는 악마성이다. 물론 1990년대 이전에도 신이나 사회가 인간을 배반했을 때는 악마적 인간형들이 출몰했었다. 그러나 1990년대 이전의 악마들은, 그럴 수밖에 없었던 정황의 피해자들로서 등장한 것이었다. 반면에, 이제부터 살펴볼 악마들은 적극적으로 악마이기를 원하고 있다. 바야흐로 "악의 꽃"이 만개한 시기가 1990년대일 수도 있다는 것이다. 다음에 제시되는 작가들의 직접적인 발언이 이를 증명해준다.

(1) 담배 같은 소설을 쓰고 싶었다. 유독하고 매캐한, 조금은 중독성이 있는, 읽는 자들의 기관지로 빨려 들어가 그들의 기도와 폐와 뇌에 들러붙어 기억력을 감퇴시키고 호흡을 곤란하게 하며 다소는 몽롱하게 만든 후, 탈색된 채로 뱉어져 주위에 폐해를 끼치는, 그런 소설을 쓸 수 있기를, 나는 바랐다.[1]

(2) 『목화밭……』 장편은 좋게 말해서, 『헤이, 우리 소풍 간다』와 앞서 말한 『내가 사랑한 캔디』의 총잡이 얘기, 그리고 『16믿거나말거나박물지』 몇몇 단편들에서 내가 썼던 어떤 부분들을, 좀 다르게 표현해 보자는 의도에서 쓰여지는 이야깃글이다. (복거일 선생이 폭력이라 부른, 그 과도한 부분들말이다.)[2]

(3) 어쩌면 이 세상에는 사람들이 알고 있는 안정감이라든지, 영원한 휴식이라든지, 변하지 않는 마음이라든지, 나에게 보내지는 따뜻한 미소 같은 것은 끝끝내 없을지도 모른다.
내가 이 세상을 견뎌 내는 것은 힘이 아니었다. 난 낯선 것,

---

1 김영하,「작가 후기」,『엘리베이터에 낀 그 남자는 어떻게 되었나』,(문학동네, 2000).
2 백민석,「육식 원숭이」, 창작 노트,『목화밭 엽기전』,(문학동네, 2000).

불안한 것, 외로운 것, 나쁜 것이 그립다.¹

　이런 이유로, 1990년대 문학의 성격과 성과를 논의하기 위해서는 금기 자체의 타당성, 그런 금기의 위반이 지닌 타당성, 그 위반의 평가에 대한 타당성이 확보되어야 할 것이다. 1990년대가 '위반'의 시대였다고 말할 수 있으려면 사탄이나 카인, 메피스토펠레스, 루시퍼 등과 경쟁하는 작가들이 '무엇을', '왜', '어떻게' 위반했는지 살펴보아야 한다. 그래야 1990년대의 독자성과 시대성 또한 규명될 수 있을 것이다. 때문에 다음과 같은 질문이 유효하게 된다.
　과연 한 대중가요의 가사처럼 "이성은 행위 앞에 노예, 관념은 이유 없는 참견"이었나, 왜 이들의 소설에서는 악을 문제 삼는데도 불구하고 「스테어웨이 투 헤븐」이나 「노킹 온 헤븐스 도어」, 「할리데이」 같은 노래들이 흘러나오는가, 이들의 반항은 이유 없는 반항인가 이유 있는 반항인가, 이들이 그리는 악은 이성이나 계몽에 대한 저항인가 아니면 강화인가, 또한 선(善)의 탈성화(脫聖化)와 관계 있는가 아니면 재성화(再聖化)와 관계 있는가, 완전히 선을 뒤집은 것인가 아니면 조금 비틀기만 한 것인가, 이때의 악이 악 자체를 위한 투자인가 아니면 선을 위해

1　배수아, 「작가의 말」, 『랩소디 인 블루』(고려원, 1995).

지불된 비용인가, 이들이 악에 도달하는 길은 전용 차선인가 가변 차선인가, 이들의 악은 위기를 은폐시키는가 아니면 노출시키는가, 무엇보다도 이들의 소설은 진짜 검거나 나쁜가 아니면 그렇게 보이기만 하는가.

이 질문들에 대한 대답에 따라 1990년대가 '로부터의 도피'가 중심이 된 시대인지 아니면 '를 향한 추구'가 중심이었던 시대인지, 즉 소극적인 "소거"만 이루어진 시대인지 아니면 적극적인 "축적"도 이루어진 시대인지 규명될 수 있다. 또 그들의 악마주의가 "신생"에 가까운가 아니면 "재생"에 가까운가의 결과에 따라 1990년대가 그 자체로 독립된 "강골"인지 아니면 20세기와 21세기라는 강골들을 이어 주는 "관절"일 뿐인지가 판가름 날 것이다. 과연 1990년대는 무엇으로부터 "도망 다니기"가 아니라 무엇을 "찾아다니기"였던 시대로 자리 매김될 수 있을 것인가.

2   선은 선을 파괴할 권리가 있다

김영하는 그의 아내가 "사이보그"(배수아, 작가 초상 「The Metallic Blue」)라고 부르는 금속성의 사람이다. 그래서 그는 자신의 소설에서 서정을 추방하고, 진지함을 조롱하며, 죄의식이나 콤플렉스를 키우지 않는다. 그런 사이보그의 눈은 "니콘 FM2"를 닮아서 "불필요하거나 과장된 기능은 하나도 없다."(자전 소설

「포스트잇」) 또한 "사람보다는 책이, 책보다는 음악이, 음악보다는 그림이, 그림보다는 게임이"(「바람이 분다」) 더 편한 사람이 바로 김영하다. 이런 사이보그가 사랑을 하면 「고압선」에서처럼 "투명 인간"이 되어 그 존재를 상실하게 된다. 김영하의 불온성(不穩性)은 이런 불온성(不溫性)에 있다.

이 사이보그에게 천사는 다음과 같은 내용을 입력시키려 한다. "담배를 끊어라. 조국을 사랑하라. 우리말을 아껴라. 불우이웃을 도와라. 부모에게 효도하라. 음주 운전 하지 말라. 공공기물을 파손하지 마라. 공중전화는 우리 모두의 재산이다. 날마다 계획을 세워라. 우리 민족의 역사를 알아라. 길에다 침 뱉지 말아라. 교통질서를 준수하라. 여자를 때리지 마라. 가족을 사랑하라."(『악의 꽃』, 하이텔 연재 소설) 이 내용은 현실에서 지켜야 할 금기를 알려주는 친절한 목록이라고 할 만하다.

그러나 악마는 사이보그에게 다음처럼 말함으로써 그를 혼란에 빠뜨린다. "영혼을 두들기는 음악을 들어라. 사랑할 가치가 있는 조국만 사랑하라. 당신의 분노는 공중전화 박스보다 소중하다. 교통질서를 잘 지킨다고 행복해지는 건 아니다. 불우이웃을 도우려는 당신의 삶은 또 얼마나 불우한가. 어떤가. 담뱃갑에 이런 구절들이 새겨질 리가 없지. 담배는 1초에 세 건의 살인과 다섯 건의 자살을 막는다."(『악의 꽃』) 이것은 앞의 금기에 대한 도전이라고 할 수 있다.

김영하가 『악의 꽃』에서 구체적으로 제시하고 있듯이, 이렇게 말할 수 있는 악마가 되기 위해서는 첫째 다른 사람과 다르게 생각할 수 있는 상상력을 기르는 것, 둘째 강해지기 위해서 싸구려 감상을 버리는 것, 셋째 자신의 욕망에 솔직해지는 것이 필요하다. 이 세 가지 요건은 흡혈귀나 킬러와 비슷한 사이보그에게는 지키기 쉬운 것인 듯하다.

그런데 왜 사람들은 악마가 되기를 원하는가. 현실이 바로 지옥이고, 이런 지옥에서 잘살 수 있는 것은 악마밖에 없기 때문이다. 변하는 것이 하나도 없는 세상에서는 언제 끝날지 모르는 도드리만이 가능할 뿐 노아의 방주는 허락되지 않는다. "그것을 타고 끝내 이르러야 할 땅이 없"(「나는 아름답다」)기 때문이다. "인간의 삶이란 그렇게 드라마틱하게 설계되어 있지 않은 것이다."(「사진관 살인 사건」). 그렇다면 악마가 되어도 무방하지 않겠는가.

하지만 자주 씻는 사람은 깨끗한 사람이기도 하지만 두려움이 많은 사람이기도 하다. 더러운 것을 못 참는 사람이기도 하지만 쉽게 더러워지는 것도 아는 사람이다. 김영하가 그런 사람이다. "알고 보면 당신은 아주 겁이 많은 자다."(「당신의 나무」) 김영하는 "악마가 되고 싶다."(『악의 꽃』) 그러나 진짜 악마는 악마가 되기를 바랄 필요가 없다. 다짐이나 각오도 필요 없다. "킬러도 못 되는"(「바람이 분다」), "순수한 악마는 결코 되지 못할"(『악의 꽃』), "어쩌면 영원히 악마는 되지 못할"(『악의 꽃』) 얼치기 악마들, 반인반마(半人半魔)의 인물들이기 때문에 악마가 되기를 꿈꾸는 것이다. 김영하는 차갑지 않다. 단지 차가움을 지향할 뿐이다.

악마의 이런 "부족함"은 다음과 같은 사실에서 증명된다. "격정이 격정을 만드는 것은 아니다."(『나는 나를 파괴할 권리가 있다』) 이 말은 격정 자체를 부정하는 것이 아니라 건조함과 냉정함이 격정을 더 잘 만든다는 뜻이다. 같은 이유로 "선이 선을 만드는 것이 아니다". 그리고 "악이 악을 만드는 것은 아니다". 그가 기계를 좋아하는 것도 기계 자체가 좋기도 하지만 "무성의하고 무책임한 인간들"보다 "인간이 해 준 만큼 보답하는" 기계가 더 낫기 때문이다.(「내 사랑 십자 드라이버」) CD에도 추억을 담을 수 있다고 생각하고, 컴퓨터 글씨체가 아닌 손으로 쓴 글씨체를 궁금해하며, 떠나간 여자를 기다리는 것(「바람이 분다」), 단 한 번도 휴일이 없던 사람이 「할리데이」를 들으며 눈물을 흘리는 것(「총」), 평범한 여자의 일상을 상징하는 "뒤집개"를 포기하지 못하거나, 자신의 음모(陰毛)를 미는 조건으로 자신을 생각하면서 세 번만 자위행위를 해 달라고 부탁하는 것, 혹은 그 "비상구" 속에서 나물 냄새를 맡는 것(「비상구」), "아무 흔적 없이 떨어졌다 별 저항 없이 다시 붙는 포스트잇 같은 관계들"을 원하지만 그것은 "여태 이루지 못한" "유토피아이즘"에 불과하다는 것(「포스트잇」) 등은 바로 그들이 인간성과 악마성 사이에서 갈등하고 있다는 증거들이다.

하지만 세상은 더 이상 흡혈귀를 용납하지 않는다. 그래서 흡혈귀는 세상에 적응하기 위해 자신들의 본능을 버리고 인간화한다. 학교에 다니고, 취직을 하며, 결혼을 하고, 피 대신 밥이나 빵을 먹는 흡혈귀는 더 이상 흡혈귀가 아니다. 이런 흡혈귀의 후일담이라고 할 수 있는 「흡혈귀」에서 흡혈귀로 의심받고 있는 남자는 "세상의 모든 흡혈귀들은 거세당했다. 세상은 빛으로 가득하다. 어디에도 숨을 곳은 없다. 우리는 흡혈의 자유와 반역의 재능을 헌납당했고 대신 생존의 굴욕만을 넘겨받았다."라고 토로한다. 이 말이 의미심장하게 들리는 것은 김영하 소설의 일탈성과 불온성, 반역성이 바로 여기에 잘 녹아 있기 때문이다.

흡혈귀가 거세당해 현실에 적응해 갈 때, 그래서 공포스러운 존재이기는커녕 연민의 대상이 되었을 때, 그 역할을 대신해 주는 존재들이 바로 아웃사이더인 건달이나 창녀들이다. 「비상구」는 이런 악마적 인간들의 탈주기이다. 「흡혈귀」가 상실된 악마성에 바쳐진 만가(輓歌)라면, 「비상구」는 그나마 유지되고 있는 악마성에 대한 찬가(讚歌)라고 할 수 있다. 흡혈귀가 오히려 피해자가 되는 전도된 상황을 그린다는 점에서는 우울한 이야기이지만, 아직도 흡혈귀 같은 존재들이 살아 있다는 사실을 알려 준다는 점에서는 유쾌한 이야기다. 이 소설 속의 나쁜 아이들은 인생이 컬트 영화나 지루하고 허무한 영화에 더 가깝고, 테트리스나 지뢰 찾기처럼 무한히 반복되는 게임임을 안다는 점에서 "돌빡"이 아니다. 그들은 "다 지 갈 곳을 알고 그쪽으로 흘러가면서 구겨지는 거다". 이 세상 자체가 "니미 씨팔"임을 아는, 그리고 그것을 불편하게 상기시키는, 그래서 그들이 존재한다는 사실만으로도 편치 않은, 그런 존재라면 그들이 바로 흡혈귀이다.

이처럼 해로운 줄 알면서도 담배를 피우는 사이보그, 동족인 기계가 아니라 오히려 인간을 도와주는 터미네이터, 컬트가 아닌 신파에 어울리는 인물들의 관계 속에서 이루어지는 김영하 소설 속의 악은 앙코르와트의 나무처럼 두 가지 일을 동시에 행한다고 할 수 있다. "하나는 뿌리로 불상과 사원을 부수는 일이요, 또 하나는 그 뿌리로 사원과 불상이 완전히 무너지지는 않도록 버텨 주는 일"(「당신의 나무」)이다. 악은 선을 파괴하면서 지켜 주는 것이고, 세상을 부수면서도 재건해 주는 것이다. 또한 악은 세제처럼 "스스로 더러워져서 더 더러운 것들과 엉켜, 후루룩, 씻겨 내려가"(「포스트잇」) 소설 쓰기를 도와주는 것이기도 하다. 이런 악의 이중성은 두 눈동자의 색깔이 서로 달라지는 것에서도 드러난다. 『악의 꽃』에서 악마의 표식으로 사용되는 것은 서로 다른 눈동자의 색깔이다. 이렇게 되면 전에는 보지 못하던 것을 보게 됨으로써 세상이 달리 보인다는 것이다.

김영하에게는 이처럼 악 자체가 "피뢰침"이자 "비상구"다. 악은 반경 3미터 안에 있는 다른 것들을 안전하게 해 주지만 자신은 번개를 맞는 피뢰침이다. 그리고 출구 없는 세상에서 벗어나게 해 주는 마지막 비상구이기도 하다. 때문에 고전적인 취향의 그가 일반 대중 문화 속에서는 "불법체류자"(산문「한 불법체류자의 변」)일 수밖에 없듯이, 그는 악에 대해서도 불법 체류자라고 할 수 있다. 완전히 악에 몸담지 않으면서, 비인간화를 드러내기 위해서 악을 문제 삼기 때문이다.

결국 김영하에게 악이란 무엇인가. 어둠이고, 반역이며, 도전이다. 때문에 악은 빛과 규칙, 질서를 파괴한다. 이런 파괴력이 부정과 저항의 정신을 생산한다. 때문에 "나는 나를 파괴할 권리가 있"듯이 "선도 선을 파괴할 권리가 있다". 파괴하는 선은 파괴되어야 할 선의 허위와 억압, 금기에 도전하고 저항하는 주체이다. 순수나 낭만을 조장하는 선은 삶에 대한 극한의 염증이나 허무를 치유하지 못하기 때문이다. 그래서 김영하는 "인생을 흉내 내는 영화는 인생보다 더 지겹다."라거나 "인생을 모사하는 게임들은 싫다."라고 말한다.(「흡혈귀」)

김영하에게 필요한 것은 이성을 반성하게 하는 이성이다. 삶을 이토록 무의미하고 황폐하게 만든 것은 이성의 이름으로 행해진 근대적인 계몽의 프로젝트다. 이런 이성의 악마성을 간파하고 있기에 김영하는 이성의 적으로 감성(感性)이 아닌 마성(魔性)을 택한다. 이성을 공격하거나 이길 수 있는 것은 천사가 아니라 악마다. 체제나 규범, 도덕에 익숙한 이성적 인간들을 불편하게 만드는 것은 신파나 비극이 아니라 야유와 냉소라고 믿기 때문이다. 울고 있는 인간은 달랠 수 있고 속일 수도 있지만, 비웃는 인간은 세뇌시키기도 어렵고 속이기도 쉽지 않다. 세계가 잘 정돈된 무균질의 상태에 있다는 믿음의 허위성을 폭로함으로써, 이 세계 속에 존재하는 더러운 세균에 현미경을 갖다 대는 불편한 존재가 바로 악마인 것이다. 김영하는 이처럼 불편하지만 가치 있는 존재, 이성을 반성하게 하는 마성, 제대로 기능하는 악이 사라진 착한 시대의 절망을 문제 삼고 있는 것이다.

악이 악인 이유는 선을 상기시켜 주기 때문이다. 선이 선인 이유가 바로 악이 아니기 때문인 것과 같은 이치다. 만약 악이 제대로 된 악이 아니어서 악의 구실을 못한다면, 그래서 위선이 오히려 악의 자리를 점령한다면 그것보다 더 악마적인 상황은 없다. 김영하는 악이 악다워야 세상이 공격받고 정화될 것임을 안다. 김영하가 보기에 세계가 타락한 것은 악이 제대로 그 기능을 수행하지 못했기 때문이다. 악의 위악성이 가장 큰 문제라는 것이다. 진정한 문학이란 결백한 것이 아니라 비난받아야 할 것이라는 조르주 바타유의 말이 김영하의 소설에 바쳐지는 헌사처럼 들리는 것도 이 때문이다. 김영하는 진정한 악이 순진과 무지에 대한 예방접종임을 아는 작가다. 그리고 선이 오히려 인간을 억압하는 반면, 악이 차라리 인간을 해방시켜 준다는 사실을 아는 작가이기도 한다. 악을 단죄하지 않고 변호하는 김영하는 유혹적인 악마다.

3 내가 사랑한 폭력

남남인 부부가 싸우는 것보다 피를 나눈 부모와 자식이 싸우는 것이 더 슬픈 것처럼, 선과 악이 싸우는 것보다 악과 악이 싸우는 것이 더 처절하다. 그래서인지 백민석의 소설을 읽는 일은 불편하고 슬프다. 백민석 소설 속의 악은 선과 싸우지 않고 우위를 결정짓기 위해 자기들끼리 싸우기 때문이다. 백민석은 이처럼 서로 싸우면서 서로를 지배하려는 것을 "수컷성"의 본질이라고 본다. 특히 인간과 침팬지 두 종은 같은 종에 속하는 것들끼리 서로 곧잘 죽인다는 사실을 생각할 때 인간도 동물과 다름없거나 오히려 동물보다 못해서 서로 싸운다고 할 수 있다. 이런 인간의 야만성을 고발하기 위해 장정일이 "자해 성자(自害聖者)"가 되어 똥으로 세상을 추문화했듯이, 백민석은 "가해 악당(加害惡黨)"이 되어 악으로 세상을 폭력화하고 있다.

김영하가 깨끗이 청소된 화장실의 분위기를 풍기면서 피 한 방울 흘리거나 묻히지 않는 차가운 악을 지향한다면, 백민석은 유혈이 낭자한 하드고어(Hard gore)의 악을 선호한다. 그래서 "피 한 방울 안 내고 표적을 무력하게 하는"(『뷰티풀 피플』) 전자충격기를 싫어하고, "난 희극 작가가 아냐, 난 공포 작가야."(『그분』)라고 외치며 홀로코스트나 공포 영화를 문제 삼는다. 백민석의 목적은 삶에 대해 "보수적인 가정에서 보수적인 교육을 받고 자란 아이들이 흔히 갖는 상식적인 오해"(『내가 사랑한 캔디』)에서 벗어나게 하는 것이기 때문이다. 이때 폭력이 필요해지는 것이다.

백민석이 보기에 이런 폭력성은 수컷들에게서 더 잘 드러난다. 세상의 모든 남성은 강한 수컷이 되고 싶은 욕망에 사로잡혀 있다. 『목화밭 엽기전』에서 남자 주인공 한창림은 이런 수컷의 원형을 "육식 원숭이"에게서 발견한다. 육식 원숭이는 "살아 있는 피가 만들어 낸 살아 있는 색깔"을 지니고서, 누구라도 자신의 영역을 침범하면 그 배를 찢어 내장을 꺼내 먹는다. 그런 행동은 야생성이나 힘, 자유 등을 상징하게 된다.

당연히 폭력의 화신인 이 원숭이에게서는 지독히도 "나쁜 냄새"가 난다. 원숭이의 악취는 악을 더 악답게 경험시키면서 인간을 공포에 떨게 만든다. "맡는 사람을 잔뜩 질리게 만드는, 질려서 온몸을 뻣뻣하게 굳게 하는, 그런 냄새였다. 콧속뿐만 아니라 마음속에까지 기갑부대처럼 돌진해 들어와 괴롭히는, 그런 냄새였다. 마음속 깊은 데까지 밀고 들어와, 심연 깊이

가라앉아 일상에선 드러나지 않는, 그런 부분을 헤집어 놓는 냄새였다."(『목화밭 엽기전』) 분노와 권태, 욕망이 억눌려 있다가 점점 고이고 응고될 때 나는 것이 바로 이 "나쁜 냄새"이기 때문이다.

왜 이런 폭력이 난무하는가. 세상과 삶이 무섭기 때문이다. 백민석 소설의 인물들은 공포를 느끼기 때문에 오히려 폭력을 행사한다. 한창림은 삼촌의 "펫숍"에서 해머로 검찰을 때려 죽이는 현장을 목격한 후 그 두려움을 잊기 위해, 우연히 만난 회계사를 이유 없이 때린다. 그리고 아이들을 유괴해서 비디오를 찍은 후 "목화밭 아닌 목화밭"에 거름으로 묻는 것도 즐거워서 하는 일은 아니다. 삼촌의 펫숍에서 나온 후 한창림이 무서워서 눈물을 흘리는 것, 박태자가 "거름"들을 다룬 후에 우울증에 시달리는 것은 그들의 거부감과 두려움을 나타내는 징표다.

또한 백민석에게는 도덕이 부재하기 때문에 이처럼 강력한 폭력이 필요하다. "호암 아트홀풍의 진부한 휴먼 드라마들"이 제공하는 삶에 대한 대답들이 모두 "장난, 농담, 거짓 대꾸, 거짓 정보"(『헤이, 우리 소풍 간다』)라면 인간은 어쩔 수 없이 난폭해질 수밖에 없다는 것이다. 때문에 한창림은 수컷들이 아직 자신의 "이빨"을 드러내기 전에 제거해 버리려 한다. 수컷은 다 똑같아서 "인생의 어느 순간에 이르러선, 히틀러와 박정희를 흠모하게 되"(「Green Green Grass of Home」)기 때문이다.

따라서 한창림은 폭력을 역이용해 악을 제거하는 청소부나, 수컷을 잡는 사냥꾼이라고 할 수 있다. 그리고 악으로써 악을 제압한다는 "이악제악(以惡制惡)"의 논리가 바로 백민석식 악의 양생술이자 퇴치술에 해당한다. 나쁜 냄새를 풍기는 것들에게 더 나쁜 냄새를 풍김으로써 그 나쁜 냄새를 없애자는 것이기 때문이다. 고통이 고통으로 치유될 수 있다면, 악도 악으로 치유될 수 있다는 것이다.

이처럼 악을 위해 더 악해지는 백민석의 소설 속 폭력이 지니는 특징은 그것이 포즈나 제스처가 아니라 체험과 상처 그 자체라는 사실에 있다. 진정한 펑크가 "기껏해야 과외나 받고 독서실에나 다니던 중산층의 아이들"(「음악인 협동조합1」)에게서가 아니라 무허가 판자촌에서 자라난 "태생이 잘못된 아이들, 잘못된 태생을 가지고 태어난 아이들"(『헤이, 우리 소풍 간다』)에게서 가능한 것과 같은 이치이다. 언제 어디서나 "생활의 절망은 법의 절망을 능가"(「음악인 협동조합2」)하고, 가난하면 난폭해지기 마련이다. 때문에 백민석에게 폭력은 차라리 고해 성사이거나 보호색의 언어다. 가난하면서 이성적인 사람이라면 오히려 폭력적으로 변할 수밖에 없다는 사실을 보여 주기 때문이다.

또한 백민석은 자기 자신에게도 테러를 가한다는 점에서 진짜 테러리스트이기도 하다. "넌 누굴 가장 증오하고, 누가 널 가장 증오했어?"라는 질문에 "나요."라고 대답하는 일의 슬

폼(「음악인 협동조합 1」)이나 결국에는 "자기 자신까지 쏘아 버려야만 하는"(『내가 사랑한 캔디』) 총잡이에 대한 연민 때문에 우리는 스스로를 죽일 수밖에 없게 된다. 그리고 이처럼 우리 모두가 자기 자신의 "적"이라는 사실을 알려 주기 때문에 백민석의 소설은 숭고하다.

이렇게 볼 때 백민석의 소설에 나타난 폭력은 단순한 가학 취미나 파괴 욕망이 아니라 그 자체가 환멸과 분노를 의미한다고 할 수 있다. 백민석은 꿈꾸지 않기 위해서, 이 세상에서 해야 할 일이 아무것도 없어서, 그러나 그런 현실을 그대로 인정하지 않기 위해서 폭력을 행사한다. 폭력 자체는 인간이 인간임을 포기하게 만들지만, 이때 포기되는 것은 "진정한 인간"이 아니라 "인간이라는 이데올로기"다. 인공 낙원에서의 삶이나 허구적인 인간성을 공격하는 것이 바로 백민석의 폭력이기에 역설적으로 진짜 천국에 이르는 계단이 되는 것이다. 때문에 백민석의 폭력은 "터무니없고 전혀 쓸모없고, 우스꽝스러우면서도, 대단히 슬픈"(『내가 사랑한 캔디』) 세상과의 직접적인 접촉 방식이 된다.

하지만 이런 백민석의 폭력은 그것이 이상적 폭력이 아닌 현실적 폭력이기 때문에 한계를 갖기도 한다. 박태자의 제자였던 윤수영이나 옷집 "뷰티풀 피플" 언니의 남편이 아무리 나쁜 애나 무자비한 남편일지라도 그 사실이 그들을 "거름"으로 삼아도 되는 정당한 이유가 될 수는 없기 때문이다. 목적이 수단을 무조건 정당화시켜 주지는 않는다. 그리고 한창림의 폭력이 무서운 것은, 그것이 더 나쁜 악을 물리쳐 준다는 식의 합리화가 가능하다는 데에 있다. 지배 권력이나 기존 질서를 유지한다는 명분으로 이루어지는 것이 더 큰 악이다. 강자나 지배자의 논리를 옹호해 주기 때문이다.

  더욱이 백민석은 폭력이 또다른 폭력을 부른다는 사실을 누구보다도 잘 아는 작가다. "난 열두 살부터 총을 쏴 왔어⋯⋯ 그런데도 권태란 놈은 물러갈 줄을 모르는군."(『내가 사랑한 캔디』)이라는 독백에서 드러나듯이 폭력은 반복되면서 무감각해지거나 갈수록 강화된다. 피가 더 진한 피를 부르는 것이다. 이런 폭력의 악순환이나 "새로운 잔혹을 불러일으키는 연쇄 효과"(『헤이, 우리 소풍 간다』)에 주목하면서 백민석은 그런 폭력의 자기 증식성을 스스로 책임져야 한다는 사실을 폭력적으로 보여 준다.

  "뷰티풀 피플"은 전혀 "뷰티풀"하지 않고, 소풍은 곧 죽음이며, 끔찍스러운 폭력의 고통조차도 "영원히 실현될 수 없는 이상을 무작정 기다리는 고통에 비하면 약과"(『내가 사랑한 캔디』)임을 알려 주는 백민석의 소설보다 더 악마적인 소설은 없다. 그는 총잡이에 관한 소설이 실제로 총 한 방을 쏘는 것보다는 가치 없다는 사실을 안다. 그러나 그는 자신이 악마라고 인정한 후에나 가능한, 두려움 없는 위반만이 진정한 위반이라는 사실을 강조한다. 때문에 백민석은 "심각함"의 다른 이름인 "폭력"을 통해 삶 자체의 불가해성과 공포를 그것과 가장 어울리는 방식인 악으로 표현한다. 이것이 바로 백민석 소설에 나타난 악 자체가, 억눌려 있었던 욕망의 신나는 배설이 아니라 우울하고도 절망적인 제의가 되는 이유다. 결국에는 무섭기보다 성스러워지는.

4 병든 꿈

배수아의 소설은 불량 식품을 사 먹을 때 느끼게 되는 쾌감과 불안감을 모두 선사한다. 그녀의 소설 속 인물들의 나태, 방심, 무기력, 열등함 자체가, 그래서는 안 된다고 생각하는 사람들에게 도덕적 우월감을 느끼게 해 주기 때문이다. 한번 사 먹은 후에는 결코 다시는 사 먹지 않겠다는 다짐이 이런 쾌감이나 우월감을 증폭시킨다. 그런데 그것이 몸에 해로운 줄 알면서도 자꾸 사 먹게 된다면 어떨까. 불량 식품을 사 먹지 못하게 하는 것은 그것이 더럽기 때문이기도 하지만 자꾸 사 먹게 되기 때문이기도 하다. 마찬가지로 유혹성과 중독성이 너무 강해 빠져 나오기가 힘든 것이 배수아의 소설이다. 이런 이율배반적인 감정에 대한 합리화가 행해지는 것은, 더러워도 좋다거나 건강하기 싫다는 소극적인 자포자기와, 이 세상의 음식은 모두 어느 정도 더럽다는 적극적인 의미 부여가 이루어질 때이다. 불량 식품을 사 먹지 않을 정도로 자신의 몸이 깨끗한 것은 아니라는 사실을 인정했을 때의 그 기이한 편안함……. 배수아 소설의 위험함은 바로 이런 편안함에 있다.

배수아의 인물들은 미필적 고의로 부도덕하다. 그녀에게는 도덕 자체가 거품이 잘 일지 않는 딱딱한 비누와 같다. 그래서 그녀는 열심히 노력하지 않고, 예쁜 척조차 하지 않으며, 계획을 세우지도 않는다. 심지어 부주의하기까지 하다. 문자적 의미 그대로 땀을 흘리지 않는 "불한(不汗)"의 삶을 보여 주는 것이 배수아의 인물들이다. 그들은 우리에게 말한다. "그대가 태어난 것은 거룩한 이상을 실현시키기 위해서도 아니고 충만한 사랑을 이루기 위해서도 아니니 그대는 행복해지고 진화해야 할 의무가 없습니다."(「와이셔츠」) 이처럼 아픔을 치장하지 않고, 무지를 부끄러워하지 않으며, 무능력을 속이지 않기 때문에 배수아의 소설을 부도덕하다고 취급하는 것이 현실적인 도덕의 기준이다. 하지만 그녀가 생각하기에 열심히 사는 도덕적인 사람들은 "잘난 척하고 비열하게 굴고 맹목적이 되고 국회 의사당을 폭파하고 엉뚱한 이념의 테러리스트가 되고"(「와이셔츠」) 마는 경우가 허다하다. 그래서 그녀는 도덕적으로 살지 않기로 한 것이다. 이것이 그녀의 도덕심이다.

배수아의 소설에서 일상은 너무 권태롭고, 신기할 정도로 아무 일도 일어나지 않는다. 만약 이것이 진실이라면 그저 단

조로운 일상에 대해 비판하고 있거나 탈출 욕망을 표현하고 있다는 식의 진부하고 식상한 해석을 해 버리면 된다. 그러나 배수아 소설의 악마성은 이것이 거짓일 경우, 즉 어떤 일이 실제로 일어났는데 마치 아무 일도 일어나지 않은 일로 생각하는 경우에 발생한다. 그녀가 일어난 일을 일어나지 않은 일로 생각하는 이유는 분명하다. 너무 충격적이고 고통스럽기에 차라리 모르는 척하고 싶기 때문이다. 그런 과정에서 필요한 것이 배수아 특유의 "불감(不感)"과 "망각"이다. 그래서 배수아가 가장 많이 하는 말은 "나는 아무것도 모른다"와 "기억나지 않는다"이다.

먼저 배수아의 가장 큰 불행은 상대방에게 따뜻함을 주지 못한다는 것이다. "너는 차가와. 겨울날 빗물처럼 차갑다. 너 같은 여자는 벌을 받아도 싸지."(『철수』) 슬픔도 모르고 감동도 없다고 말하는 여자, "박제"처럼 살아가려는 여자에게서 생의 활기나 의욕을 찾기는 힘들 것이다. 그러나 치명적인 것은 강한 것이 아니라 약한 것이다. 「원초적 본능」의 샤론 스톤보다 「데미지」의 쥘리에트 비노슈가 더 위험한 것처럼. 그래서 이런 불감의 이면에는 다음과 같은 민감(敏感)과 반감(反感)이 숨겨져 있다. "날 태워 봐. 기름을 바르고 내 몸에 불붙여 봐. 마녀처럼 날 화형시켜 봐. 쓰레기 봉지로 날 포장해서 소각로 속으로 집어던져 봐. 나는 다이옥신이 되어 너의 폐 속으로 들어간다. 내 얼굴을 면도칼로 가볍게 긋고 스며 나오는 피를 빨아 봐. 고양

이처럼 그 맛을 즐겨 봐. 그래서 나는 피투성이가 되고 싶어. 내 안에 있는 나는 무엇인지, 어떤 추악한 것인지 한번도 만나 보지 못한 채로 이 세상을 떠나가게 되는 것이 두려워 나는 마지막에 비명을 지르면서 눈물을 흘리리라."(『철수』) 이처럼 불감의 이면이 비감(悲感)이기에 "悲感人生"이라는 문신은 우리의 인생에서 결코 없어지지 않는 낙인이 된다.(「나의 첫 개」) 그리고 이런 불감은 비감을 막기 위한 항체였음이 밝혀짐으로써 비감은 더욱 비감해진다.

    이런 비감 인생에게 시간이란 무엇인가. 배수아는 모든 것을 잊기 위해 시간을 그냥 혹은 마구 흘려 보낸다. "이 모든 악몽의 시간이 어서 지나가기를. 제발 시간이여, 흘러라 흘러. 내 몸의 모든 감각이 악어처럼 단단해져서 아무것도 모르게 될 때까지. 늙은 무당처럼 뻔뻔해질 때까지."(「목요일의 점심 식사」) 왜 이토록 잊고자 하는가. "절대로 절대로 기억할 수 없는 기억 이전의 기억이 악마처럼 자라나 병을 만들"(「여점원 아니디아의 짧고 고독한 생애」)기 때문이다. 그러나 "기억의 손을 놓으면 풀린 연처럼 생이 흩날려 가 버리고 치열하게 매달려야 하는 것은 아무것도 없"(「나의 첫 개」)게 되기 때문이다. 그래서 배수아는 기억과 망각 간의 치열한 무혈 전쟁을 벌인다.

    세상은 "짐승의 덫" 같은 폭력이 사방에 놓여 있는 위험한 밀림이다. 그 밀림 속에서 살아가야 하는데 남에게 빛이 될 정도의 외모나 여우같은 성격을 타고나지 못했다면 제대로 살 수 없다. 무엇보다도 치명적인 것은 그녀가 "늦된 아이"라는 점이다. 아무것도 모르는 것보다 더 나쁜 것이 "늦게" 아는 것이다. 훨씬 더 많은 것을 잃게 된 후 그것을 되씹어야 하기 때문이다. "모든 막연한 희망에서 조롱당하는 고통"(「병든 애인」)이나 "인생에서 우리가 취하는 모든 것은 그것이 가장 좋은 것으로 보일지라도 결국은 차선"(「목요일의 점심 식사」)이라는 피해의식 때문에 그녀는 "나는 바람에 거칠어지면서 선인장처럼 널 안고 우뚝 서고 싶지가 않아"(「인디언 레드의 지붕」)라고 말하게 되는 것이다.

강해지지 않으려는 것은 죄이지만 강해지지 못하는 것은 슬픔이다. 배수아는 지금도 강해지고 싶어하지만 그것이 성공할 가능성은 그리 커 보이지 않는다. 아무런 욕망도 없는 사람이 바보라면 삶의 도식성이나 도덕에 대해 빈곤감을 느끼는 사람은 피해자일 뿐이다. 잘못된 태생, 흡혈귀 같은 가족, 불우한 연애를 겪은 배수아의 인물들은 "무상(無常)"이라는 뜻을 지닌 "아니디아(anitya)"를 이름으로 달고 살 수 있을 뿐이다. "혁명"의 의미도 주변 사람의 이름으로나 경험할 수 있다. 그러니 "태어난 자들, 희망을 버려라."(「장화 속 다리에 대한 나쁜 꿈」)

이런 마조히즘적 견딤과 포기는 삶이 주는 모욕에 대한 배수아식의 응전인 셈이다. 자신의 첫 소유물인 개에게서 "다른 것의 따뜻함"을 느끼자 그것을 잃을까 봐 두려워 차라리 개를 돌로 쳐 죽이는 「나의 첫 개」가 이런 사도-마조히즘의 절정이다. 알고 보면 "애정 속에서 질식하고 싶어서 미칠 것 같았어."(「푸른 사과가 있는 국도」)가 배수아가 진정으로 하고 싶어 하는 속말일 것 같기도 하다. 그토록 무감해 보여도 그녀의 소설에서는 밤만 되면 "검은 늑대"가 무리를 지어 돌아다니고 있지 않은가.

　　여기에서 그녀의 부도덕성이 일부러 선택된 것일 수도 있다는 것을 의심해 보게 된다. 배수아는 "돈이나 직업이나 결혼이라는 이 세상과의 긴장 관계를 어느 순간 귀찮아하면서 놓아 버릴 수 있는 선택권"(「병든 애인」)이 인간에게 주어져 있음을 안다. 그래서 진짜 세상과 연결된 끈을 놓아 버릴 수 있는 위험 인물이다. 그런 그녀에게 고통으로 다가오는 것은 세상을 참는 것이 아니라 세상을 버리는 것이다. 때문에 그녀는 "극단적인 추위와 더위, 배고픔과 사랑의 상실과 자의식의 철저한 파괴와 의사소통의 단절과 피를 보는 상처의 아픔과 양심이나 도덕을 짓뭉개는 파렴치한 행위"(「와이셔츠」)와 같은 고통을 신성시한다. 부도덕한 행위 자체가 무릅쓸 가치가 있는 도덕적 행위가 되는 것이다. "나쁜 기생충처럼, 야만인처럼, 들개나 도둑고양이처럼, 가증스런 솔잎혹파리처럼"(「목요일의 점심 식사」) 살고 싶다는 배수아의 욕망은 도덕이 그녀에게 가한 억압을 반증한다. "원래 나쁜 것은 매력적이고 진지하고 치열하고 강하다."(『부주의한 사랑』)

라는 사실을 그 누구보다도 잘 아는 사람이 배수아다.

배수아는 도덕이나 선에게 진지하게 질문한다. 저항할 의지를 마비시키는 폭력이 부도덕한가 아니면 그런 의지를 상실한 인간이 더 부도덕한가. 이런 배수아의 질문은 "에피쿠로스의 딜레마"를 연상시킨다. 왜 신은 악을 그냥 놔두는가. 신은 악을 없앨 수 있는가 없는가. 만약 악을 없앨 수 있는데도 행하지 않은 것이면 신은 사악하다. 만약 악을 없앨 수 없어서 그냥 둔 것이라면 신은 무능하다. 그 어느 경우이건 신은 유죄다. 물론 이때 배수아가 처음부터 아무런 노력도 하지 않고 투정과 원망만 일삼는 것인지 아니면 노력을 해 본 후 어쩔 수 없이 포기하고 좌절했는지가 먼저 규명되어야 할 것이다. 여기에서 그 판단을 확실하게 후자 쪽으로 내리지 못하는 이유는 배수아 소설의 인물들이 겪고 있는 고통이 다소 선험적이고 당위적이라는 점과, 그들이 고통의 극복이나 초월이 아니라 고통의 무화나 외면에 더 익숙하다는 점에 있을 것이다.

도덕이 곧 감옥이라면, 그리고 어느 누구도 완벽하게 결백할 수 없다면, 더욱이 인생이 바꿀 수 없는 것들로만 가득 차 있다면, 악몽을 꾸는 것도 삶을 삶답게 살도록 만들어 주는 능력이 된다. "건전한 부르주아"가 일부러 "불가사의한 기생충을 자생"시키면서까지 불면증에 시달리는 이유도 여기에 있다.(「건전한 부르주아의 도시」) 배수아에게는 괴롭지도 못한 것이 악몽이

지 괴로운 것은 악몽이 아니다. 배수아는 고통 그 자체가 아니라 이유 없는 고통이 더 괴롭다. 그래서 악몽마저 거부하는 현실에 고통을 부여함으로써 고통을 살려 내어 그것을 생생하게 만드는 것이 바로 배수아식 악몽의 의의다. 배수아는 "나쁜 것"의 자극성과 생명력을 사랑한다. 그래서 과감하게 "나는 추하다."(「1999년, 네덜란드 모텔을 떠나며」)라거나 "건강하고 싶지 않아. 내 인생의 진창에서 달아나고 싶지 않아."(「한나의 검은 살」)라고 말한다. 그렇게 말하는 사람은 더 이상 신데렐라가 아니다. "이제는 신데렐라가 아니어도 좋다."(「검은 늑대의 무리」)라고 선언하는 이 "공주 아닌 공주"의 새 구두는, 그래서 "맨발"이다.

5 악의 변증법

김영하와 백민석, 배수아에게 있어 도덕만큼 부도덕하게 느껴지는 것이 바로 "권태"다. 아무것도 변하는 것이 없는 "지금·이곳"이 이들에게는 바로 "낯선 천국"이다. 그들은 말한다. "왜 멀리 떠나가도 변하는 게 없을까, 인생이란."(김영하, 『나는 나를 파괴할 권리가 있다』) "우리 세상이 왔는데도 왜, 우리한테 아무 일도 일어나지 않는 것일까."(백민석, 「요람 속의 고양이 둘」) "왜 이 세상은 이렇게 아무런 일도 일어나지 않는가."(배수아, 「프린세스 안나」)

이런 악마적 상황에 대한 반응으로 나타난 것이 바로 이들의 소설에 나오는 악과 악마들이다. 김영하는 합리적이고 이성적인 고전주의자의 면모를 보이며 악을 권장한다. 백민석은 잔인하고 과격한 사디스트의 면모를 보이며 악을 응징한다. 배수아는 무심하고 허무한 마조히스트의 면모를 보이며 악을 무시한다. 거칠게 말해서 김영하는 금속성의 "만들어진 악"을, 백민석은 동물성의 "저지른 악"을, 배수아는 식물성의 "당하는 악"을 보여 주고 있다고 할 수 있다.

이들에게는 선이 "낮에 뜨는 달" 같다면, 악은 "밤에 뜨는 태양" 같다. 그래서 선이 낮에도 빛을 잃고 있다면 악은 어둠 속에서도 빛나고 있다. 이들의 소설에서는 선이 이단이고, 오히려 악이 정통이다. 그래서 위반하는 것이 아니라 위반하지 않는 것이 악이 된다. 하지 말아야 할 것을 하는 것이 악인데, 해야 할 것을 한 것이 도리어 악이 되는 아이러니가 발생하는 것이다. 그래서 이들의 악은 이성이나 계몽, 도덕과 연결되는 선 자체를 부정한 것은 아니기에 바타유의 말처럼 "도덕의 부재"가 아니라 "선이 우회한 것", "도덕을 넘어서는 도덕"을 의미하게 된다.

때문에 이들의 악은 선을 "대문자"에서 "소문자"로 바꾸는 악이 아니다. 더욱이 소문자로서의 악을 그대로 소문자로 인정하자는 악도 아니다. 그저 필체만 바꾸어 대문자였던 선을 다른 모양의 대문자로 바꾸어준 악에 가깝다. 장자나 적자가 아니라 선에 대한 서자나 쌍둥이 형제일 확률이 높은 것이다. 그러므로 악을 통한 금기의 위반은 금기를 부정하는 것이 아니라 금기를 다시 한번 환기시켜 주는 역할을 한다고 할 수 있다. 죽어야 살 수 있었던 것이 바로 이들의 악이 보여 주는 변증법이다. 만약 이들이 악을 통해 반계몽을 시도했다면 실패한 것이고, 계몽을 기획했다면 성공한 것이다.

사실 미셸 푸코가 이성과 비이성의 구분이 스스로를 이성적이라고 생각한 자들의 억압적인 지배를 합법화시키는 것이라고 보았듯이, 선과 악의 이분법적 대립 자체가 선의 우위를 전제한 오류일 수 있다. 그리고 어떤 선이나 악도 그 자체로 나타나지는 않는다. 그래서 "착한 악마"와 "나쁜 천사"는 지킬과 하이드처럼 서로 한 몸이다. 악은 선이 낳은 것이고, 선이야말로 악의 숙주다. 푸코가 『광기의 역사』 끝에서 프란시스코 고야의 그림 「이성이 잠들면 괴물이 깨어난다」를 극찬한 것은 그것이 구원을 약속해서가 아니라 혼돈과 계시, 종말과 시작을 모두 가진 악몽을 보여 주기 때문이다. 이런 의미에서 '호모 에티쿠스(Homo ethicus)'는 "호모 사피엔스 사피엔스(Homo sapiens sapiens)"라고 할 수 있을 것이다. 도덕적 인간이란 자신이 "생각한 것을 다시 생각하는" 반성적 인간이기 때문이다.

그런데 아무리 선과 악의 이런 착종과 교배를 인정한다고 하더라도 김영하나 백민석, 배수아는 유효기간이 지났거나 타성화된 선에 내장된 허위와 억압을 고발함으로써 사실상 진정한 계몽을 실천하려고 한 측면이 더 강하다고 할 수 있다. 그들이 치료한 것이 악이 아니라 선이기에 오히려 선을 다시 강화시킨 결과를 초래했다는 것이다.

그렇다면 야만의 시대로 불리는 1990년대는 흔히 알려져 있듯이 "도구적 이성"이 강화된 시기가 아니라 오히려 "반성적 이성"이 강하게 작용했던 시대는 아닐까. 1990년대가 거부한 것은 이성 자체가 아니라 "잘못된" 이성일 수 있기 때문이다. 이성이 이성을 희롱할 때 그런 이성을 반성하는 이성을 문제 삼은 것이다. 이때 이성은 죽지 않고 단지 도전받았을 뿐이다. 이렇게 볼 때 1990년대는 진짜 악마조차 허락하지 않았던, 그래서 가짜 악마와 싸워야 했던, 때문에 과격한 위반이 필요하지 않았던, "물구나무선" "선의 시대"였을 수 있다.

그렇다면 이 세 작가의 소설 속에 드러나는 "계몽적인 악"은 자리만 바꾼 "또 다른 선"이 되는 것은 아닌가. 만약 그렇다면 그것은 이 작가들의 한계인가 아니면 위반 자체가 본질적으로 지닐 수밖에 없는 한계인가. 이런 의심과 질문은 "악을 위한 변명" 자체가 발전의 거부와 퇴행의 합리화라는 위험을 지니고 있기에 생기는 것이다.

따라서 우리는 이들에게 다음과 같이 다시 질문할 수 있다. 악을 내세운 당신들의 위반조차 금기가 "허용한 위반"이거나 "작은 저항"이라면, 그래서 오히려 금기가 안전해지고 탄탄해졌다면, 심지어 금기의 제거가 아니라 금기의 확장에 이바지

하는 것이 위반의 숙명이라면 어쩔 것인가? 어떤 긍정도 허락하지 않는 부정, 영원히 대답 없는 질문, 화해 없는 불화를 의미하는 절대적 위반은 어쩌면 관념적이고 이상적인 사고 속에서나 존재하는 신기루일 수도 있지 않을까?

물론 작가들을 향한 우리의 이런 의심과 질문에 대해 이 작가들 또한 우리들에게 다시 비판적으로 되물을 수도 있을 것이다. 당신들의 계몽적인 독서를 당장 그만두라고. 우리들의 소설에서조차 계몽을 읽어 낸다면 그것 자체가 기존의 억압적인 질서에 침윤되었거나 그것을 유지하려는 보수적 책 읽기와 다름없다고. 사실상 우리들을 비난하는 것만이 엄숙주의가 아니라 당신들처럼 우리들의 소설에서마저 이성이나 계몽, 도덕을 찾아내려는 것이 더 무서운 엄숙주의라고. 계몽으로 회귀하지 않는 반계몽과 계몽을 위한 반계몽은 계몽 자체가 지닌 본질적 이중성이라고. 때문에 우리가 "악이란 무엇인가"라는 가능태가 아니라 "왜 악이 있어도 좋은가"라는 현실태를 문제 삼았다는 것은 상당히 생산적이고 현명한 것이었다고. 단, 그것이 1990년대적 현상만은 아니라는 단서를 달아야 한다고. 그래서 우리들의 1990년대는 단지 그 이전과 "조금" 달라졌을 뿐이라고.

이브의 몸, 부재의 변증법

> 여성과 종이는 무엇이든 잘 참아 내는
> 두 개의 하얀 물건이다.
> ─ 발자크

> 차이의 기호가 될 때 여성은 끔찍해진다.
> ─ 로지 브레이도티

I 공간으로서의 몸, 기호로서의 여성

이제 확실히 문명/자연, 이성/감성, 빛/어둠, 마음/몸 등의 이분법은 그 경계가 흔들리고 있다. 이런 이분법적인 사고 자체가 후자(後者)를 전자(前者)의 부인이나 부정, 박탈에 불과한 것으로 간주했음이 드러났기 때문이다.[1] 그래서 억압되었던 후자의 귀환이 일어남으로써 둘 사이의 위계질서에 의문이 제기되는 것이다. 특히 마음/몸의 관계는 이성/정열, 분별력/감수성, 자아/타자, 깊이/표면, 실재/현상, 초월/내재, 시간성/공간성, 심리학/생리학, 형식/질료 사이의 대립과 위계를 포함하면

---

1 미셸 푸코, 이규현 옮김, 『성의 역사 1: 앎의 의지』(나남, 1990) 참조.

서 더욱 근본적인 문제를 제기한다.[1] 이런 맥락에서 기호로서의 몸은 결코 백지상태가 아니다. 오히려 구체적인 사회성이나 역사성, 문화적 차이가 드러나는 공간이 바로 몸이라고 할 수 있다. 몸 그 자체가 아니라 '살아 본 몸'이 지니는 의미에 따라 그 공간의 모양이나 가치가 달라지기 때문이다. 그래서 이 세상에는 순수하게 자연적인 몸이란 없다.[2] 그러므로 인간의 삶과 관련된 모든 기호를 연구하는 기호학의 핵심이 해석과 소통에 있다면, 몸이 처한 이러한 콘텍스트를 무시할 수 없게 된다.[3]

여성 문학적인 관점에서 주목할 때 여성의 몸은 '여성'이라는 것과 '몸'이라는 것 때문에 이중으로 소외되고 억압받는다.[4] 이원론적 입장에서 마음과 몸을 대비할 경우에는 주로 남성을 '마음'으로, 여성을 '몸'으로 설정한다.[5] 혹은 일원론적 입장에서 몸을 마음의 기반으로 삼는 경우에도 몸은 일반적으로 남성의 몸만을 의미한다. 오이디푸스 콤플렉스의 개념에서도 확인되듯이 여성의 몸은 페니스가 없는 몸, 그래서 결핍된 몸이

---

1 정화열, 박현모 옮김, 『몸의 정치』(민음사, 1999), 9~10쪽 참조.
2 이거룡 외, 『몸 또는 욕망의 사다리』(한길사, 1999), 23쪽 참조.
3 미와 마사시, 서동은 옮김, 『몸의 철학』(해와 달, 1993), 11, 44쪽 참조.
4 이숙인, 한국여성철학회 엮음, 「유가의 몸 담론과 여성」, 『여성의 몸에 관한 철학적 성찰』(철학과현실사, 2000), 130쪽 참조.
5 Elain Hoffman Baruch, "The Female Body and the Male Mind", *Woman, Love, Power*(New York U. P., 1991) 참조.

나 결함 있는 몸으로 간주된다. 이런 이유로 여성 문학은 지금처럼 몸이 전성시대일 때에도 몸의 부재를 말하게 된다. 남성 중심적 시각이 여성의 몸을 무화시키고 있기 때문이다. 그러고는 사라진 여성의 몸에 남성의 몸을 이식시키면서 자신들의 욕망을 투영하려 한다. 이럴 때 여성의 몸은 남성의 몸이 더 중요하다는 알리바이로서만 존재하기에 여성의 몸은 있어도 없는 것이다. 부재가 존재의 증명이 된다. 그렇다면 어떻게 여성의 몸은 있어도 없는 것이 되고, 없어도 있는 것이 되는가.

2 더러운 몸, 월경(越境)의 기호

흔히 여성들 자신도 자기 몸을 더럽다고 느끼기 쉽다. 남성과는 '다른' 자신의 몸을 비정상적이라고 생각하기 때문이다. 여성들은 사춘기 때 자기 몸에서 일어난 2차 성징으로서의 월경(月經)을 감추어야 하거나 부끄러운 것으로 인식하면서 혼란을 느낀다. 물론 모든 체액 자체가 인간의 마음대로 통제되는 것이 아니기에 의지나 의식의 우월성을 공격하는 것으로 격하되기도 한다. 그래서 체액은 품위 없고 시적이지 않으며 일상적이거나 세속적인 것을 의미하기 쉽다.¹ 그런데 그중에서도 특히 남성들의 정액에 비해 여성의 월경혈은 특히 금기시되거나 격

---

1 엘리자베스 그로츠, 임옥희 옮김, 『뫼비우스 띠로서 몸』(여이연, 2001), 26쪽 참조.

이브의 몸, 부재의 변증법   147

하된다. '하얀 체액'인 모유와 비교해도 더 심하게 거부되고 은폐되는 것이 바로 '빨간 체액'인 월경혈이다.

하지만 여성의 몸을 더럽다고 생각하는 것은 여성의 몸이 제자리에 있지 않을 때나 그로 인해 질서를 교란하고 전복할 때 초래되는 현상이다. 즉 남성 중심적인 체계에 위험을 초래할 때 그것은 더럽다고 간주된다.[1] 가부장적 인식에 의하면 월경기에 있는 여성과 섹스를 하면 성병을 얻는다거나, 이 시기에 임신한 아이는 불구자가 되거나 악령이 들린다는 속설도 있다.[2] 그리고 여성의 월경혈은 임신 실패의 증거물이지만 남성의 정액은 수정(受精) 가능성의 증거물이기에 더 생산적이라고 간주된다. 그래서 월경은 "아이를 갖지 못한 것에 대해 자궁이 우는 것"이라는 비유까지 등장한다. 이런 오해와 편견 때문에 여성은 스스로도 자신의 몸을 더럽다고 인식하기 쉽다.[3]

공선옥의 소설 「몸을 위하여」[4]에서 여주인공 난주는 다른 아이들보다 빨리 '여성의 몸'이 된다. 열세 살에 월경을 시작했기 때문이다. 그래서 남들보다 더 많은 피를 흘려야 하기 때문

---

1 위의 책, 25, 371쪽 참조.
2 강선미, 「여성의 몸, 월경에 대한 점성학적 은유」, 『여성의 몸, 여성의 나이』(또 하나의 문화, 2001), 215쪽 참조.
3 케티 콘보이 외, 조애리 외 옮김, 『여성의 몸 어떻게 읽을 것인가』(한울, 2001), 45쪽 참조.
4 공선옥, 『내 생의 알리바이』(창작과비평사, 1996).

에 자신의 몸이 더 많이 더럽혀질 것이라고 생각한다. "부끄러운 것 그것이 멘스였다."라는 난주의 말에 드러나듯이 여성에게 월경은 더러움이나 부끄러움을 유발하는 원죄처럼 인식된다. 월경이란 진정한 여성이 되어 가는 자랑스러운 징표가 아니라 남성과 '다른' 몸이 되어 가는 기호에 더 가깝기 때문이다. 월경과 더불어 시작되는 여성 호르몬의 발달로 인해 굴곡이 생긴 몸은 성적인 욕망의 대상이 될 뿐이고, 임신이 가능해진 몸은 재생산을 위한 기계가 될 뿐이다.

이런 '더러운 몸'을 지녔기에 난주의 인생은 수난의 연속이다. 여학교 때 세 명의 남성에게 윤간을 당한 후부터 그녀는 같이 잔 남자와 언제나 헤어진다. 그때마다 난주는 "첫 멘스의 참담함"을 떠올린다. 그리고 같이 자 버렸기 때문에 사랑하는 남자와도 헤어질 수밖에 없다고 생각한다. 더러운 몸을 지녔기 때문에 더럽게 살 수밖에 없고, 그토록 더러운 몸을 다시 더럽혔기 때문에 더욱더 비극적인 여성의 삶을 살아야 한다는 것이다.

하지만 난주는 거듭되는 경험 속에서 차차 그런 '더러움'을 오히려 삶의 용기와 연결시킨다. "하늘에서 쏟아지는 비가 거침없듯이 멘스 피도 지 마음껏 쏟아지게 내버려 두는 것"에서 기쁨을 느끼려는 것이다. 그래서 그녀는 자신을 부끄럽게 만들거나 움츠러들게 했던 몸을 새롭게 인식하려고 한다. 소설의 결말에서 난주가 애인과의 이별로 인한 허전함 때문에 시도했던 낯선 남자와의 성교를 거부하는 것도 자신의 몸을 그대로 인정하려고 하기 때문이다. 거절당한 낯선 남자가 욕을 하고 떠난 후 혼자 남은 난주는 다리를 양껏 벌린다. 그리고 자신의 자궁 속으로 비와 바람과 산비둘기 울음소리를 스며들게 한다. 이때 그녀의 몸으로 들어온 비와 바람과 산비둘기 울음소리가 그녀의 새로운 피가 되어 그녀의 몸을 깨끗하게 해 준다. 자신의 정당한 가치를 되찾았기에 더럽게 생각되던 몸이 더럽지 않게 되는 순간이다. 여기서 작가는 여성의 몸도 남성의 몸처럼 똑같이 존중받아야 할 몸임을 강조하고 있다.

이 소설을 통해 볼 때 확실히 여성은 월경으로 인해 고통받기도 위로받기도 한다. 여성에게 있어 월경이 시작된다는 것은 자신의 섹슈얼리티의 발달을 의미하는 것이 아니라 오직 앞으로 여성으로 된다는 것, 때문에 성적인 쾌락이나 성숙이 아니라 상처나 손상으로 연결된다. 자신의 몸 밖으로 나온 분비물이자 배설물이지만, 아직도 자신의 몸의 연장으로 생각되는 것, 그래서 부끄러움을 유발시키는 것이 바로 월경혈이라는 것이다. 그런데 그런 현실적이고도 심리적인 억압으로부터 도망칠 수도 없다. 여성에게 월경이란 진정한 어머니가 되기 위해서는 마땅히 감내해야 할 '주홍 글씨'로 간주되기 때문이다.

이런 맥락에서 폐경기에 들어선 늙은 노파의 몸은 여성으로서 폐기 처분되었다는 의미이기에 흔히 그로테스크하게 묘사된다.[1] 이 소설 속에서도 정신이상인 난주의 할머니는 머리를 풀어헤치고 이상한 신음 소리를 내면서 방에 갇혀 있다. 큰아버지는 여름인데도 그 방에 군불을 땐다. 언제나 아랫도리가 습했던 할머니는 그래서인지 큰어머니가 입혀 준 치마를 벗어 던진다. 어렸던 난주는 그런 할머니를 큰아버지가 불에 데워 죽이려는 것이라고 생각한다. 너무 늦게까지 그리고 아무 쓸모없이 분비되는 여성의 체액은 생식력과 생명력을 상실했다는 증거이기에 남성들에게는 더 혐오스럽게 간주되었기 때문이다.

그러나 월경이란 용어 자체가 여성의 몸을 '달'에 은유하여 만들어진 것이므로 시간의 흐름에 따라 변하는 여성의 몸과도 연결된다. 여성들의 몸은 차면 기울고, 기울면 다시 차오를 수 있다. 그리고 그런 움직임은 마치 달 모양의 변화처럼 자생과 자립, 재생을 의미한다. 이 소설의 결말에서도 난주는 마치 제의를 치르듯이 자신의 몸을 인정한다. 월경하는 여성만이 변화할 수 있고 변형될 수 있기 때문이다. 그렇다면 여성의 몸에서 나온 월경혈 속에는 영적이고 치유적인 힘이 들어 있다고 볼 수 있다. 이런 힘으로 월경하는 여성들은 자신들의 한계나 고통

---

[1] 에두아르트 푹스, 이기웅·박종만 옮김,『풍속의 역사 II: 르네상스』(까치, 1986), 26쪽 참조.

을 월경(越境)할 수 있게 된다.[1] 그리고 이것이 오이디푸스적인 깨끗하고 고상한 몸에 대한 저항과 거부를 의미한다는 점에서 크리스테바가 '어브젝션(abjection)'[2] 이론에서 강조하는 '폭력적이고 어두운 저항', 즉 더러운 것의 자유로움과 전복성과도 연결될 수 있다.

3 훼손된 몸, 해체(海體)의 기호

여성의 몸이 월경을 할 수 있고 임신과 출산을 할 수 있는 이유는 성기와 자궁이 있기 때문이다. 그리고 여성이 성기와 자궁을 가질 수 있었던 것은 그녀들의 피부가 갈라졌기 때문이다.

---

[1] 강선미, 앞의 글, 231쪽 참조.
[2] '어브젝션'은 흔히 '비천함'으로 번역하는 것에서 알 수 있듯이 눈물, 침, 똥, 오줌, 토사물, 질 분비물 등을 칭하는 것이다. 크리스테바에 따르면 어브젝션은 모성적인 것, 코라, 기호계와 함께 상징계적 주체, 초월적 주체에 의해 억압당한다. 그래서 더욱더 여성적인 것과 쉽게 연결되면서 금지된 욕망이 일어나는 원형적 모성의 비객관성이나 매력과 증오가 일어나는 장소가 된다. 과거에는 주체의 일부였지만 주체의 통일된 경계를 세우기 위해 거부될 수밖에 없는 것, 주체 안에 존재하는 친숙한 것이지만 어느 순간 주체의 정체성에 위협을 가하는 이방적인 것, 자아 분열, 쪼개짐, 갈라짐을 통해 자아와 타자 사이의 공간적 경계를 희미하게 흐려 놓는 것이 바로 어브젝션이다. Julia Kristeva, *Power of Horror: An Essay on Abjection*, trans. Leon Roudiez(New York: Columbia U. P., 1982) 참조. 고갑희, 「시적 언어의 혁명과 사랑의 정신분석 — 쥘리아 크리스테바」, 한국영미문학페미니즘학회, 『페미니즘: 어제와 오늘』(민음사, 2000), 202~214쪽 참조.

즉「인어 공주」이야기에 나타나듯이 하나의 다리만 지녔던 여성이 자신의 목소리를 잃어버리고 그 대신 얻은 것이 바로 두 개의 다리다. 하나였던 다리가 두 개가 되기 위해서는 피부가 갈라져야 한다. 이처럼 '갈라진 피부(fissured flesh)' 사이에 생긴 성기와 자궁으로 인해 인어 공주는 비로소 성교 가능한 여성이 된다. 이런 허스토리(herstory) 때문인지 여성들은 자주 자신의 몸이 훼손되어 있는 듯한 느낌을 가진다. 남성에 의해 침범당하고 점령당한 공동(空洞)처럼 자신의 몸의 하부를 느끼는 것이다.[1] 인간의 몸은 피부로 둘러싸여 있기 때문에 서로 껴안아도 합쳐질 수 없는 분리의 벽이 존재한다. 따라서 인간의 피부는 부드럽지만 견고한 벽이다. 그런데 이처럼 폐쇄적이고 고립된 피부가 성교를 통해서 열리는 피부로 변한다. 이때 여성들은 남성들에 의해 접촉을 더 많이 당하면서도 남성들을 만질 수 있는 자유는 훨씬 제한된다. 특히 성교를 통한 피부의 상실은 여성들의 몸이 모든 사람의 공유물인 것처럼 생각하도록 만드는 데에도 유용한 수단이 된다. 몸의 안과 밖을 구분시키면서 몸 밖의 침투로부터 몸 안을 보호해 주는 것이 바로 피부다. 그러나 강요된 접촉은 피부를 피부 같지 않게 만들어 버린다. 원하지 않는 성교는 여성들의 피부를 상실하게 하기 때문이다. 그래서 안

---

[1] 안드레아 도킨, 홍영의 옮김, 『여자는 무엇으로 사는가』(문학관, 2000), 126~152쪽 참조.

과 밖의 경계를 상실하게 하는 피부는 여성의 억압을 나타내는 젠더 공간이 된다.[1]

권지예의 소설「뱀장어 스튜」[2]는 여성의 피부가 겪는 이런 훼손을 그린 소설이다. 소설 제목은 피카소가 자신의 마지막 연인이었던 자클린을 위해 그린 그림의 제목에서 따온 것이다. 작가는 뱀장어 스튜와 동위태지만 좀 더 일상적이고 생활화된 '삼계탕'을 끌어와 여성의 몸에 대한 기호로 삼는다. 즉 뱀장어 스튜의 한국적 버전이 바로 삼계탕이라고 할 수 있다. 이 두 가지 모두 자신의 몸이 그 형체 혹은 본질을 잃어버려야 만들어질 수 있는 음식이다. 그리고 고체가 아닌 액체를 지향하는 음식이기도 하다. 뱀장어와 닭이 '해체(解體)'되어서 국물이 중심이 되는 '해체(海體)'가 완성되는 것이다. 또한 이럴 때의 형태 파괴가 흡수나 합일을 통한 화해와 재생을 의미한다는 측면에서도 '바다'와 같은 여성의 몸과 연결될 수 있다.

이 소설 속 아내의 몸에는 두 개의 흉터가 있다. 아랫배에 있는 철사줄 모양의 것과 오른 손목에 있는 자벌레 모양의 것이 그것이다. 아랫배의 흉터는 제왕절개로 출산을 한 수술 자국이고, 손목의 흉터는 자신의 아이를 출산하자마자 외국으로 입양시켜 떠나보냈기 때문에 일으킨 자살 미수의 흔적이다. 지금의

---

[1] 같은 책, 220~225쪽 참조.
[2] 권지예,『꽃게무덤』(문학동네, 2005).

남편은 에고이스트였던 옛 애인과는 달리 아내의 이런 상처를 정성스레 핥아 준다. 그런데도 남편과 파리에 살고 있는 아내는 몇 년에 한 번씩 서울에 나올 때마다 옛 애인을 만나 격렬한 섹스를 나눈다. 3년 만에 다시 서울로 오면서 아내는 이번에는 남남처럼 살았던 남편과 드디어 헤어지려고 한다. 그러나 여전히 아내를 구속하지 않는 옛 애인이 자신의 자유도 구속받기 싫어함을 확인하고는 다시 파리의 남편에게 돌아온다. 이렇게 다시 돌아온 아내를 위해 남편은 삼계탕을 끓여 주려 한다.

그런데 이런 상황 자체가 성적인 것과 연관된다. 두 다리를 한껏 가슴 쪽으로 치켜든 채 누워 있는 닭의 모습은 곧 여성의 몸이나 성기의 은유고, 그 속에 채워 넣어질 대추나 인삼 뿌리는 남성 성기의 은유다. 하지만 아내의 성기는 남편의 성기를 받아들여도 채워지지 않는 허전함과 결핍감을 느낀다. 이런 아내의 몸은 "어린 날 해변에서 파 놓은 두꺼비집"이나 "언젠가 허물어질 위태로운 검은 구멍"으로 비유된다. 그래서 속의 구멍을 넓히느라 남성들은 손을 넣어 모래를 파내면서 속을 비우려 하지만, 그 찰나 여성의 몸은 무너져 내린다는 것이다. 시공간적으로 너무 많이 그리고 오래 비어 있었기 때문이다. 그리고 남성의 몸을 많이 받아들이기 위해서는 자신을 좀 더 오랫동안 비워야 하기 때문이다.

이럴 때 남성의 '정자(精子)'는 '정자(亭子)'에 해당된다고 볼 수 있다. 문이 따로 없어서 항상 열려 있고, 그러기에 열쇠나 자물쇠가 필요 없는 공간이 바로 정자다. 그래서 누구나 들어갈 수 있고, 누구나 쉽게 나갈 수 있는 곳이다. 그러나 아내가 원했던 것은 '튼튼한 감옥' 즉 '꽉 차 있는 하부'이다. 갇히고 싶은데 벽이 없다. 그러므로 문도 없다. 그러니 여성의 몸은 언제나 텅 비어 있다.

하지만 이처럼 '훼손된 몸'으로라도 남편에게 다시 돌아왔듯이, 그리고 남편으로부터 삼계탕을 대접받듯이 아내는 인생이란 자신의 몸을 버리거나 잃어버리는 행위임을 인정하게 된다. "살아서 펄떡이는 것들을 모두 스튜 냄비에 안치고 서서히 고아 내는 일, 살의나 열정보다는 평화로움에 길들여지는 일"이 바로 인생이라는 것이다. 세지 않은 불로 조용하고 은근하게 뱀장어(닭)의 몸부림이나 격정을 해체시켜야만 새로운 삶을 살 수 있다는 메시지가 담겨 있는 음식 기호가 바로 뱀장어 스튜나 삼계탕이다. 해체(deconstruction)가 파괴(destruction)를 통해 새로운 것을 구성(construction)하기 위한 행위임을 알 수 있는 음식들인 것이다.[1]

이때 여성의 몸은 그런 해체(海體)를 지향하는 해체(解體)의 공간이다. 마치 '환상사지(幻想四肢)'를 앓고 있는 환자처럼 여

---

1 정화열, 앞의 책, 266쪽 참조.

성의 몸은 환부가 없어도 통증을 느낀다.¹ 이런 환상지통(幻想肢痛)은 여성의 몸이 훼손된 것임을 알려 주는 가시적 기호이자 심인성 질병의 징후에 다름 아니다. 그리고 완전한 몸에 대한 향수나 애도의 현장이라는 점에서 여성의 몸에 대한 자의식을 일깨워 주는 기호라고도 할 수 있다.

무엇보다도 이런 여성의 몸을 통해 피부와 자궁의 상실이나 침범에서 오는 상처를 '환상 페니스'의 일종으로 보는 프로이트식 해석을 거부할 수 있다. 여성은 페니스를 원해서가 아니라 페니스를 원하지 않아서 고통당하는 것이기 때문이다. 자궁을 뜻하는 그리스어인 히스테라(hystera)에 어원을 두는 히스테리(hysteria)를 없애기 위해서는 자궁 적출을 시도해야 한다는 믿음도 바로 여성의 몸에 대한 오해와 억압을 나타낸다.² 여성은 몸이 아프기 때문에 마음이 아픈 것이 아니라 마음이 아프기 때문에 몸이 아픈 것이다. 그러니 아무리 자궁을 떼어 낸다 해도 여성들의 히스테리는 사라지지 않을 것이다.

4 덧붙여진 몸, 이중의 기호

흔히 여성의 성기는 두 겹이면서 항상 붙어 있기 때문에 '하나가 아닌 성'을 나타낸다. 그리고 여기에서 더 발전하여 여

---

1 엘리자베스 그로츠, 앞의 책, 8~20쪽 참조.
2 케티 콘보이 외, 앞의 책, 111쪽 참조.

성의 성기는 그 구조와 의미에 있어서 어떤 논리나 일관성을 지니지 않는 모순과 합일, 복합성 그 자체를 의미하게 된다.[1] 이러한 여성의 성기를 닮은 여성의 입술 또한 하나도 아니고 둘도 아닌, '하나 속의 둘'의 상징성을 지닌다.[2] 그리고 입술(입)은 얼굴 부분에서는 이마, 눈, 코에 대응하여 하부 공간을 나타내는 기호에 해당하면서 성기와 동일한 의미를 지닌다. 관상학적 기호 체계에서도 입술은 성기와 마찬가지로 정신성과 반대되는 관능성을 나타낸다.

이처럼 '하나가 아닌 둘', '하나 속의 둘', '하나이면서 둘'인 입술은 여성에 대한 남성들의 이분법적 분리가 지니는 억압성을 시각적으로 제시하는 데 효과적이다. 맨입술과 비교해 볼 때 특히 연지를 바른 여성들의 입술이 지니는 특성은 여성의 복합적이고도 다중적인 특성을 잘 나타내기 때문이다. 즉 연지 바른 입술은 여성의 고유성을 상징하면서 그들이 지니는 가변성의 진폭을 나타내기에 적절한 젠더 공간이 된다.

이런 연지 바른 여성의 입술은 이성(異性)인 남성들의 맨입술과 비교될 때와 동성(同性)인 여성들의 맨입술과 비교될 때

---

1 뤼스 이리가레, 이은민 옮김, 『하나이지 않은 성』(동문선, 2000), 29~44쪽 참조.
2 박정오, 「새로운 상징 질서를 찾아서—뤼스 이리가레」, 한국영미문학페미니즘학회(2000), 189~190쪽 참조.

그 의미가 다르다. 즉 연지 바른 입술은 여성과 남성 사이의 관계를 나타내 주는 기표일 뿐만 아니라 여성들끼리의 관계에 대한 기표이기도 하다는 것이다. 입술의 층위에서 생각할 때 남성들은 연지를 바르지 않은 맨입술의 '여성'들에 해당하면서 연지 바른 입술의 여성과 대립되고, 연지 바른 입술을 지닌 여성은 여성들 내에서도 연지를 바르지 않은 맨입술의 여성들과 대립된다.

남성 중심적 시각으로 정립된 이분법에 따르면, 여성은 다음의 두 가지 역할 중 하나만을 할 수 있을 뿐이다. 하나는 '어머니'에 해당하는 정숙한 여성, 가정주부, 애를 많이 낳는 여성, 좋은 살림꾼으로서의 역할이다. 다른 하나는 '창녀', 즉 소비의 대상으로서의 역할이다. '어머니'는 감싸 주고 이해해 주며 순종적인 여성으로서 더없이 아름답지만 굴종과 무기력의 상징인 개념이다. 반면 '창녀'는 매력적이고 자유로우며 유혹하는 여성으로서 한 번도 아름답다고 취급된 적이 없지만 남성들이 원하는 여성의 개념이다. 그리고 어머니의 경우는 예수의 어머니인 동정녀 '마리아'로, 창녀의 경우는 모든 죄악의 근원인 '이브'로 대표된다.[1]

그런데 본래 여성의 두 입술이 하나였던 것처럼 여성들은

---

[1] 이재선, 「여성의 양면성과 요부형 인간」, 『한국문학주제론』(서강대학교 출판부, 1989), 374~375쪽 참조.

마리아적인 특성과 이브적인 특성을 모두 가지고 있을 수 있다. 그런데도 남성 중심적인 가치 평가에 의해 마리아와 이브는 '하나 속의 둘'이 되지 못하고 서로 분리되어 대립적으로 존재하게 된다. EVA(에바=이브)와 AVE(아베마리아)는 문자의 철자법이 서로 전도된 것이다. 즉 AVE로 시작되는 천사의 이미지와 EVA의 죄 깊은 이름은 서로 반대의 의미를 갖는다.[1] 때문에 이런 두 여성성 사이의 분리와 갈등을 '입술'의 이중성을 통해 고찰해 볼 수 있다.

은희경의 소설 「먼지 속의 나비」[2]는 흔히 '걸레'로 지칭되는 여성에 관한 소설이다. 남성을 적극적으로 유혹하면서 성적인 방종을 일삼는 여성의 기호가 '걸레'다. 창녀적인 이미지를 지니고 이브적인 속성을 대변하면서 연지 바른 입술로 가시화되는 여성이라고 할 수 있다. 이 소설 속의 여주인공 선희는 실력을 인정받는 자유 기고가다. 하지만 그런 그녀의 실력도 섹스 잠언집을 내려고 할 정도로 성적인 경험이 풍부하다는 무성한 "뒷소문" 때문에 빛을 잃는다. 그런데 이런 소문에도 불구하고 보수적 남성인 '나'는 선희의 매력에 이끌려 '감히' 그녀와 사귀지만 심한 갈등을 겪는다.

---

[1] 노르마 브루드, 메리 D. 개러드, 호승희 옮김, 『미술과 페미니즘—굴절된 여성의 이미지』(동문선, 1994), 147쪽 참조.
[2] 은희경, 『타인에게 말걸기』(문학동네, 1996).

남성들이 이런 여성들에게 느끼는 감정은 우선 공포심이라고 할 수 있다. "암사마귀"처럼 자신을 잡아먹을 것 같은 두려움을 느끼면서도 거부할 수 없는 매력을 느끼기 때문에 더욱 위험한 것이다. 그래서 남성들은 이런 여성을 더욱 심하게 공격하고 비난한다. 이때 여성의 몸은 '이빨 달린 질'로 기호화된다. 질에 이빨이 첨가됨으로써 동물적이고 야수적인 공격성을 지니게 된다. 그래서 남성들에게는 거세 콤플렉스를 일으키게 하는 메두사 같은 여성보다 더 두려운 대상은 없다.[1] 메두사처럼 머리가 많이 달린 괴물은 곧 똑똑한 여성이다. 그런 여성을 똑바로 바라보아서는 안 된다. 거기에 승복할 수도 있기 때문이다. 그러니 간접적인 도구(거울 같은 방패)로 처치해야 한다. 이때의 메두사는 너무 똑똑하기 때문에 없애야 할 괴물로 취급받는 여성의 기호다.

그런데 문제는 선희의 외모나 성 관념이 이런 평판과는 차이가 난다는 데에 있다. 선희의 외모는 귀염성 있는 흔한 얼굴이고 젖가슴도 작다. 오히려 수수한 편이라서 유혹적이거나 성적이지 않다. 이런 평범한 외모에서 그나마 특징을 찾자면 선이 섬세하고 "비너스 석상"처럼 단아한 입술을 지니고 있다는 것이다. 이처럼 이 소설에서 선희는 외모적으로 청순하고 중성

---

[1] 리타 펠스키, 김영찬·심진경 옮김, 『근대성과 페미니즘』(거름, 1998), 219쪽 참조.

적이기까지 하다. 그런데도 남성들은 그런 여성의 몸을 자신이 원하는 대로 오독하고 오해한다. 즉 성적인 매력과는 아무런 상관없는 그녀의 입술에도 일부러 빨간 연지를 발라 주는 것이 그녀 주변의 남성들이다. 남성들에게는 자신들에 의해 '연지 발려진 입술'이 여성들 스스로 '연지 바른 입술'과 다름없는 것이기 때문이다. 이런 행위에는 마리아 속의 이브, 이브 속의 마리아를 원하는 남성들의 이중성이 그대로 투영되어 있다.[1]

실제로 선희가 원하는 것은 성적인 '방종'이 아니라 '자유'다. 그녀는 "섹스를 하는 것이 아니라 섹스를 하지 않는 것으로부터 자유롭기 위해" 섹스를 한다. 섹스에서 느끼는 강박과 억압을 극복하고 싶기 때문이다. 그래서 진실하다면 누구나 섹스로부터 자유롭다고 생각한다. 그리고 그녀가 원하는 것은 오히려 "어색하고 조심스럽고, 그래서 감동을 줄 수 있는 섹스"다. '나'와의 섹스에서 그녀는 의외로 수줍어한다. 하지만 '내'가 여성의 몸을 소유한 뒤의 정복욕을 보이려 하자 강하게 반발한다. '내'가 이런 선희의 모습에서 더러운 세상의 관습을 의미하는 '먼지'를 거슬러 올라가려고 애쓰는 '나비'의 모습을 발견하는

---

[1] "누군지 몰라도 걔 데려가면 밤마다 선서 외친 다음 자리를 깔아야 할 거야. 하긴 그런 애들이 대개 밤에는 또 완전히 달라지는 법이지만 말야.", "원래 똑똑한 여자들은 내숭도 잘 떨지만 밝히기도 되게 밝힌다더라."라는 이 소설 속 남성들의 말이 여성에 대한 이런 이중적 잣대를 그대로 보여 준다.

것도 그녀가 지닌 이런 저항과 부정 정신을 보았기 때문이다. "자유로워지고 싶은 것이 삶에 저항하는 것처럼 보인다면 내 잘못이 아니다. 틀을 만든 세상이 잘못이다."라는 선희의 말이 그녀가 처한 여성적 현실을 환기시킨다.

결국 은희경의 소설은 의무·희생·책임을 강요당하는 마리아적인 여성과 권리·자유·사랑을 추구하는 이브적인 여성 사이의 갈등을 본격적으로 문제 삼는다. 그리고 그러한 갈등을 '연지 발려진 입술'이나 '이빨 달린 질'이라는 여성의 젠더 공간을 통해서 형상화한다. 즉 이처럼 연지나 이빨이 첨가된 여성의 몸은 마리아적 여성과 이브적 여성이라는 이분법적인 여성관이 여성에게 얼마나 억압적인가를 알려 주고 있다. 마리아적인 여성은 천사·성녀·아내의 축으로 연결되면서 순종·의무·희생·순수성 등의 의미를 형성한다. 반면 이브적인 여성은 마녀·악녀·애인의 축으로 연결되면서 반항·권리·독립·관능성 등의 의미를 형성한다. 이러한 여성의 이분법적 구분에 의한 여성의 분리가 사실은 교묘한 여성 억압의 기제임이, 합일성·모순성·이중성을 담보했던 입술과 여성 성기가 분리성·일관성·단일성을 의미하는 몸으로 변화되어 서로 대립하게 되었다는 사실을 통해 가시화된다. 여성은 마리아이기도 하고 이브이기도 한 존재이지 마리

아 아니면 이브여야 하는 존재는 아니라는 것이다.¹

5 바뀌는 몸, 배신(倍身)의 기호

흔히 에코페미니즘(eco-feminism)²에서는 '남성=문명=자본=소비', '여성=자연=생명=생산'의 의미로 성차를 파악한다. 그리고 남성 중심의 문명이 이룩한 서양의 물질문명이나 자본주의의 문제를 해결하는 데 자연에 가까운 여성이 대안으로 제시될 수 있다고 본다. 여성과 자연은 동일한 '몸의 달력'을 갖고 있다는 점에서 본질적으로 유사하다는 것이다. 동서양을 막론하고 하늘은 남성에, 땅은 여성에 비유된다. 그래서 땅의 생산성이 여성의 생산성과 연결되는데, 이런 여성과 땅이 메마르고 고갈되었기 때문에 인간과 자연과의 분리가 일어났음을 강조한다.³ 그리스신화에 나오는 대지의 여신 가이아에 비유되

---

1 김미현, 『한국여성소설과 페미니즘』(신구문화사, 1996), 123~124쪽 참조.
2 에코페미니즘이란 용어는 프랑수아 드본의 『여성해방인가 아니면 죽음인가』(1994)에서 처음 등장했다. 그녀는 자연 파괴와 여성 억압적 남성 중심 사회를 연결 지어 우리의 삶에 직접적 위협을 가하는 두 가지는 인구 과잉과 지구 자원의 파괴이고, 이는 남성 중심적 체제 때문이라고 지적했다. 문순홍, 「에코페미니즘이란 무엇인가」, 《여성과 사회》 6호 (1995), 17쪽 참조.
3 고갑희, 「에코페미니즘: 페미니즘의 생태학과 생태학적 페미니즘」, 《외국문학》 1995년 여름호, 97쪽 참조.

는 지구는 곧 여성이고, 병든 가이아는 바로 병든 여성의 현실과 동일하게 취급된다. 이런 맥락에서 자연을 인간의 지배로부터 해방시키는 일은 여성을 남성의 지배로부터 해방시키는 일과 불가분의 관계로 파악한다.[1] 지금까지 지속된 문명·진보·발전 중심의 남성적 사고 때문에 기술이 발전하고 물질은 풍부해졌을지 모르지만 자연에 더 가까운 여성의 희생과 훼손을 강화시켰다는 것이다.[2]

이처럼 에코페미니스트들이 상호 연관적·탈중심적·반위계적·비폭력적 문화를 통해 가부장제를 무장 해제 시키려고 하듯이 여성 작가들도 그동안 억압받는 위치에 있었던 여성의 풍요롭고 관용적인 여성성을 강조한다. 자아와 타자를 구분하고 독립성과 독자성, 분열과 분리를 강조했던 문화로부터 벗어나기 위해서는 여성의 여성다운 시각이 중요하게 부각될 수 있다는 것이다. 남성들을 닮아 이성적이고 폭력적인 발전 논리에 빠질 것이 아니라 그동안 폄하되었던 상호 의존적이고 비폭력적인 여성들의 공존 윤리를 재건설하자는 것이 에코페미니

---

[1] 정화열, 「생태철학과 보살핌의 윤리」,《녹색평론》1996년 7·8월호, 16쪽 참조.
가이아(佳珥我), 「새로운 문명의 이름, 에코페미니즘」,《이프(if)》1997년 가을호, 258쪽 참조.
[2] 김욱동, 『문학생태학을 위하여』(민음사, 1998), 347~413쪽 참조.

스트들의 생각이다.[1] 그러므로 자연을 닮으려는 여성들은 초월(transcendence)이 아닌 내재(immanence)의 원리를 중시하거나 모성성, 기호계, 전 오이디푸스적인 단계에 대한 재평가를 통해 가부장제의 법과 문화에 도전하려고 한다. 이런 맥락에서 그동안 억압되었던 사랑·베풂·부드러움·따뜻함·동정심·애정·연민 등의 감정이 다시 귀환하게 된다.[2]

이에 어울리는 몸을 갖기 위해 여성들은 변신을 꿈꾼다. 일반적으로 인간은 자신이 아닌 다른 존재가 되고 싶다는 원망(願望)을 몽고점처럼 지니고 있다. 하지만 특히 '지금 이곳'의 현실이 부정적이고 억압적일 때 이런 원망이 강화되면서 변화·변형·탈출에의 욕망은 커진다. 자신이 아닌 다른 존재로 전환되는 변신을 통해서 폐색(閉塞)된 현실을 극복할 수 있다고 믿기 때문이다.[3] 이런 이유로 남성보다는 여성에게 존재론적 변신에의 욕망이 더욱 간절하다고 할 수 있다. 여성들의 현실에는 실존적인 결핍감이나 사회적인 상황의 억압 이외에 가부장적 이데올로기

---

[1] 마리아 미스·반다나 시바, 손덕수·이난아 옮김, 『에코페미니즘』(창작과비평사, 2000), 150~168쪽 참조.
[2] 캐럴 길리건, 허란주 옮김, 『심리 이론과 여성의 발달』(철학과현실사, 1994); 낸시 초도로, 「여성의 성장과 모녀 관계」, 이화여자대학교 한국여성연구소 편역, 『여성사회철학』(이화여자대학교 출판부, 1987) 등을 참고할 것.
[3] 이재선, 「변신의 논리」, 『우리 문학은 어디서 왔는가』(소설문학사, 1986), 65쪽 참조.

라는 요소가 더 가세하고 있기 때문이다. 그래서 여성들은 변신을 통해 현재의 몸을 버리고 다른 몸을 취함으로써 존재론적인 전환을 이루려는 꿈을 꾸게 된다. 자신이 지니고 있는 몸은 '덫'이기에 거기에서 벗어나는 길은 지금의 몸을 버리고 새로운 형태의 몸을 '닻'으로 삼는 것밖에는 해결책이 없다는 것이다. 자신이 원하는 몸을 가지고 싶은 꿈을 이룰 수 있는 방법이 바로 변신이다. 이런 변신 과정을 통해 여성들은 자신을 억압하는 식민지로부터 벗어나 자신만의 새로운 영토를 찾으려 한다. 일상성이나 무력감을 극복하면서 지금과는 다르게 살고 싶다는 여성들의 욕망이 변신을 낳는 것이다.[1]

한강의 소설 「내 여자의 열매」[2]에서 아내의 몸이 나무가 되는 것도 이런 변신에 대한 욕망 때문이다. 그리고 아내가 몸을 바꿀 수밖에 없었던 것은 도시 속에서의 삶을 견딜 수 없었기 때문이다. 도시에서는 살 수 없는 민감한 몸을 소유한 것이 바로 여성이다. 그래서 소설 속의 아내는 온몸에 피멍이 생긴다. 이 피멍은 연푸른색에서 짙은 녹색으로 변하면서 아내의 몸을 나무처럼 만든다. 이와 걸맞게 아내는 자꾸 옷을 벗고 알몸으로 햇볕을 쪼이고 싶어 하거나 물만 먹으려 한다. 그러다가

---

[1] 김미현, 「존재론적 변신과 초월의 수사학」, 『여성 문학을 넘어서』(민음사, 2002), 174~175쪽 참조.
[2] 한강, 『내 여자의 열매』(창작과비평사, 1997).

급기야 출장에서 돌아온 남편 앞에 아내는 베란다에서 나무로 변한 모습으로 나타난다. "그녀의 몸은 진초록색이었다. 푸르스름하던 얼굴은 상록 활엽수의 잎처럼 반들반들했다. 시래기 같던 머리카락에는 싱그러운 들풀줄기의 윤기가 흘렀다." 이렇게 변한 아내의 몸에 물을 주면서 남편은 아내가 이만큼 아름다웠던 적은 없었다고 생각한다.

이런 아내의 변신 혹은 변성(變性)은 원래 자신의 몸을 버리고 싶은 배신(背身) 욕망에 기인한 것이다. 결혼 전에 자신의 '나쁜 피'를 갈아 치우기 위해 지구 반대편까지 여행을 떠나려 했던 아내, 하지만 결혼 후에 인구 70만이 모여 사는 도시 속의 닭장 같은 아파트에 살면서 질식할 것만 같았던 아내, 문명의 속도로 달리는 자동차나 오토바이 소리에 깜짝깜짝 놀랐던 아내였지만 세상을 바꾸지 못했기 때문에 자신의 몸이나마 바꾼 것이다. 아내의 몸이 치유되는 길은 그녀 자신이 나무가 되어 "바람과 햇빛과 물"만으로 살 수 있는 몸이 되는 것이다. 그리고 나무처럼 자라나서 벗어날 수 없었던 집으로부터 벗어나는 것이다.

"나는 평생을 정착하지 않고 살고 싶어요."라는 아내의 소망은 바로 탈주나 유목을 추구하는 탈근대인의 초상이라고 할 수 있다. 아내의 몸은 비록 겨울이 되면 잎을 떨어뜨리고 색깔도 다갈색으로 변하지만 그 자리에서 한 움큼의 연두색 열매를 토해 낸다. 이 열매로 인해 아내의 몸은 봄이 오면 다시 피어나고 자랄 것이다. '두 발 달린 동물'에서 '뿌리 달린 식물'로 변한 여성의 몸만이 지닐 수 있는 재생력이나 생명력 때문이다.

이처럼 여성의 몸이 변성과 생성을 통해 부정적인 현실로부터의 탈주가 가능할 때 그 의미나 가치도 반전될 수 있다. 이 소설에 나타나듯이 식물이 된 여성의 몸은 한곳에 있으면서도 움직이고 있다. 자라나고 죽고 다시 태어난다. 다른 것이 되고 또 다른 것이 됨으로써 자신이 된다. 여성의 몸은 존재(being)가 아닌 생성(becoming)에 더 어울리기 때문이다.[1] 들뢰즈와 과타리 식으로 말해서 유목민적인 자유는 리좀(rhizome)적인 몸을 지녔을 때만이 가능하기 때문이다. 리좀처럼 어디든지 뿌리를 내리고 뻗어 나가는 것이 참된 자유라는 것, 그래야 어디든 집으로 삼으면서도 거기에 갇히지 않는다는 것이 바로 아내의 변신(變身)과 배신(背身)이 알려 주는 의미다. 이처럼 한곳에 고정된 몸이 아니라 언제나 움직이고 이동 중인 몸은 여성의 자아를 확장시켜 준다. 그래서 마치 몸이 늘어나는 것처럼 생각된다. 바꾼 몸을 통해 배신(倍身)이 일어난 것이라고 할 수 있다.[2]

---

[1] 박미선, 「로지 브라이도티의 존재론적 차이의 정치학과 유목적 페미니즘」,《여/성 이론》, 5호(2001년 겨울호), 181쪽 참조.
[2] 이진경, 『노마디즘 1』(휴머니스트, 2002), 108~120쪽 참조.

6 괴물의 기호학, 부/재(不/在)의 공간

지금까지 살펴보았듯이 여성의 몸은 대개 더럽고(공선옥) 훼손되고(권지예) 덧붙여지고(은희경) 바뀌는(한강) 것으로 인식된다. 그래서 정상이 아닌 비정상이기에 기형적인 괴물로 취급된다.[1] 오염, 박탈, 첨가, 전위가 일어난 몸은 상궤를 벗어난 것이며 변칙적인 것이기 때문이다. 심지어 아리스토텔레스는 생식 과정에서 모든 일이 표준에 따라 진행된다면 남자아이가 생기고, 무엇인가가 잘못되었을 때에만 여자아이가 생긴다고 보았다. 이렇게 비정상적이고 열등한 존재로 취급된다면 여성은 괴물로 존재할 수밖에 없다.[2]

그런데 여성을 이런 괴물로 만드는 것은 바로 남성의 시선이다. 기형적인 여성은 여성의 몸이 남성의 시선에 의해 늘 보여지는 대상으로만 존재했기에 만들어진 것이다. 남성은 너무 많이 혹은 너무 적게 여성을 본다. 남성은 여성만 빼놓고 모든 것을 다 본다. 그래서 여성을 여성으로 보지 못한다. 이럴 때 여성은 존재하면서 동시에 부재하며, 보이면서 동시에 보이지 않는다.[3]

---

1 피터 브룩스, 이봉지·한애경 옮김, 『육체와 예술』(문학과지성사, 2000), 404~409쪽 참조.
2 케티 콘보이 외, 앞의 책, 82~84쪽 참조.
3 김주현, 「여자들의 몸과 눈」, 한국여성철학회 엮음, 『여성의 몸에 관한 철학적 성찰』(철학과현실사, 2000), 208~210쪽 참조.

하지만 여성의 몸은 다성적(多性的)이다. 뤼스 이리가레가 비유하듯이 여성의 성기는 늘 마주 붙어 있는 두 개의 입술로 이루어져 있기 때문이다. 그래서 여성은 이미 서로를 애무하고 있는 둘, 하나(들)로 분리될 수 없는 둘이기에 일원론적이거나 이분법적인 시각에서는 파악될 수 없는 것이다. 다양하지만 분리될 수 없고, 복합적이지만 자율적인 것이다.[1] 이런 맥락에서 여성의 몸을 '뫼비우스의띠'에 비유하기도 한다. 옆으로 눕힌 8자 모양의 뫼비우스의띠처럼 안과 밖, 내부와 외부의 경계가 해체된다는 것이다.[2] 이로써 여성의 몸은 영토화, 양극화, 이분화를 거부하는 공간이 된다. 그리고 동전의 양면처럼 정적이고 평면적인 도형이 아니라 동적이고 입체적인 도형이 된다. 움직이고, 변하고, 이어져야 뫼비우스의띠처럼 복합성과 유동성을 지닌 몸이 되기 때문이다.

물론 여성의 몸에 대한 이런 인식이 고유한 여성 정체성을 인정하는 것 같으면서도 그 개방성과 가변성, 유동성으로 인해 여성의 몸을 모호하고 불안정한 관념적 기호에 머무르게 할 위험성도 있다. 그리고 기존의 이분법을 거부했음에도 불구하고 여성의 몸에 저항과 해방이라는 긍정적 이데올로기

---

1 조지프 브리스토, 이연정·공선희 옮김, 『섹슈얼리티』(한나래, 2000), 157~158쪽 참조.
2 엘리자베스 그로츠, 앞의 책, 14쪽 참조.

를 부여함으로써 또다시 남성의 몸을 소외시키는 측면도 있다. 월경(越境)하고, 해체(海體)가 되고, 이중(二重)적이 되고, 배신(倍身)이 되는 몸은 그토록 여성들이 거부하고 싶어 했던 가부장적인 여성의 몸으로 다시 퇴행하는 것일 수 있기 때문이다.

하지만 이런 위험성에도 불구하고 여성의 몸이 지닌 모순성과 전환성, 이동성, 창조성은 여성의 주체성을 위협하는 것이 아니라 확장시켜 주는 것임에는 틀림이 없다. 여성의 몸에서만 가능한 성적인 즐거움이나 생산력을 거부하겠다는 것이 아니라 그것을 만병통치약으로 격상시키거나 동물적인 본능으로 격하시키는 양극단의 평가를 모두 거부하는 것이다. 여성의 몸은 남성과 다르지만 그래도 이 세상에 존재하는 그 어떤 것보다도 남성의 몸과 서로 비슷하다는 것을 인정하려는 것이 바로 여성의 몸이 추구하는 진정한 의미이기 때문이다.[1] 그래서 더 이상 있어도 없는 것, 없어도 있는 것이 아니라 있어야만 할 것, 그러나 다르게 있는 것, 있을 것이 있는 것으로 간주되기를 바라는 것이 바로 여성의 몸이라고 할 수 있다. 아무것이나 될 수 있기에 여성의 몸은 보이지 않는 것일 수도 있다. 혹은 모든 것으로 채울 수 있기에 여성의 몸은 비어 있는 것일 수 있다. 때문에 여성의 몸은 부재하거나 존재

---

1 토머스 라커, 이현정 옮김, 『섹스의 역사』(황금가지, 2000), 13쪽 참조.

하는 것이 아니라 부재하면서 동시에 존재하는, 저주이자 축복의 기호에 다름 아니다.

수상한 소설들

한국 소설의 이기적 유전자

일말의 혐의: '검은 집'으로서의 소설

슬라보예 지젝은 퍼트리샤 하이스미스의 소설 「검은 집(Black House)」의 분석에서 환상이 현실을 구성하는 중요한 요소임을 밝히고 있다. 어떤 마을에 접근이 금지된 검은 집이 있다. 마을 사람들에 따르면 그 집은 자신들의 유년기 때의 모험과 관련 있는 신비로운 집이거나 살인광이 살고 있는 공포의 집이다. 그런데 어느 날 이 마을로 이사 온 젊은이가 그 집이 단지 오래된 폐가에 불과함을 밝혀낸다. 그런데 그 젊은이는 화가 난 마을 사람에 의해 오히려 죽임을 당한다.

여기에서 지젝이 강조하는 것은 검은 집이 마을 사람들의 욕망이 투사된 환상의 스크린이라는 사실이다. 때문에 환상은 현실의 고통을 잊기 위한 꿈이나 망각, 공상이 아니다. 오히려 환상은 현실을 응시할 수 있게 하는 프레임이다. 그래서 환상이 깨지면 현실은 유지되지 못한다. 이것이 바로 지젝이 환상을 정의하는 특이점이다. 현실 '로부터(from)' 도망가게 하는 것이 아니라 오히려 현실 '로(to)' 도피하게 해 줌으로써 현실을 유지시켜 주는 것이 바로 환상이라는 것이다. 때문에 환상이 없으면 현실도 없다. 그래서 환상을 통해 오히려 현실에 접근할 수 있다. 이때의 검은 집을 소설로 대체하면 소설을 유지시켜 주는 환상을 발견할 수 있다. 소설에서 얻고자 하는 환상이 무엇이며, 그런 환상으로 인해 은폐되고 있는 현실은 어떤 것인지에 대한 접근이 가능하다는 것이다.

이에 이 글에서는 대중적인 인지도나 인기도가 높아 한국 소설에 대한 독자들의 환상을 강하게 반영하면서도 잘못 읽히고 있거나 잘못 비판되고 있는 2000년대 장편소설들을 대상으로 문학 속 환상의 특성을 살펴보고자 한다. 원하는 대로 읽거나 부분만 강조해서 비판하는 것도 환상이기 때문이다. 이문열의 『호모 엑세쿠탄스』, 김훈의 『남한산성』, 박민규의 『핑퐁』이 논의의 대상이다. 이 세 소설은 소설 자체의 환상뿐만 아니라 오독과 비판에 작용하는 환상까지 가중됨으로써 한국 소설의 환상에 내재한 무의식이나 시대 의식까지 보여 주는 유용한 텍스트들이다. 물론 환상 없이 소설을 읽을 수는 없다. 그러나 이들 소설이 소비되는 과정에 개입하는 진짜 환상을 살펴봄으로써 환상의 본질을 다시 한번 확인할 수 있다.

이들 소설 속에는 환상으로 인해 생긴 왜상(歪象, anamorphosis)이 잘 드러난다. 왜상은 특정한 각도에서만 지각되는 뒤틀린 이미지다. 한스 홀바인의 그림 「대사들(The Ambassadors)」의 하단에 얼룩처럼 남겨져 있는 해골이 대표적인 예다. 홀바인은 헨리 3세의 저택을 방문한 두 명의 외국 대사 그림 밑부분에 길게 늘어진 해골을 통해 절대로 피할 수 없는 죽음을 드러낸다. 왜상은 이처럼 똑바로 쳐다볼 때는 무의미하지만, 비스듬히 보는 순간 그 윤곽을 드러낸다. 때문에 각 소설들에 일말의 혐의로 존재하는 왜상을 통해 현실에 침투된 환상을 문제 삼아 볼 수 있다.[1]

또한 더 나아가 궁극적으로는 그런 왜상을 통한 환상이 구성될 정도로 강력하게 유지되고 있는 한국 소설의 이기적 유전자를 밝혀 보고자 한다. 현실이 환상의 구성물임을 지적하는 것 자체로는 부족하다. 중요한 것은 살인을 저지르면서까지 검은 집이라는 환상을 지키려는 작가 혹은 독자들의 욕망과 의지이고, 원형적인 소설에 대한 오래된 기억이다. 다른 열성 유전자를 이기고 살아남아 소설에 대한 환상을 형성하는 우성 유전

---

[1] 환상에 대한 지젝의 논의는 토니 마이어스의 『누가 슬라보예 지젝을 미워하는가』(박정수 옮김, 동문선, 2005) 175~204쪽을 참조했다.

자가 과연 무엇인지, 그리고 왜 그런 환상이 가장 강력해져서 이기적으로 살아남게 되었는지가 훨씬 더 중요하다.

이문열의 단성성: 우익에서 독단으로

『호모 엑세쿠탄스』[1]에 가해지는 비판의 대부분은 이 소설이 우익 편향의 정치 이데올로기를 대변하는 정치소설에 불과하기에 문학적으로 반칙이라는 것이다. 독자들은 이문열과 그의 소설에 대해 이런 소설적 환상을 갖는다. 당연히 이런 환상에 대해 작가는 억울하다. 늘 억울했기에 작가는 책머리에 아예 '소설을 소설로 읽어 달라.', '소설도 정치에 대해 발언할 수 있다.', '소설에 작가의 정치적 견해를 드러낼 수 있다.'라는 작가의 환상을 직접 제시하고 있다. 소설이 픽션이고, 정치가 정치소설과 다르다는 기초적인 전제를 재삼 강조해야 할 만큼 이문열의 소설은 오해된 측면이 많다. 그래서 작가의 이런 항변들은 일면 타당하다. 독자들이 '실수로 엎어져도 절대로 왼쪽으로는 엎어지지 않는' 이문열의 정치 성향이나 가치관을 단죄할 수는 없기 때문이다.

그렇다면 작가가 소설 내적 기준으로 제시하고 있는 '재미'와 '낯섦'의 측면에서 이 소설을 다시 읽어 볼 필요가 있다.

---

[1] 이문열,『호모 엑세쿠탄스』1~3권(민음사, 2006). 소설 인용은 이에 의거해 쪽수만 밝힌다.

이 작가에게 가장 두려운 일은 "이야기할 내용을 잘못 고른 게 아니라 그 얘기를 재미없게 해서 독자들로부터 외면 받는 일"(「책머리에」)이다. 사실 진짜 이문열이 억울해야 할 것은 자신의 정치 성향으로 인해 소설이 '많이' 비판받는다는 사실이 아니라, 소설 자체에 대한 문학적 논의가 '거의' 이루어지지 않는다는 사실이다. 잘못 읽히는 부분보다 아예 읽히지 않는 부분이 더 많은 작품은 더 이상 문학작품으로 소통된다고 보기 어렵다. 그러니 이 문학작품 안으로 들어가 보자.

그런데 아쉽게도 이 소설은 읽을수록 읽는 재미가 반감된다. 갈등이나 긴장이 유발되지 않기 때문이다. 내용상으로는 그리스도와 적그리스도의 대립 구조가 확실하다. 그러나 그들의 대립은 이미 예정된 것으로서 계속 반복만 된다. 서로의 정체가 추리소설적 플롯을 통해 제시됨으로써 흥미를 유발시킬 수도 있었지만, 소설 초반부에서 이메일로 제시되는 내용을 통해 쉽게 예측 가능하고, 심지어 그 대립이 주로 행동이 아닌 서술로 제시되기에 긴장감이 떨어진다.

더구나 그들의 대립이 직접적이지 않다는 데에서도 문제는 발생한다. 그리스도와 적그리스도를 연결해 주는 주인공 신성민의 매개자로서의 역할이 관념적이고 소극적이기 때문이다. 신성민은 그리스도를 적그리스도에게 넘겨주는 역할을 하면서도 적그리스도에게도 비협조적이다. 그리스도와 적그리스도를 모두 이해하기 때문이 아니라 둘 다 거부하기 때문이다. 신성민은 이 소설 속의 현대판 성극(聖劇)에 내부 참여자가 아닌 외부의 방관자로 참여하고 있다. 이런 방관자에게 갈등은 허락되지 않는다. 조소나 비판만 가능할 뿐이다.

더구나 이 소설이 "그리스도 탄생의 치졸한 재현"이 아닌 "현대적 초월성을 연출하고 있는 대서사극"(2권 229쪽)이 되기 위해서는 과거와 현재의 연결이 자연스러워야 한다. 신의 이야기와 인간의 이야기가 잘 결합되어야 한다는 뜻이기도 하다. 그러나 이 소설에서 각각 다른 두 층위의 시간과 이야기는 연결 고리가 희박해서 서로 겉돈다. 그리스도와 적그리스도의 현대적 현현(顯現)이라는 비현실적 이야기를 설정하기 위한 작가의 전략은 꿈이나 환각이다. 불가능한 만남이나 예언적 계시, 종교적 사건은 모두 알고 보니 꿈이거나 착각이다. 갑자기 존재했던 인물이나 사무실이 사라지고, 신성민에게만 보이는 기적이나 계시가 비일비재하다. 이런 사건 전개나 서술에서 궁극적으로 얻어야 할 것은 신비 체험이나 숭고함, 관념의 육화이지만, 이 소설에서 실제로 얻게 되는 것은 상황 설정에서의 안이함이나 무개연성, 우연적 계시의 남용이다. 불가능한 것이 없다고 해서 낯설게 하기에 성공하는 것은 아니다.

작가도 이런 상황 설정의 무리수를 아는 듯하다. 그래서 선제공격을 함으로써 비판을 최소화하려고 한다. "메일은 그런

식으로 사뭇 장중하게 이어지고 있었으나 읽어 나가던 그는 차츰 지치고 싫증이 났다."(1권 146쪽), "무엇보다도 그는 기독교의 오래된 성극(聖劇)을 억지스레 패러디하고 있는 것 같은 조잡한 희비극(喜悲劇) 속에 자신이 영문 모르고 말려든 것 같은 느낌이 싫었다."(2권 101쪽), "겹겹이 둘러쳐진 존재의 그늘에 가려져 있다가 갑자기 우리 앞에 드러나면 신비하게 보여도, 차분히 들여다보면 실은 허약하고 지친 우리의 착각과 오해가 빚어낸 어이없는 희비극에 지나지 않는다 할까."(3권 201쪽) 등의 무마용 언급이 소설 곳곳에서 제시되고 있다. 이렇게까지 미리 걱정을 하는데 정말 그렇게 읽어 버리면 그것은 그렇게 읽은 독자의 잘못이 된다. 그럼에도 불구하고 이 소설은 몰입을 방해할 정도로 지나치게 엄숙하거나 지나치게 세속적이다. 그럴 정도로 초월적 세계와 일상적 세계의 간극이 커서 두 세계는 평행선을 달린다.

이 소설에 몰입하지 못하게 만드는 또 다른 중요한 요소 중의 하나는 정보 과잉이다. 이문열은 교양주의 소설의 품격이나 완성도에 있어서 타의 추종을 불허하는 작가다. 철학서나 인문학서를 읽는 듯한 소설의 매력이 상당하다. 이 소설에서도 정보 소설이나 문화 형성 소설의 면모를 제대로 보여 준다. 해방신학, 종말론, 인자론(人子論), 유대 민족주의나 유대 전쟁사에 관한 고급한 지식이 소설의 주요 구성 요소이기 때문이다. 그러나 전체 분량에서 그런 지식이나 정보가 차지하는 부분이 지나치게 많고 일방적이다. 그리스도와 적그리스도의 대립에 관한 역사적 설명은 신성민에게 보내지는 메일 내용에서 직접적으로 인용되는 형식을 취한다. 그래서 독자들이 이 부분을 읽을 때 소설을 읽을 때처럼 능동적으로 해석하면서 읽는 것이 아니라, 마치 신학서를 직접 읽을 때처럼 수동적으로 공부하거나 건너뛰면서 읽게 된다.

더욱 심각한 것은 이러한 과거의 신학 이야기가 아니라 현재의 한국 현실에 관한 정보들이다. 자본주의나 정치를 비판하기 위해 작가는 디테일 묘사에 엄청난 공을 들인다. 문제는 그런 부대(附帶)로 인해 소설의 골조(骨組)가 흔들린다는 것이다. 한국 사회의 문제점을 지적해 그리스도의 한국에서의 재림을 필연적으로 만들기 위해 동원된 정치 비판이 너무 노골적이어서 특히 이 소설의 3권은 소설이 아닌 정치 칼럼집으로 읽힌다. 이 소설에 대한 옹호와 비판이 이 부분에 집중되는 것도 무리는 아니다. 필요 이상으로 선정적이기 때문이다. 이라크전, 대선, 정치 자금(희망돼지), 정몽헌 자살 사건, 대통령 재신임, 한나라당 차떼기, 대통령 탄핵 등에 관한 내용이 직접적으로 제시되면서 노무현 정권에 대한 직접적인 비판이 주를 이룬다.(1권 243쪽~, 2권 20쪽~, 2권 248쪽~, 3권 19쪽~, 3권 33쪽~, 3권 94쪽~, 3권 102쪽~, 3권 217쪽~, 3권 259쪽~ 등) 그리고 아예 3권 말미에서는 '한야(寒夜)

대회'라는 우익 정치 모임에서의 시국 발언을 그대로 중계한다. 이문열 소설 독자의 일정 정도는 이 부분에서 작가의 '정치적으로 올바르지 않음'을 찾기 위해 독서하는 진풍경이 발생할 것이다. 아무리 "택시 기사부터 정치학과 교수까지 대한민국 모든 남자에게 공통된 전공은 정치 평론"(3권 217쪽)이라지만, 그 현실이 정치 평론적 내용을 소설에 그대로 끌어오는 근거가 되지는 못한다. 마치 영화 「그놈 목소리」에서 유괴범을 잡자면서 영화 끝에 범인의 목소리를 직접 들려주는 것과 비슷한 형국이다.

이럴 때 이 소설은 이문열이라는 작가의 목소리를 교조적으로 전달하는 단성적 소설이 된다. 작가가 등장인물을 작가의 인형처럼 마음대로 조종함으로써 대화가 아닌 독백만이 들려오는 평면적 소설이 되었기 때문이다. 이 소설에서는 전지적 작가의 목소리가 너무 우세해서 인물과 인물, 인물과 작가 사이의 동등한 사고의 갈등이나 나눔이 없다. 진정한 대화는 외적인 대화가 아니라 내적인 대화다. 말을 나누는 것이 아니라 사고를 나누어야 하기 때문이다. 그리고 사고를 나누는 내적 대화를 위해 작가는 그냥 작중인물 속에 들어가 살거나(live entering) 아예 작중인물로 살아야 한다(living into). 이럴 때에야 신념 자체가 아니라 '배타적' 신념을 비판할 수 있다. 만약 이문열 소설에 대화가 부재하다면, 작가가 우익적이어서가 아니라 독단적이어서 그렇다. 그리고 그런 독단적 측면에서라면, 이문열의 소설은 충분히 비판받을 수 있다.

미하일 바흐친이 도스토옙스키의 소설에서 다성성(多聲性)의 최대치를 발견한 것도 그의 소설에서 풍부한 대화성을 발견했기 때문이다. 도스토옙스키 소설 속의 인물들은 작가와 동등한 위치에서 논쟁할 뿐만 아니라, 자기 자신과도 비판적으로 맞대면한다. 가령『카라마조프가의 형제들』에서 이반과 알료샤의 선술집에서의 유명한 대화와, 그 안에 포함되어 있는 '대심문관에 관한 전설'이 그러하다. 거기에서 이반은 대심문관과 그리스도, 그리고 자기 자신과 묻고 대답하며 싸운다.[1]

그러나『호모 엑세쿠탄스』에서 신성민은 자신만의 말을 반복할 뿐이다. 마치 작가가 작가의 말을 되풀이하듯이. "잘 짜여지고 균형을 갖춘 쌍방의 힘 겨루기"(3권 207쪽)나 "주제가 뚜렷하고 찬반의 대칭(對稱)이 아주 정확한 논리적 공방"(3권 207쪽)이라고 자평하고 있는 그리스도와 적그리스도 사이의 대립은 서로에게 아무런 반성이나 회의를 불러일으키지 못하고 각자의 논리와 주장만을 되풀이할 뿐이다. 그렇기에 서로가 서로를 처형하는 방법밖에는 해결책이 없다. 이미 예정된 플롯에 의해 이야기를 기계적으로 짜맞춰 가는 작가의 전지적 목소리가 그런 단성성(單聲性)을 더욱 공고하게 만든다.

---

[1] 바흐친의 단성성이나 다성성, 대화성에 관한 논의는『말의 미학』(김희숙·박종소 옮김, 도서출판 길, 2006) 277쪽~286쪽 참조.

이 소설의 결론을 대립의 해소를 통한 변증법적 합일의 추구로 본다면, 작가가 대화를 통한 조화나 균형을 의도한 것 아니냐고 옹호할 수도 있다. 그러나 바흐친도 지적했듯이 변증법은 대화에서 대화적인 것을 오히려 추상화한다. 그래서 신성(神性)과 인성(人性)의 대립을 통한 '신성한 인성'의 구축은 진정한 대화가 아니다. 대화는 두 개를 합한 총체적이고 통일적인 목소리를 추구하는 데에서 얻어지지 않는다. 종합의 목소리도 독백적 결론이기 때문이다. 오히려 종합에 대한 끊임없는 회의와 도전 속에서 어느 하나를 강화하면서 그 속에서 내적인 대화를 계속 추구하는 것이 진정한 다성성이다. 이반은 자신과의 대화를 멈추지 않지만, 신성민은 대화를 하지 않는다. 때문에 이 소설은 질문이 아닌 대답, 설득이 아닌 강요, 경계가 아닌 영토를 추구한다는 점에서 단성적인 소설이라고 할 수 있다. 단 하나의 목소리는 독단에 빠지기 쉽다. 어느 하나에 기대어 다른 것을 비판하는 것은 독백적이다. 둘 중의 하나를 선택하면 곧 다른 하나에 사로잡히기도 쉽기 때문이다.

　아마도 이문열 소설의 가장 큰 문제점은 그의 소설이 비판받는다는 사실이 아니라 그의 소설에 대한 비슷한 비판이 반복되고 있다는 사실일 것이다. 지금까지 논한 『호모 엑세쿠탄스』에 대한 비판 또한 이전 그의 소설에 대해 가해졌던 비판들과 크게 다르지 않다. 오히려 이문열 소설에 대한 이런 비판이 새로울 수 없다는 사실을 발견하는 것이 새로운 발견에 해당하는 아이러니가 발생하고 있다. 이런 아이러니는 그의 소설에 대한 비판자들의 시각 자체가 고정된 탓도 있지만, 작가의 작법이나 태도 또한 바뀌지 않는 탓도 클 것이다. 그는 자신이 하는 일을 너무나 잘 알고 있다. 이문열은 말한다. "요즘 나이가 들면서 메시지를 먼저 생각하는 경향이 더 강화되는 느낌이 있어서 스스로 경계하고 있습니다."[1] 이문열은 다시 말한다. "요새는 아예 그런 생각이 들더라고요. 이걸 꼭 터부시할 게 있나, 교훈 혹은 모럴도 소설의 중요한 요소이다."[2] 만약 이문열이 앞의 말에 대한 고민 없이 뒤의 말에 대한 신념만 계속 소설 속에서 단성적으로 보여 준다면, 그는 소설이 아닌 작가의 말, 전체가 아닌 부분으로만 평가받으면서 비판받거나 옹호받아야 할 악무한에 빠질 것이다. 이문열에게는 문학적 대화가 필요하다.

김훈의 보수성: 허무에서 긍정으로

김훈 소설에 대해 가지게 되는 주된 환상은 그의 소설이 허무주의적 색채를 보여 준다는 것이다. 이데올로기에 대한

---

[1] 이문열·이문재, 「지천명을 넘기며 겪는 혼란」(대담), 《문학동네》 1999. 겨울, 39쪽.

[2] 김화영·이문열, 「90점이 아닌 70점짜리 문학은 가라」(대담), 『춘아, 춘아, 옥단춘아, 네 아버지 어디 갔니?』(민음사, 2001), 190쪽.

혐오나 반역사주의적 성향, 염세주의적 냉소의 요소가 강조될 때 생기는 환상 말이다. 『남한산성』[1]에서도 마찬가지다. 김훈의 다음과 같은 말에서 이런 환상은 증폭된다. "나는 아무 편도 아니다. 나는 다만 고통받는 자들의 편이다."(「하는 말」) 그래서 독자들은 이 소설에서 흔히 '치욕'이라는 키워드를 뽑아낸다. 조선의 임금이 오랑캐 나라인 청의 칸 앞에 나아가 무릎을 꿇고 세 번 절하고 아홉 번 머리를 조아렸던 약소 민족으로서의 서러움, 장렬하게 맞서다 죽지 못한 안타까움, 어떤 길도 찾을 수 없는 혼란 속에서의 무력감, 공허한 말들만 내뱉었던 허위의식 등에 대한 부끄러움에 연유할 터다. 사실 이 소설을 읽는 그 누구도 "임금은 남한산성에 있었다."라는 이 소설 속의 '말 중의 말'에서 자유롭지 못할 것이다. 이 문장이 알려 주는 진실이 이 소설이 전달하려는 내용의 전부일 수도 있기 때문이다.

그러나 김훈 소설에 대한 해석과 비판을 다시 시작해야 할 지점도, 그래서 김훈에 대한 진짜 환상을 재구성해야 할 지점도 바로 여기다. 우리는 김훈 소설에 대해 허무주의라는 환상이 아닌, 다른 환상을 가져야 한다. 그의 소설은 의외로 너무 건강하기 때문이다. 절망이 아닌 희망 혹은 좌절이 아닌 긍정을

---

[1] 김훈, 『남한산성』(학고재, 2007). 소설 인용은 이에 의거해 쪽수만 밝힌다.

통해 허무가 아닌 '허무의 허무'를 보여 주는 것이 바로 『남한산성』이다. 김훈의 허무는 '의지하지 않음(not willing)'과 연관되는 수동적 허무주의가 아니라, '허무를 의지함(willing nothingness)'과 연관되는 능동적 허무주의에 더 가깝다. 그래서 무력한 정신이 아니라 유력한 정신을 옹호한다. 카페인 없는 커피, 설탕 없는 사탕, 니코틴 없는 담배와 비슷하다. 그것들은 카페인, 설탕, 니코틴이라는 실질이 결여된 실체들이 아니다. 오히려 그런 위험 요소가 중화되었기에 커피, 사탕, 담배라는 실체를 더 잘 즐기게 만들어 준다. 김훈 소설의 허무도 허무를 제대로 즐기기 위해 허무의 독성을 제거한 것이다. 그래서 김훈 소설의 허무는 금욕주의자의 것이 아닌 향락주의자에 더 어울리는 것이다.[1]

이럴 때 중요한 것은 그가 허무를 말한다는 사실 자체가 아니라 무엇에 대한 허무를 말하는가다. '모든' 허무가 아니라 '어떤' 허무를 문제 삼고 있기 때문이다. 그는 무엇에 허무를 느끼는가. 그가 허무하게 생각하는 것은 거대 이데올로기다. 국가일 수도 있고, 명분일 수도 있으며, 관념일 수도 있다. 이 소설에 대한 독자들의 일차적 환상은 이 소설이 남한산성에서의 주전파(명분)과 주화파(실리) 사이의 대립을 다루었으며, 그것이 지금 이곳의 정치적 현실과 겹쳐진다는 것이다. 그러나

---

[1] 허무주의에 대한 논의는 알렌카 주판치치, 『정오의 그림자: 니체와 라캉』(조창호 옮김, 도서출판 b) 95~108쪽 참조.

이 소설에서 명분과 실리는 대립 항이 아니다. 그것은 동류항이다. 전체적으로 볼 때 이 소설에는 주전파와 주화파의 논쟁이 6~7번 정도 직접적으로 등장한다. 그중에서도 청나라 용골대의 문서가 왔을 때(140~146쪽), 칸이 조선에 와서 군사를 전진 배치했을 때(269쪽~271쪽), 최명길이 최종적으로 쓴 항복 문서를 검토할 때(313쪽~315쪽)에 각 파의 대표인 김상헌과 최명길이 첨예하게 대립한다.

그러나 작가는 이 둘 사이의 대립을 무화하기 위해 제3의 인물인 영의정 김류의 말을 반드시 끝에 언급한다. 그래서 마치 두 명의 말이 김류의 말로 최종 정리되는 듯한 느낌마저 들게 한다. 김류는 말한다. "칸이 왔다면 어쨌거나 성이 열릴 날이 가까이 온 것이옵니다."(271쪽), "명길이 제 문서를 길이라 하는데 성 밖으로 나아가는 길이 어찌 글과 같을 수야 있겠나이까. 하지만 글을 밟고서 나아갈 수 있다면 글 또한 길이 아니겠나이까."(315쪽) 이처럼 "싸움의 형식 속에 투항의 내용을 키워 나가는"(83쪽), 그래서 "출성과 수성이 결국 다르지 않은"(238쪽) 김류의 기회주의적인 대응과 그 결과에 있어 별 차이가 없을 정도로 각 파의 명분과 실리는 모두 허약하다.

김훈은 관념적인 이데올로기의 허상을 직시함으로써 허무주의적인 색채를 보이기도 한다. 그러나 그는 여기에서 멈추지 않는다. 그는 그 허무의 공백을 다시 메운다. 새롭게 긍정하는 것이 있기 때문이다. 그가 긍정하는 것은 바로 삶의 구체성 과 지속성, 일상성이다. 이데올로기가 아닌 삶 그 자체이기도 하다. 적군이 침략해도, 임금이 쫓겨 와도, 간관들이 다투어도 삶은 지속되어야 한다. 이 소설에서 성안에 쓸데없이 넘쳐 났던 말(言)에 대한 인용만큼 의식주와 관계된 일상생활에 대한 묘사 가 많이 등장하는 것도 이 때문일 것이다. 먹고사는 일을 능가 하는 이데올로기는 없다.

당연히 이데올로기가 아닌 삶이 우선시될 때 벼슬아치들 보다 일반 백성들이 주요 인물이 되어야 한다. 이 소설의 40개 소제목 중에서 '뱃사공', '대장장이', '계집아이'만이 등장인물 에게 붙여진 것이다. 그중 계집아이는 뱃사공의 딸이기에, 결 국은 뱃사공과 대장장이를 중심으로 이런 삶의 문제를 살펴 볼 수 있다. 우선 뱃사공은 주전파 김상헌이 남한산성으로 들 어가기 위해 안내를 받았던 인물인데, 청병에게도 길을 안내할 수 있다는 말과, 남한산성에는 따라 들어가지 않고 살던 자리 로 돌아가겠다고 말한 죄로 김상헌에게 죽임을 당한다. 김상헌 은 나중에야 "살던 자리로 가겠다는 백성이 왜 칼을 맞아야 했 던가."(229쪽)라며 자신의 경솔함을 뉘우친 후 뱃사공의 딸을 잘 보살펴 준다. 어떤 국가 이데올로기도 개인의 삶보다 우선할 수 없다는 것이다.

소설에서 더 핵심적인 역할을 하는 대장장이 서날쇠는

"일과 사물이 깃든 살아 있는 몸"(121쪽)을 지닌 자연적이고 본 래적인 인간 그 자체의 상징이다. 그 누구도 전하지 못한 임금의 격서를 성 밖으로 가지고 나가 성공적으로 전달한 인물이기도 하다. 그는 말한다. "봄에는 조정이 나가는 것이옵니까? 조정이 비켜 줘야 소인들도 살 것이온데……."(319쪽) 그에게 중요한 것은 국가의 운명이 아니라 봄에 지을 농사다. 이제 김상헌은 그런 서날쇠를 죽이기는커녕 오히려 부끄러움을 느낀다. 삶의 소중함을 인정하기 때문이다.

왕조가 쓰러지고 세상이 무너져도 삶은 영원하고, 삶의 영원성만이 치욕을 덮어서 위로할 수 있는 것이라고, 최명길은 차가운 땅에 이마를 대고 생각했다. 그러므로 치욕이 기다리는 넓은 세상을 향해 성문을 열고 나가야 할 것이었다.(236쪽)

시간은 흘러서 사라지는 것이 아니고, 모든 환란의 시간은 다가오는 시간 속에서 다시 맑게 피어나고 있으므로, 끝없이 새로워지는 시간과 더불어 새롭게 태어나야 할 것이었다. 모든 시간은 새벽이었다. 그 새벽의 시간은 더럽혀질 수 없고, 다가오는 그것들 앞에서 물러설 자리는 없었다. 이마를 땅에 대고 김상헌은 그 새로움을 경건성이라고 생각하고 있었다.(237쪽)

앞의 인용문은 최명길이 한 말이고, 뒤의 인용문은 김상헌이 한 말이다. 어떤 이데올로기의 대변자이건 이 소설에서 최종적으로 문제 삼는 것은 삶의 영원성이나 경건함이다. 김훈은 이토록이나 밝고 희망적인 사람이다. 밥벌이의 지겨움을 이야기하면서도 동시에 밥벌이를 그만둘 수는 없음까지 열심히 전달하는 사람이니까. 가장 치욕을 느꼈을 임금을 포함한 이 소설 속 모든 인간들의 유일한 진리는, 그래서 "나는 살고자 한다."(295쪽)이다.

그런데 역설적으로 또 다른 환상은 여기에서 발생한다. 일상적 삶에 대한 이러한 긍정이 삶 또한 대타자로 만들기 때문이다. 삶도 이데올로기가 될 수 있다. 어떤 삶을 유지하기 위해 다른 것이 희생된다면 그 삶도 이데올로기다. 공식적 이데올로기에 대해서는 노골적으로 냉소를 보이면서도 그런 대타자의 붕괴 후에 또 다른 대타자들이 다시 정립된다면, 그것은 모순이다. 작은 이데올로기라도 이데올로기는 이데올로기다. 그래서 이데올로기의 타자는 없다.

대표적인 예가 수어사 이시백이다. 이시백은 "나는 아무 쪽도 아니오. 나는 다만 다가오는 적을 잡는 초병이오."(218쪽), "나는 모르오. 모르오만, 나의 길이 있는 것이오."(220쪽)라며 국가가 아닌 개인의 윤리나 도덕을 숭배한다. 그래서 대타자가 아닌 이상적 자아의 축을 대변하면서 묵묵히 살아간다. 그런데 그런 이시백에 의해 세상은 너무 잘 돌아간다. 그는 성안에서 가장 열심히 일하는 사람 중의 한 명이다. 임금의 출성 후 성안의 뒷정리를 도맡아 하는 것도 이시백이다. 그는 언제나 자신의 일을 성실하게 수행한다. 문제는 그의 개인적 일이 국가가 원하는 일과 다르지 않다는 데에 있다.

이럴 때 김훈은 '허무주의자'가 아니라 '보수주의자'라고 비판받아야 한다.[1] 삶은 어떤 경우에도 유지되어야 할 절대 가치라는 환상을 심어 주기 때문이다. 김훈의 작가적 환상은 일상적 삶에 대한 강조를 통해 이데올로기로부터 자유로워질 수 있다고 생각하는 데에 있다. 이 환상이 새로운 틀로 작용하기에 세계는 다시 잘 유지된다. 삶 자체가 이미 해답으로 주어져 있기 때문이다. 이처럼 그의 소설이 현실 유지를 중시한다면, 혹은 현실 유지에 기여한다면, 그는 보수주의자다. 치욕은 이런 보수주의자를 위한 알리바이에 불과할 뿐

---

[1] 김훈 자신도 직접적으로 자신의 보수적 경향에 대해 다음처럼 언급한다. 이 글에서 사용하는 보수성(보수주의)의 의미도 이와 동일하다. "나는 나이 들기 전부터 보수적이었던 것 같다. 타고난 보수의 기질은 어쩔 수 없다. 더러운 현실 아닌가. 약육강식과 비열함이 지배하는 현실. 그런데 나는 그 현실을 인정한다. 현실이 옳고 그르냐를 떠나 몸담고 살아야 하는 현실임을 인정한단 말이지. 그럼 사회를 지탱하는 저변의 틀은 인정하는 거고 그게 보수잖아. 정치적 진보·보수가 아니라 삶을 바라보는 태도가 그렇다는 거지."(김훈, 『밥벌이의 지겨움』(생각의나무, 2003), 246쪽)

이다. 마치 인생은 하찮은 것이고 인간은 더러운 존재라고 인정할 때 오히려 인생이 그만큼 덜 하찮아지고, 인간도 덜 더러워지는 것과 같은 이치다. 이런 승화나 전치가 김훈 소설의 주체를 나르시시즘적으로 만든다. 그리고 나르시시즘적 주체는 타락한 정치와 순결한 개인이라는 이분법적 대립의 산물이기에 스스로를 자기 자신의 마음에 드는 쪽으로만 생각하게 만든다. 그렇다면 나르시시즘적 주체는 자신을 무법자로 잘못 알고 있는 순응주의자라고 할 수 있다. 그래서 나르시스트는 세계를 공격하는 만큼 세계를 돕게 된다.

더욱이 김훈은 '반란'이라는 장(章)에서 성 밖으로 달아나는 자들에게 면죄부를 주기까지 한다. 뱃사공이 남한산성으로 들어가는 것을 거부할 자유를 인정해야 하듯이 군병들이 살기 위해 성 밖으로 나가는 것을 인정해야 한다는 것이다. 물론 달아나는 자에게도 살아야 한다는 명분은 중요하고, 그들의 삶도 소중하다. 작가는 "나는 그 도망가는 놈이 인간으로서 존엄하다고 생각해요. 인간이면 도망갈 줄도 알아야 하는 것이지."라며 그들을 옹호한다.[1] 그런데 이런 논리라면 이 세상에 죄인은 없다. 가해자는 없고 피해자만 있기 때문이다. 모두가 옳은 상황에서는 아무래도 상관없다. 그래서 지독한 상대주의는 또 다른

---

[1] 김훈·서영채(대담),「허명과 거품을 피해 내 자신의 작은 자리를 만드는 것이 내 앞길이에요」,《문학동네》 2006년 여름호, 107쪽.

절대주의에 다름 아니다. 세상의 모든 죄는 동일하지 않다. 죄의 모양과 무게는 모두 다르다. 오십 보는 백 보와 다르다. 특히 뒷모습을 보이며 도망갈 때는.

김훈의 편견을 인정하는 개인주의나 완벽에 가까운 미학적 언어, 섣부른 희망을 거부하는 냉소적 이성주의 등은 한국 소설의 희귀종이다. 그리고 그 속에서 우러나오는 아취는 정신적 귀족주의나 결백의 수사학이라는 비난을 감수하고서라도 향유하고 싶을 만큼 매력적이다. 무거운 제도에 대한 천박한 수다로 채워졌던 기존의 한국 소설들에 환멸을 느꼈던 독자들이 김훈 소설에 열광하는 이유 또한 한국 소설도 이런 허황된 엄숙주의로부터 벗어났다는 환상 때문일 것이다. 하지만 김훈 또한 독자들의 자신에 대한 환상을 스스로의 환상으로 재전유하고 있을지도 모른다. 그는 치욕을 슬프고도 힘들게 인정한다. 그런데 지금까지 김훈 소설에 대한 평가는 그에 대한 '인정'이라는 보수성에 대해서는 무시한 채 '슬프고도 힘들게'라는 허무주의적 요소에만 환상의 초점이 집중된 듯하다. 슬프고도 힘들게 인정되었다고 치욕이 아닌 것은 아니다. 도망간 사람들도 대개는 다시 돌아오지 않는다.

박민규의 계몽성: 현실 비판에서 현실 개혁으로

박민규 소설에 대한 비판으로 현실 도피적인 환상 문학적 요소를 지적하는 것은 소모적이다. 박민규의 환상 문학은 공상적 퇴행이나 황당한 과장을 일삼는 저급 문학이나 주변 장르로서의 환상 문학을 의미하지 않는다. 환상 문학으로서 박민규 소설의 의의는 현실의 일부나 또 다른 현실, 현실과 좌우만 바뀐 등가물로서의 환상성을 문제 삼음으로써 더욱 효과적으로 현실을 '다르게' 이야기한다는 것이다. 오히려 현실의 자장 안에 있는 이면에 대한 통찰이 그의 분방한 상상력에 의해 가시화되는 측면이 강하다. 따라서 그의 환상 문학은 비현실적인(unreal) 것이 아니라, 기괴한(uncanny) 것에 더 가깝다. 현실에 없는 것을 만드는 것이 아니라 낯익었던 것이 섬뜩해지게 만들기 때문이다. 이럴 때 적극적인 세계 구성력으로서의 환상이 박민규 소설의 특장이 된다.

『핑퐁』[1]에서도 이런 현실 비판적인 환상이 확인된다. "아무것도 할 수 없는데, 아무렇지도 않은 삶"(17쪽)을 사는 왕따 '못'에게는 삶 자체가 불가해한 폭력이다. 악 그 자체를 상징하는 치수에게 머리를 맞는 모습이 멀리서 보면 못에 박히는 것 같아서 붙여진 별명이 못이라면, 못은 못이어서 인간이 아니다. 그래서 "제발 죽거나, 사라지게 해 주세요."(26쪽)라고 빌 정도다. 평범하게 사는 것이 가장 힘든 족속이 물주(物主)인 모아이나 못

---

[1] 박민규,『핑퐁』,(창비, 2006). 소설 인용은 이에 의거해 쪽수만 밝힌다.

과 같은 부류의 인간들이다. 문제는 이런 부류의 인간이 되지 않기 위해 아무리 "다수인 척"(29쪽) 살려고 노력해도 소용이 없다는 점이다. 인류는 "60억이다. 인류라는 전체가 개인(個人)을 굽어보기에는 개인이란 개체가 너무나 많다."(58쪽) 그래서 "신이 굽어봐도 보이지 않는 인간이다. 얼마든지 망가져도, 인간에 대해선 할 말이 없다".(33쪽) 이런 사실을 통해 작가는 개인이 세계로부터 "소외가 아니고 배제"(58쪽)되어 있는 현실을 비판한다. 심지어 "인간은 서로가 서로에게 방사능"(77쪽)이고, "인간을 기다리는 건 매수(買收)뿐"(87쪽)이다. 흔히 지적되어 온 상상력의 사회화, 포스트모던한 시대의 모던 타임스를 그린 '포스트' 모던 타임스적 측면이 『핑퐁』에서도 여실하게 드러나고 있다.

사실 이전부터 박민규는 이런 지구와 인류에 대해 자신이 없었다. 대표적으로 「그렇습니까, 기린입니다」를 보면 "다른 행성의 존재에게 알려 주기엔, 인류의 몽타주는 얼마나 슬픈 것인가. (중략) 은하철도 같은 건 아예 생각지도 말아야 한다. 지금 이대로의 인류라면 말이다."라고 말할 정도다. 그럼에도 불구하고 "살아 있다. 무사하진 않았지만, 그래도 유사한 산수를 할 수 있단 것은 얼마나 큰 삶의 축복인가. 사라지기 전에, 사라지기 전에 말이다."라는 결말에서 알 수 있듯이 수학 아닌 산수를 하며 열심히 사는 것 이외에는 방법이 없음을 인정하기도 했다. 『삼미 슈퍼스타즈의 마지막 팬클럽』에서도 "치기 힘든 공은 치지 않고, 잡기 힘든 공은 잡지 않는다."는 최저·최소·최후의 삶을 지향하더라도 야구 자체를 그만두지는 않았다.

그러나 『핑퐁』에서는 더 이상 참지 않는다. 박민규의 이전 소설에 없었던 분노가 새로 등장한 것도 이 때문이다. 카스테라처럼 따뜻하고, 너구리처럼 고맙기도 했던 세계를 '언인스톨'할 정도로 박민규는 지구와 인류에 대해 화가 많이 나서 조급해졌다. 그만큼 유머도 사라졌다. 그래서 『핑퐁』은 코믹 SF가 아니라 블랙 유머가 되어 버렸다. 의외로 잘 울었던 박민규 소설 속 주인공들을 통해 독자들이 느꼈던 서글픈 감동과 애잔한 위로가 사라지고, 절망과 징벌이 중심이 되는 서사가 되어 버린 것이다. 박민규는 「작가의 말」에서 지금까지 인류는 '생존'한 것이 아니라 '잔존'해 온 것이라고 지적한다. 그래서 박민규는 잔존해 있던 인간을 마치 폐기물처럼 처리하려는 듯하다. 인류라는 족속이 용서되지 않기 때문이다.

박민규가 이런 인류나 지구를 처리하는 방법으로 선택한 것이 지구의 언인스톨이다. 지금까지 참고 기다리면서 노력한 결과가 "듀스 포인트"(117쪽)이다. 아직도 아무런 결판이 나지 않았기에 인류는 좋다고도 나쁘다고도 할 수 없는 지구에서 계속 살게 된다. 너무 많아서 잘 보이지도 않는 개인들의 노력으로는 세계를 바꿀 수 없다. "한 소년의 방학이 달라지기도 이만큼 힘든 것이다, 하물며 세계란."(129쪽) 그래서 박민규는 아예 판을 깨려고 한다.

그렇지만 이런 판 깨기가 현실에 대한 전면 부정을 의미하지는 않는다는 데에 박민규 소설의 진정한 환상이 있다. 현실 비판이라는 소극적 환상에서 현실 개혁이라는 적극적인 환상으로 소설이 이동하고 있기 때문이다. 모아이를 따라 못이 가입한 '핼리혜성을 기다리는 사람들의 모임'에서 왜 지구를 언인스톨하려고 하는지 그 목적이 드러난다.

핼리를 기다리는 건, 말하자면 삶의 자세와 같은 거지. 그건 몸을 숙여 저편의 서브를 기다리는 것과 같은 일이야. 나는 탁구를 모르니까 어떤 공도 받지 않겠다, 공 같은 건 오지도 마라 ─ 그건 인류가 취할 예의가 아니라고 봐. 마치 우리는 왜 사는지 모르겠다, 하지만 혜성 같은 건 오지도 마라 ─ 그게 아니고 또 뭐냐는 거지. 그래서 우린 매달 한 번씩 핼리가 오는 날을 정하고 기다리는 거야.

긴장된 삶이로구나.
겸손한 삶이지.(130쪽)

그래서 생존해야 해. 우리가 죽는다 해서 우릴 죽인 수천 볼트의 괴물은 발견되지 않아. 직렬의 전구를 피해 가며, 모두가 미미하고 모두가 위험한 이 세계에서 ― 그래서 생존해야 해. 자신의 9볼트가 직렬로 이용당하지 않게 경계하며, 건강하게, 탁구를 치면서 말이야.(181쪽)

핼리혜성을 지구와 충돌시키는 것이 바로 지구를 언인스톨하는 것과 그 기능상 동일하다. 지구에 충격을 주고, 인간을 긴장시킴으로써 새롭게 삶을 시작하려는 것이 그 목적이기 때문이다. 그렇다면 이때의 언인스톨은 인스톨과 동일한 의미에 다름 아니다. 지구를 언인스톨하는 것은 지구를 '리셋(reset)'하기 위한 것이다. 그렇다면 언인스톨은 인스톨과 그 결과에 있어 다를 바가 없다. (언)인스톨함으로써 박민규는 파괴가 아닌 재건을 추구한다. 오랜 시간에 걸쳐 무(無)로 돌아간 뒤 "새로운 생태계를 시작"(210쪽)하게 해 주는 것, 그것이 바로 (언)인스톨의 기능이다. 그렇다면 『평퐁』에서의 (언)인스톨은 「카스테라」에서의 냉장 기술, 「그렇습니까, 기린입니다」에서의 풀맨의 역할, 「코리언 스텐더즈」에서의 지양(止揚)의 기능이 강화되고 전면화된 것으로 볼 수 있다.

이토록 건전한데 무엇이 문제인가. 문제는 바로 그 건전함을 추구하는 방식으로 현실에 대한 '부정'이나 '부정의 부정'이 이루어지고 있다는 사실이다. 여기에 작가의 환상이 개입된다. 그 이전까지 작가는 아무리 우주적 상상력을 보여 주더라도 지구의 내부에서 지구를 내파하려는 노력을 포기하지 않았다. "지구를 떠나 보지 않으면, 우리는 지구에서 가지고 있는 것이 진정 무엇인지 깨닫지 못한다."(「몰라 몰라, 개복치라니」) 그런데 『펭 퐁』에서는 지구와 지구 외부를 분리시킨다. 그러고는 지구 밖으로 나가려 한다. 지구의 바깥은 문학의 영역이 아니다. 지구인이 아닌 외계인은 문학의 영역에서 취급할 수 없다. 작가는 이번에는 삼천포에서 너무 멀리 나가 우주 미아가 되어 버렸다.

사실 박민규는 이미 이런 사실을 알고 있었다. 단편 「야쿠르트 아줌마」에서 세계적인 경제학자들도 치료하지 못하는 자신의 변비를 낫게 해 줄 야쿠르트를 건네는 아줌마의 손은 '따뜻한 손'이 아니라 '보이지 않는 손'이다. 처음에는 공짜지만, 다음부터는 돈 주고 사 먹어야 하기에 주인공이 받은 야쿠르트는 인간적 '선물'이 아니라 자본주의적 '미끼'다. 그러므로 "내일부터, 나도 야쿠르트를 마실 전망이다."라는 경제적 손실에 대한 '전망'이 이 소설의 결말일 수밖에 없다. 그런데도 불구하고 『펭퐁』에서는 지구를 떠날 수 있다는 환상과, 지구를 바꿀 수 있다는 환상을 심어 준다. 때문에 언인스톨하는 것이 지구를 체념한다거나 현실로부터 도피한다는 기존의 비판들은 성립하지 않는다. 오히려 이 소설에서 행해지는 지구의 언인스톨은 지극히 현실 참여적인 개념이기 때문이다.

여기에서 박민규의 계몽성이 확인된다. 박민규식으로 정

리해 보자. 첫째, 지구를 떠난다. 둘째, 지구로 다시 돌아온다. 셋째, 지구를 바꾼다. 이런 3단계의 언인스톨 방법은 지구와 인류의 미래에 대한 확신과 희망이 전제되어야 가능하다. 박민규는 따뜻하고 건강한 작가다. 따뜻한 카스테라를 굽기 위하여 언제나 지구라는 오븐을 예열시켜 놓는 작가이고,[1] "안심해, 안심해도 좋아."(『핑퐁』, 맨 앞장의 말)라고 다정하게 말해 주는 친절한 작가다. 그래서 이 작가는 고난 앞에서도 멈추려 하지 않는다. 진리가 아무리 잔인해도 두려워하지 않는다. 바꿀 수 있다고 믿고, 바꾸려 하기 때문이다. 박민규의 환상은 여기에서 극대화된다.

이럴 때 계몽주의적 주체는 괴물이 될 수밖에 없다. 상상적 오인을 거부당함으로써 거울조차 볼 수 없는 존재가 바로 괴물이다. 세계는 이미 "한 권의 「괴수백과대사전」"(「대왕오징어의 기습」)이다. 이런 괴물 같은 세계에 사는 괴물들에게 에고가 있을 수 없다. 계몽주의자들은 더럽혀지지 않은 에고만을 남기고자 함으로써 오히려 괴물이라는 더러운 에고만 남긴 것이다. 『핑퐁』에서 못과 모아이는 현실의 왜상으로 존재하면서 공포보다는 숭고미를 유발시키기에, 원래 괴물이었던 인간이 아니라 괴물이 된 인간을 애도하게 한다. 그런 면에서 박민규는 포스트모

---

[1] 박민규, 「작가의 말」, 『카스테라』(문학동네, 2005).

더니스트로 오인되는 모더니스트에 해당한다고 할 수 있다.

이런 계몽성에 대한 환상이 박민규 소설을 점점 진단과 처방에 몰두하게 만들고 있다. 그리고 지구와 인류에게 겁을 주면서 반성을 유도하고 새로운 윤리를 정립하게 한다. 박민규식 계몽의 한계는 바로 그런 계몽 자체다. 의심하고 비판하라고 말하면서 복종하라는 말을 동시에 전하고 있기 때문이다. 이런 계몽의 환상을 유지하기 위해 박민규는 지구와 인류를 범죄화한다. 너무 볼품없는 지구나 인류를 다시 잘 만들 수 있다는 계몽적 발상이 바로 박민규의 환상이다. 이런 환상이 지닌 함정은 애프터서비스가 보장되지 않는다는 것이다.

환상의 전말: 정오의 소설

이문열, 김훈, 박민규의 소설에 나오는 환상은 대타자에 해당하는 '아버지'를 기준으로 보았을 때 전통적인 근대소설과 다르다. 이들 소설에서의 아버지들은 절대적인 권력을 소유하면서 아들을 억압하는 오이디푸스적인 아버지가 아니기 때문이다. 오히려 힘도 없고, 변덕스러우며, 분노를 느끼는 모욕당한 아버지에 해당한다. 그러나 이런 아버지의 몰락을 그대로 인정하면 아들들은 공포나 불안, 죄의식을 느껴야 한다. 그래서 아들들은 환상을 통해 이미 죽은 아버지를 마치 살아 있는 것처럼 만들고, 그런 아버지를 죽이고 싶다는 부친 살해 욕망까지 조작한다. 아버지는 살아 있어야 죽임을 당할 수 있고, 아들에 의해 극복될 수 있기 때문이다. 죽은 아버지를 또다시 죽일 수는 없기 때문이기도 하다. 이것이 바로 힘없는 아버지를 더욱더 강력하게 만들 수밖에 없었던 이문열, 김훈, 박민규라는 아들들의 환상이다.

특히 이문열은 단성성을 통해 아버지의 권위를 되살린다. 우익적인 정치 성향에서 유발되는 환상보다는 단일하고 강력한 목소리에 대한 환상에서 유발되는 아버지의 권위가 이문열의 소설에서는 모든 것을 누르고 우선시된다. 작가가 그런 환상을 통해 현실의 구멍을 메우려 하기 때문이다. 동일한 맥락에서 김훈의 최대 미션은 현실을 유지하라는 것이다. 그래서 김훈은 허무를 통해서도 삶에 대한 긍정을 이야기한다. 이때 허무조차도 건강한 이데올로기가 되는 전도가 일어난다. 박민규는 의외로 모범적이고 따뜻한 작가다. 그래서 세상의 그릇됨을 참지 못한다. 심지어 일그러진 세계를 바꾸려 한다. 그의 소설에서 점점 강화되고 있는 계몽성은 이런 그의 문학적 유전자의 발현이다.

비유적으로 다시 말해 보면, 아버지를 영접할 준비가 되어 있는 아들이기에 이문열에게는 이미 반쯤 열린 문을 필요 이상으로 세게 박차고 들어오는 아버지가 필요하고, 아버지를 가장 강력하게 부정할 듯한 김훈마저도 옆문으로 들어오는 아버지를 막지 않는다. 아버지에 대한 억압으로부터도 자유로울 듯한 박민규의 경우에는 의외로 자신이 직접 새 문을 만들어서 아버지를 초대한다. 이때 중요한 것은 아버지의 환상이 아니라 아들의 환상이다. 어떤 아버지를 요구하느냐는 아들의 욕망이 결정하기 때문이다. 그래서 이들 작가의 아버지에 대한 환상은 상징화 이전이 아닌 상징화 이후의 효과로서 발생한 사후적(事後的) 사건에 해당한다.

여기에서 한국문학의 유전적 지형이 그려진다. 한국문학에서 언제나 살아남는 이기적 유전자는 바로 강력한 아버지에 대한 환상이라고 할 수 있다. 강력한 '아버지' 자체가 아니라 그런 아버지에 대한 '환상'이 한국문학의 계보를 형성한다. 아버지가 강력해서가 아니라 환상이 이기적이어서 한국문학은 현실의 결핍을 보완하는 방어기제로 존재할 수 있었다. 그리고 한국문학이 그동안 불행해서 행복했던 이유도 여기에 있다. '더 바랄 바 없이 흡족한 불행'이 환상에 의해 만들어지고 유전되었기 때문이다.

환상이 작용하는 대상으로서의 아버지는 이런 현실의 균열과 결핍을 미리 고려한 방식으로 작동한다는 점에서 가장 강력한 현실 보완적인 기능을 하는 환상이라고 할 수 있다. 그렇다면 '아버지에 대한 환상'이 아니라 '환상으로서의 아버지'로 한국문학 논의의 초점이 옮겨져야 한다. 아버지라는 '대상'은 다른 것으로 대체될 수 있다. 그러나 환상의 '구조'는 부인할 수 없다. 그래서 언제 어디서든, 심지어 이타적인 모양을 하고서도 나타나는 한국문학의 이기적 유전자는 바로 아버지가 아니라 오히려 환상이라는 원형적 구조물이다.

그 어느 나라보다도 한국문학은 이기적 유전자로서의 환상의 기능이 우세하다. 그래서 현실의 결핍을 그대로 놓아두지 않는다. 어김없이 환상을 작동시켜 부정적 현실을 긍정적 현실로 바꾸어 버리고야 만다. 한국적 환상이 두려워하는 것은 현실의 결핍이 아니라 오히려 현실의 충족이다. 그래서 주체에도 과부하가 걸린다. 주체의 궁핍이나 공백을 허용하지 않기 때문이다. 언제나 꽉 차 있으면서 무거워야 한다. 한국 소설의 주체가 가벼워지기는 낙타가 바늘구멍 뚫기만큼 어렵다. 그래서인지 이문열의 단성성의 경우는 방향을 다소 바꾼 것뿐이지만, 김훈과 박민규의 경우처럼 보수성이나 계몽성에서 가장 멀리 떨어져 있을 것 같은 작가의 소설들에도 강력한 환상을 작동시키고 있다. 물론 이런 계몽적 환상에 대한 반작용 혹은 되구부리기의 징후가 2010년대 문학에서 동시에 발견되기도 한다. 하지만 유전자의 힘은 강력하다. 그래서 유전자일 것이다. 흔히 문학의 위기 논의와 연관되어 많이 거론되고 있는 '자정'의 상징 또한 우리 문학의 이런 환상을 강화시키는 데에 일조하고 있다. 자정은 위기이자 기회인, 그래서 새벽 혹은 아침에 더 가까운 희망의 시간으로 읽힌다. 마치 지금까지 살펴본 아버지들의 환상이 작동되는 시간, 그래서 아들들이 이기적으로 변해야만 하는 충만한 시간과 어울리는 듯하다.

그러니 자정이 아닌 '정오'의 시간이면 환상을 가로지를 수 있지 않을까. 그래서 좀 더 주체도 가벼워질 수 있지 않을까. 니체적 의미에서 정오는 해가 모든 것을 얼싸안는 합일의 순간이 아니라 오히려 하나가 둘로 변하는 단절이나 균열의 시간이다. '가장 짧은 그림자의 순간'이란 말에 나타나듯이 그림자가 없는 상태가 아니라 그림자를 입어서 그림자와 겹쳐져 있는 상태를 말한다. 그래서 부정적인 것을 없애는 시간이 아니라 부정적인 것과 함께 머무는 시간이 바로 정오이다.[1]

환상은 변증법적 합일이나 조화를 선호한다. 긍정과 부정이 합쳐져서 더 큰 긍정으로 이어지기 때문이다. 그 과정에서 환상은 더욱 무거워지고 강력해진다. 이제 그런 변증법적 합일로서의 환상을 가로질러 환상 '너머'를 추구해야 환상에 대한 환상을 멈출 수 있다. 아니 환상을 멈출 수 없음에 대해 반성할 수 있게 된다. 한국문학에서는 아직도 '행복한 하나'라는 환상이 강하게 존재한다. 그래서 너무 단성적이거나 보수적이며 계몽적인 문학으로 변한다. 이제 한국 소설도 이런 유전자에서 벗어나야 한다. 문학의 본질이 바로 유전자 변형이니까.

---

1 정오의 개념은 알렌카 주판치치, 앞의 책, 7~47쪽 참조.

페미니즘이 포스트페미니즘에게

I **젠더 트러블**[1]

페미니즘이 있었고, 페미니즘에 대한 오해도 있었다. 그리고 포스트페미니즘은 페미니즘에 대한 오해로부터 시작한다. 페미니즘에 대한 첫 번째 오해는 페미니즘이 한때 유행했던 일시적 상품에 불과하다는 것이다. 여성의 가치는 유통기한이 지

---

1 '젠더 트러블(Gender Trouble)'은 미국의 페미니스트이자 퀴어 이론가인 주디스 버틀러의 책 제목이자 이 글의 시발점이 되는 용어로서, 남성성이나 여성성이라는 기존의 젠더 정체성의 이분법적이고 고정된 의미에 일어난 혼란과 교차, 해체 양상을 의미한다. 이 글에서 앞으로 논의될 페미니즘과 포스트페미니즘, 성과 젠더에 관한 이론은 버틀러의 논의에 토대를 둔다. 결론에서 사용될 '안티고네의 주장' 또한 마찬가지 사례에 해당될 것이다.

난 통조림과 같다. 페미니즘에 대한 두 번째 오해는 이미 페미니즘이 승리했다는 것이다. 요즘은 남성들이 오히려 피해자나 약자다. 그러니 여성들의 독주를 막아야 할 정도다. 페미니즘에 대한 이런 과소평가나 과대평가가 페미니즘 '이후'를 생각하게 한다. 물론 포스트페미니즘에 대한 오해 또한 존재한다. 포스트페미니즘은 페미니즘에 대한 비판과 피로감을 표현하면서 페미니즘을 보수화하려는 퇴보 모델이라는 것이다. 그러나 페미니즘에서의 'post-'는 변화와 변형의 과정을 나타내는 접두사로서, 페미니즘과의 비판적 연계를 통해 페미니즘에서 다루어야 하는 의제나 패러다임 자체가 바뀌었음을 나타낸다.

이런 페미니즘과 포스트페미니즘 '사이'에 천운영과 조경란, 한강의 소설이 있다. 이들은 신경숙, 은희경, 공지영, 전경린 등으로 대변되는 1990년대 여성 소설의 끝과, 정이현, 김애란, 편혜영, 한유주 등으로 대변되는 2000년대 젊은 소설이 겪고 있는 포스트페미니즘의 선두 '사이'에 위치하면서 페미니즘에서 페미니즘'들'로의 변화를 주도하는 여성 작가들이라고 할 수 있다. 최소한 이들은 여성의 우월성을 본질주의적으로 가정하면서 '페미니즘 중의 페미니즘'을 추구하는 '페미니니즘(femininism)'으로부터 자유롭다. 여성성 자체를 완전히 거부하지 못하기에 여성이라는 범주를 '필요한 오류(necessary error)'나 의도적인 '범주 착오(category mistake)'로 소환하면서 전략적 혹은 일시적으로 여성성을 설정하고 있기 때문이다. 이 작가들의 소설에서는 젠더를 없애기 위해 젠더를 사용하는 '젠더 패러독스'를 활용하고 있다.

그렇다면 이 작가들의 소설에 등장하는 불안정하고 다양한 젠더 주체들의 정체성을 살펴봄으로써 포스트페미니즘의 특성을 확인할 수 있을 것이다. '포스트모더니즘'의 영향을 받아 형성된 수행적이고 해체적으로 '열린 주체'의 특성을 유지하면서 어떻게 '페미니즘'에서 중시하는 실천적이고 해방적인 정치성을 동시에 확보할 수 있는지 그 가능성을 타진해 보려고 하기 때문이다. 이런 이중적 작업을 위해서는 주디스 버틀러의 다음과 같은 언급이 중요하다. "내가 추천하는 것은 이 정체성의 위기를 해결하려는 것이 아니라 이 위기를 더 증폭시키고 강화하는 것이다." 지금 페미니즘에게 필요한 것은 젠더에서 일어나고 있는 '트러블'에 대한 유토피아적 중재가 아니라 그 기형성과 혼란에 대한 현실적 주목이기 때문이다.

2 레즈비언 팔루스: 천운영의 「그녀의 눈물 사용법」

천운영의 소설 「그녀의 눈물 사용법」(『그녀의 눈물 사용법』, 2008)의 맨 끝에서 이 글의 처음을 시작하자.

나는 여자에게 내 속에 살았던 소년의 얘기를 해 주었다.

눈물을 흘리지 않는 여자들의 이야기도 해 주었다. 그리고 그 애가 남기고 간 양말 한 짝을 선물로 주었다. 내 위에 누운 여자가 나를 바라보며 눈물을 흘렸다. 여자의 눈물이 내 눈꺼풀을 적셨다. 눈꼬리로 떨어진 눈물이 내 것인지 여자의 것인지 분간이 되지 않았다. 여자의 눈가에 혀끝을 갖다 댔다. 눈물은 짜고 시고 달았다. 나는 아직도 눈물이 나올 때면 오줌을 싼다. 오줌을 싸면서 나는 자그마한 고추를 내놓고 오줌을 싸는 일곱 살 소년을 생각한다. 내 안에 여전히 살고 있는 울지 않는 소년.

서른일곱 살 여자인 '나'의 속에는 일곱 살짜리 울지 않는 소년이 살고 있다. '그애'는 일곱 달 만에 태어났으나 인큐베이터에 들어갈 돈이 없어서 하루 동안 장롱 안에 갇혀 있다가 죽어 버린 '나'의 남동생이다. '그애'가 죽었을 때의 '나'의 나이가 일곱 살이었지만, '그애'의 죽음을 막지 못했다는 죄의식으로 인해 '나'는 '그애'를 떠나보내지 못한다. '그애'를 내 몸속에 간직하고 있는 한 '나'는 '나'의 죄를 잊지 않을 수 있다. 그리고 잘못을 잊지 않는 자가 오히려 윤리적이기 때문에 용서받을 자격도 유지된다. 더군다나 '그애'는 '나'가 아프거나 힘들 때마다 찾아와 '나'를 쓰다듬어 주고 뜨거운 입김도 불어넣어 준다. 이처럼 위로와 평안까지 주는 '그애'는 더 이상 분리될 수 없는 '나'

안의 '나'다.

여기까지 이야기하면 이 소설의 주제는 대강 파악할 수 있다. 트라우마로 인한 고통과 그 치유, 슬픔에 대한 공감과 승화가 아름답게 그려지고 있는 소설로 읽으면 별 무리가 없다. 신형철이 이 소설이 표제작으로 실린 소설집 『그녀의 눈물 사용법』을 해설하면서 "욕망에서 사랑으로"라는 제목을 붙이며 파국으로 치닫는 '욕망의 서사'가 아니라 성찰과 성숙을 불러오는 '사랑의 서사'로 천운영 소설의 변화를 지적하는 것도 이와 관련 있을 터다. 이에 걸맞게 더 이상 천운영 소설 속의 여성 인물들은 무섭지 않고 아름답다. 강렬하지 않고 따뜻하다. 하지만 이런 주제 혹은 결말에 이르는 과정은 만만치 않다. 천운영의 개성은 '둥근 사각형'을 그리는 데서 드러나지 않고 '모난 동그라미'를 그리는 데서 발휘되기 때문이다. 변해도 천운영은 천운영이다.

우선 '그애'에 얽힌 '나'의 아픈 이야기를 들어 주며 "내 위의 누운" 사람은 얼마 전 아들을 잃은 엄마, 즉 남자가 아닌 여자다. 그렇다고 여자와 여자 사이의 성관계를 묘사한 레즈비언 소설이라고 간단히 치부하기에는 이 소설은 보다 복잡한 성 정체성으로 구성되어 있다. 기존의 남성성과 여성성으로 젠더화되는 특성들의 교차와 반란, 역전 현상이 수시로 일어나고 있기 때문이다. 흔히 말하는 남성적 여성이나 여성적 남성의 면모가 이 소설 속 인물들에서 많이 발견된다. 그러나 이것이 여성의 남성화나 남성의 여성화에서 드러나는 게이 혹은 레즈비언적 속성에서 머물고 있지 않다. 동성애 속에서도 유지되는 남성성과 여성성에 대한 이분법적 구분이 무효하고, 본질주의적이고 고정적이며 생물학적인 젠더 정체성에 대한 의문이 제기되고 있기 때문이다. 이 소설 속에서의 젠더 정체성은 퀴어(queer)적이고, 수행적이다. 남성과 여성의 구분 자체가 무의미하고 유동적이기 때문이다.

대표적인 예가 '눈물'의 사용법이다. 대개 여성은 눈물이 많고 남성은 눈물을 흘리지 않는다고 젠더화된다. 그러나 이 소설 속에서 나의 아버지와 오라비(올케)는 눈물이 많다. 반면 할머니와 어머니, '나'는 눈물을 흘리지 않는다. '나'가 눈물을 싫어하는 이유는 눈물이 굴복과 복종을 의미하기 때문이다. 혹은 이기심과 두려움을 감추기 위한 위장술일 수 있기 때문이다. 특히 아버지는 일이 잘 풀리지 않으면 자신이 갖다 버린 '그애' 때문이라며 자주 운다. "눈물을 흘리는 아버지는 비굴해 보였다. 나는 아버지가 짜내는 이기적인 눈물에 염증이 났다. 원하는 것은 기어이 얻어 내고야 마는 탐욕스러운 눈물." 반면 시앗을 들인 할아버지 때문에 평생 가슴으로 피눈물을 흘린 할머니나, 자식들에게 젖을 물리지 않았던 유방마저 수술로 절제한 어머니는 눈물을 흘리지 않는다. 이것은 눈물의 사용법에 관한 한 젠더 역전된 상황을 보여 준다. 물론 '나'의 게이 친구가 "변심한 애인을 위한 레씨피"로 의도된 눈물을 사용하기도 하지만, 최소한 레즈비언들은 "여자의 눈물은 원초적으로 남자를 향한 거"라는 통념을 거부한다. 그러니 더 이상 눈물 사용법으로 남녀를 구분하는 것 자체가 무의미하다는 젠더 교란의 상황까지 간 것으로 볼 수도 있다. 다시, 젠더는 선천적으로 정해지는 '얼굴'이 아니라 후천적으로 구성되는 '가면'이다.

하지만 무엇보다도 이 소설에서 가장 압권은 '나'가 눈물을 흘리는 대신 오줌을 싸는 장면이다. '나'는 굴종과 복종을 상징하는 눈물 흘리기를 단연코 거부한다. 오히려 '나'에게 눈물을 강요하면, '나'는 오줌을 싼다. 눈물이 아닌 오줌을 배설함으로써 '나'는 섣부른 동정이나 화해, 용서를 거부한다. 그 기원에는 동생의 죽음을 목격할 때 오줌을 싼 경험이 자리한다. 더욱 문제적인 것은 이런 오줌 싸는 행위가 남성성과 연결될 때다.

> 엉덩이를 까고 오줌을 쏟아 낼 때면 내 몸이 점점 더 단단해지고 있음을 느꼈다. 물기가 빠지면서 단단히 굳은 진흙처럼 씨멘트처럼. 나는 오줌을 싸면서 더 단단하고 건조해지고 딱딱해지길 바랐다. 그래서 어떤 물기에도 풀어지지 않고 질척거리지 않고 무너지지 않기를 바랐다.

눈물은 감정의 늪이다. 유약한 인간들만이 제가 만든 늪에 빠져 허우적거리는 법이다. 눈물은 굴복의 다른 이름이다. 아픔과 고통에 대한, 조롱과 비판에 대한, 슬픔과 고독에 대한 굴복의 징표이다. 나는 눈물 대신 오줌을 싼다. 울고 싶을 때 오줌을 싸다가 문득문득 돌출된 성기를 가지고 태어났으면 좋았을 거라는 생각이 들 때도 있다.

'나'가 눈물이 아닌 오줌을 쌀 때 원하는 몸의 변화는 "단단히 굳은 진흙"이나 "씨멘트"처럼 "더 단단하고 건조해지고 딱딱해지"는 것이다. 수분, 물기, 눈물이 배설되면 내 몸 전체가 남근처럼 단단하고 딱딱해질 수 있기 때문이다. 여기에서 더 나아가 '나'는 아예 "돌출된 성기"를 가지고 태어났다면 좋았을 거라고 생각한다. 이것은 여성에게 없는 페니스(penis)를 가짐으로써 남성적 권력, 즉 팔루스(phallus)를 가지겠다는 것이 아니다. 혹은 레즈비언 중 남성 역할을 하는 여성(butch)이 되어 이성애를 재연하겠다는 것 또한 아니다. 레즈비언 팔루스(lesbian phallus)는 페니스 자체가 남성만 소유할 수 있는 전유물이 아니라 떠도는 기표에 불과하다는 것, 페니스를 가지지 못한 여성들에 의해서도 팔루스는 탈영토화될 수 있다는 것, 이성애적 관계 자체가 본질적이거나 근본적인 '원본'이 아니라 누구나 패러디할 수 있는 '복사본'에 불과하다는 것을 알려 주는 상징물이다. 동성애와 이성애는 복사본과 원본의 관계가 아니라 복사본과 복사본의 관계라는 것이다.

이러한 수행적 젠더 정체성은 '나'가 사실은 모든 여성성을 부정하고 모든 눈물을 부정하려고 한 것이 아니라는 사실에서 재확인된다. '나'는 여성성을 추구하기도 하고, 남성성을 추구하기도 한다. 그러니 정해진 여성성이나 남성성 자체는 아무런 의미가 없다. '나'는 그냥 '나'다. '나'는 '그애'에게 말한다. "내 젖을 물어. 내 젖은 달고 안전해. 옥도정기도 안 발랐어. 내 젖을 먹고 쑥쑥 자라." 하지만 '나'는 '그애'가 '소년'이 아닌 수음하는 '남자'가 되기를 바라지는 않는다. 엄마이고 싶지 여자이고 싶지는 않은 것이다. 그래서 '그애'는 영원히 '일곱 살 소년'이어야 한다. '그애'의 죽음을 막아 주고, '그애'에게서 받은 위로와 따뜻함을 다시 돌려주기 위해서라도 '그애'는 '나'의 몸에 머물러 있어야 한다. 그렇다면 '나'는 사실 눈물 자체를 거부한 것이 아니라 손쉽고 감상적인 여성적(이라고 젠더화된) 눈물을 거부한 것이 된다. '나'는 제대로 된 눈물을 흘리고 싶다. 마치 '그녀'가 지금 '나'의 몸 위에서 흘리는 눈물처럼. 그녀의 눈물은 '나'의 고통과 슬픔에 동화된 '인간적' 눈물이다. 이기적이고 탐욕스러운 (남성적) 눈물도 아니고, 연약하고 순수하지 않은 (여성적) 눈물도 아니다. "내 것인지 여자의 것인지" 분간이 되지 않는 눈물은 곧 여성/남성, 눈물/오줌, 부드러움/단단함, 죄/용서 등의 이분법적 경계를 해체하면서 또다시 재구성하는 과정 그 자체를 보여 준다고 할 수 있다.

이런 젠더 경계의 해체를 통한 수행적 젠더 정체성은 천운영의 첫 창작집『바늘』(2001)에 실려 있는「월경」과 이 소설을 대비해 볼 때 그 변화가 더 뚜렷해진다.「월경」에서도 열세 살에서 성장을 멈춘 여자아이가 등장한다. 이 여자아이의 금기 침범은 어머니와 낯선 남자의 성교 장면을 목격했다는 것, 그로 인해 두 남녀에 대한 아버지의 칼부림을 불러왔다는 것이다. 그러나 더욱더 치명적인 월경(越境)은 아버지에 대한 여자아이의 엘렉트라적인 사랑이다. 이 소설에서 '그'와 '그녀'로 철저하게 대체되고 있는 '아버지'나 '어머니'라는 호칭에서 '나'의 근친상간적 욕망은 확인된다. '나' 속에는 사랑하는 '그(아버지)'가 있다. 때문에 은하수집 여자와 '나'의 레즈비언적 성관계는 사실 은하수집 여자와 (나의) '그'가 행하는 이성애적 성관계라고 할 수 있다. 이때의 '나'는 동성애적 주체이기보다는 근친상간적 주체에 더 가깝다. '나'는 '그'가 되어 은하수집 여자를 탐한다. 그것은 은하수집 여자 혹은 '나'의 엄마가 지녔던 "날짐승"적 야생성과 원초적 생명력 때문이다. 남성과 여성 사이의 전치가 일어나는 것이 아니라, 풍요로운 여성과 메마른 여성 사이의 전치가 일어나고 있다. 은하수집 여자의 풍요로움과 풍성함이 '나'의 '나', '그'인 '나'의 그녀에 대한 욕망을 부른다. 이때 '여성성

=본능성=원초성=대지=풍요로움'의 기존 여성 젠더 정체성은 그대로 유지된다. 레즈비언 관계라도 남성과 여성의 이분법적 성 역할 또한 뚜렷하다. 때문에「월경」으로 대변되는 천운영 초기 소설 속 여성들은 '동물성', '육식성', '일탈', '과잉', '비체', '거세'와 연관되더라도 반문명적 사유를 위한 원초적이고 본능적인 창조적 여성성을 벗어나지 않는다. 그래서 이때의 젠더는 본질적이고 이분법적이며 고정적이다. 기존의 여성성을 뒤집는 것 같지만, 다시 돌아온다. 혹은 뒤집혀도 남성성과 여성성의 이분법은 유지된다. 여성적이지 않음으로써라도 여성성을 환기시키기 때문이다.

하지만 최근의 소설「그녀의 눈물 사용법」에서는 고정되고 이분화된 젠더 정체성이 거부되고 있다. 동일하게 레즈비언적 관계를 보여 주더라도「월경」에서처럼 여성화된 여성 혹은 남성적 여성으로 고정된 젠더 정체성을 가진 채 다른 여성에 대한 욕망을 보여 주지는 않는다. 오히려 이 소설 속의 '나'는 상처에 대한 기억과 공감에 따라 남성성과 여성성을 오간다. 눈물을 흘리는 여자들이라면 질색했던 '나'가 "울 일이 생겼으면 좋겠어. 그럼 그애도 다시 올 것 같구."라고 바라는 식이다. 여성성이 무조건 근원과 생명을 상징하지도 않는다. '나'이자, '나'의 "게이년" 친구이자, 아들을 잃은 엄마도 되는 소설 제목 속 '그녀'들의 눈물 사용법은, 그래서 그녀들의 개체 수만큼 다양하고, 그녀들의 상황 수만큼 복잡하다. 무용(無用)도 용불용설(用不用說)을 상기시키면 불용(不用)이 아니다. 그리고 전용(轉用)도 사용(使用)이다. 그러니 어쩌면 그녀들의 눈물 사용법은 무궁무진할 것이다. '나' 또한 "아직도" 눈물이 나올 때면 오줌을 싸고, "여전히" 소년과 같이 살고 있다고 말하지 않는가. 다시, 처음이다.

3 두 입술: 조경란의 『혀』

조경란의 『혀』(2007)는 사랑이 끝난 곳에서 시작된, 사랑 '이후'에 오는 것들에 관한 소설이다. 영원하고 절대적인 사랑을 속삭이던 남자가 똑같은 입으로 사랑의 종말을 고하며 떠나갔다. '나'의 꿈인 쿠킹 클래스와 키친을 함께 만들고 기뻐해 주던 사람이다. 그래서 '나'는 말한다. "식도락가라는 이유만으로 한때 열심히 읽곤 했던 헤밍웨이가 한 말은 틀렸다. 물리적인 고통을 견디고 나서야 자신을 알게 되는 것은 남자만이 아니다." "이제 키친은 나에게 더 이상 모든 맛있는 음식이 시작되는 곳이 아니다." "주방은 얼마든지 살육의 장이 될 수 있다." 이 소설은 이처럼 가장 여성적인 공간인 키친에서 가장 대조적으로 여성성을 상실해 가는 여성 주체의 이야기다. 그리고 음식에 관한 이야기이면서 성과 사랑에 관한 이야기이기도 하다. 입술과 성기와 혀는 동위소를 이루는 몸들이기 때문이다.

신이 모든 곳에 존재할 수 없어서 어머니를 만들었다면, 세상의 모든 음식은 신이 만든 것이다. 음식은 생명과 창조, 베풂의 대명사다. 이 소설에서는 어머니보다 더 강력한 할머니의 손으로 행복하고 따뜻한 음식이 제공된다. 음식으로 상상할 수 있는 최대치의 쾌감을 선사하는 것이 바로 할머니의 음식이다. '나' 또한 할머니의 음식에서 유래하는 "유년 시절의 맛과 씹히는 생생한 느낌과 경험들"에 바탕을 둔 "기쁨에 대한 목록"으로 채워진 요리책을 쓰고 싶었던 요리사이기도 하다.

이전에 조경란은 『식빵 굽는 시간』(1996)에서 이미 그 목록을 보여 주었다. 빵 중의 빵, 정통적인 빵, 가장 기본적인 빵, 첨가물이 배제된 빵, 그래서 가장 만들기 힘든 빵, 식빵. 그런 식빵을 구움으로써 여주인공 '나'는 맛있는 냄새를 풍기며 부풀어 오른다. 많은 빵들이 버려지고 굳어 갔지만, 어쨌든 근친상간(이모와 아버지)의 결과물인 '나'의 존재와, 이복여동생과의 근친상간적 사랑에 빠졌던 옛 애인과의 사랑은 「강여진 베이커리」에서 승화되고 숙성된다. 식빵이지 않은가. 따뜻하고 부드럽다. 그래서인지 이 소설의 끝은 먹음직스럽다. "저 나무들의 수많은 이파리 사이로 차츰 푸르게 번져 들고 있는 세상의 빛이 보이고 있었다. 나는 천천히 창가에서 등을 돌렸다. 그리고 잊고 있었다는 듯 주방을 향해 걸어가기 시작했다. 지금은 다시 식빵을 만들어야 하는 시간이었으므로." 다시, 식빵이다.

『혀』는『식빵 굽는 시간』이 끝나는 곳에서 다시 요리를 시작한다. 식빵이 아닌 연적(戀敵)의 혀로 만든 음식을 배신한 애인에게 만들어 주고 있기 때문이다. 식빵 굽는 냄새가 아니라 혀를 굽는 동물성의 냄새가 진동하고 있다. 이런 재료의 변화만큼 조경란은 음식을 너무 많이 만들고 맛봐 왔을 것이다. "삼촌, 때때로 난 이해가 안 될 때가 있어. 우린 세상에서 더 가질 수 없도록 좋은 할머니 밑에서 사과나 배 같은 걸 먹으면서 조용히 성장해 왔는데, 그런데 왜 둘 다 이렇게 실패한 거지?" 거식증을 앓다가 자살한 숙모 때문에 알코올중독 치료를 받고 있는 삼촌에게 '나'가 하는 말이다. 왜 그들은 할머니의 음식을 계속 먹거나 만들 수 없는가.

한때는 찬사와 예찬으로 이루어진, 내 몸을 읽고 더듬던 친밀하고 잘 빚어진 혀였다. 나는 그것을 꿀떡 삼킨다. 그의 혀는 내 입속에서 펄떡거리는 생선처럼 저항한다. 나는 입을 꽉 다물어 그것이 밖으로 나가지 못하도록 막는다. 내 이는 그것을 잽싸게 가로채 으깬다. 내 혀는 넘치는 분비물로 그것을 촉촉하게 적시고 뒤집고 근육처럼 힘차게 움직여 목구멍 깊숙이 밀어 넣는다. 더 깊숙이 더 완전하게 밀어 넣기 위해 내 혀는 빳빳하게 일어선다. 한 조각, 한 방울도 입 밖으로 새어 나오지 않는다. 그 것은 내 위 속으로 완벽하게 미끄러져 들어간다. 온몸의 감각이 바늘 끝처럼, 미세하게 떨리며 이윽고 나는 숨을 토해 낸다. 마지막으로 내 혀는 방금 전 요리의 맛을 되새기기 위해 쩝쩝, 입맛을 다신다.

'나'는 '나'를 떠난 '그'에게 집착한다. 한 입으로 두 말을 할 수 없는 사람들에게는 이미 식어 버렸더라도 그 사랑으로부터 벗어날 길이 없다. 이것은 이해나 의지의 차원이 아니라 감각과 기억의 차원이다. 그러나 변하지 않은 '나'에 비해, '나'보다 더 예쁘고 세련된 전직 모델 출신 여자에게 반해 '그'는 변했다. 그래서 더 이상 "뭐 좀 먹어야지."라는 '나'의 말은 '그'에게 축복이 아닌 저주, 애무가 아닌 고문의 언어로 변했다. '나'는 더 이상 '그'와 음식도, 몸도, 사랑도 나눌 수 없다. 그래서 '나'는 인용된 예문에서처럼 상상 속에서 '그'의 혀를 먹는다. 안타깝게도 '그'와 '나'의 혀는 서로 에로틱하게 교환되지 않고 잔인하게 먹거나 먹히고 있다.

흔히 남녀 간의 사랑이 이루어지는 마지막 단계가 상대방의 몸과 하나가 되는 것이고, 그 극단적인 경지가 상대방의 몸을 먹는 행위다. 하지만 이 소설에서는 이런 극단적인 합일 상태에 대해 조롱하는 패러디가 이루어지고 있다. 소설 속에서도 인용되듯이 소설 「케이크를 굽는 여자」에서 여주인공 마리안은 자신을 파괴하려고 했던 남자에게 자신의 나체 모양의 케이크를 구워 주지만 남자가 거절하자 스스로 자신의 몸(케이크)을 자른다. '나'는 여기에서 한발 더 나아간다. '나'의 몸이 아닌 연적의 몸을 케이크로 구워서 '그'와 같이 먹을 것이라고 다짐한다. 그리고 실제로 소설 끝에서 연적을 납치해 와 혀를 자른 후 그 혀로 만든 최후의 만찬을 '그'에게 대접한다. '나'대로의 이별 의식을 치른 셈이다. 왜 '나'는 '나'의 혀가 아닌 연적의 혀를 선택했을까. 혹은 왜 인용된 예문처럼 '나'가 '그'의 혀를 먹지 않고 '그'가 연적의 혀를 먹게 했을까. 우선 '나'나 '그'가 서로의 혀를 먹는 것에 드리워질 '합일'이라는 환상을 철저하게 거부하기 때문이다. '나'와 '그' 사이에 더 이상의 합일은 불가능하다. 서로에 대한 탐닉을 통해 하나가 된다는 것은 허구에 불과하다. 그러니 '나'나 '그'가 서로의 혀를 먹는 것은 아무런 의미가 없다. 오히려 앞에서 인용한 예문에서처럼 분노와 저항에 토대를 둔 폭력적 관계를 현시할 뿐이다. 또한 굳이 연적의 혀를 '그'가 먹게 하는 것도 서로를 사랑한다고 믿고 있는 '현재'의 연인 관계가 취약하고 허구적인 환상임을 경고하기 위해서다. "두 사람이 서로의 혀를 입속에 찔러 넣고 있을 때 마치 입속에 숨을, 노래를 불어넣고 있는 것처럼 보였죠."라는 말을 부정하기 위한 "레씨피"인 것이다. 서로의 혀를 나누는 행위가 더 이상 화합과 일체의 제의가 아니라 공격과 분노의 결과물임이 처절하게 드러나고 있다.

이럴 때 '나'는 기존의 여성 정체성을 반복적으로 모방 혹은 인용하면서 그런 반복 혹은 인용을 통해 기존의 여성 정체성에 균열을 가하는 저항적 주체라고 할 수 있다. 그녀는 음식이라는 여성적 영역을 유지하면서도 그 영역을 침범한다. '나'는 '그'를 위해 음식을 만든다. 그러나 행복이 아닌 불행, 사랑이 아닌 증오의 음식을 만든다. 이런 음식도 생명과 베풂, 충만과 재생이 중심이 되는 '여성적' 음식이라고 할 수 있을까. 또한 이런 음식을 통해서도 타인과의 합일과 일체가 가능할까. 동일한 음식을 먹어도 그 결과가 다르다면 음식과 연관된 기존의 (여성적) 젠더 정체성은 도전받아야 한다. 더 이상 음식의 원본은 없다. 새롭게 만들어지고 다르게 만들어지는 '패러디된' 음식만 있을 뿐이다.

입은 기쁨이 들어오는 장소이기도 하지만 걸어 나가는 장소이기도 하다. 입은 육체의 문을 열어 주기도 하지만 안에서 걸어 잠근다면 아무도 들어올 수 없는 내부의 어둠에 갇히게 된다. 사람을 자신이 한 말을 지키는 사람과 그렇지 않은 사람으로 구분했을 때 만약 후자에 얽혀 있는 사람에게는 입은 그저 빛이 없는 컴컴한 동굴일 뿐이다.

입은 입술과 혀로 구성되어 있다. 뤼스 이리가레에 따르면 입술은 하나이면서 둘이다. 혹은 둘이면서 하나다. 마치 한 가지 말만 하지 않고 정반대의 말도 내뱉을 수 있는 혀처럼 입술은 '하나이지 않은 성'을 나타낸다. 특히 조경란의 『혀』에서는 음식에 대한 양가적 가치와 사랑의 모순성과 연결되면서 입술(혀)의 이중성이 더욱 강조되고 있다. 모성성과 공격성의 양극단을 오가는 성이나 사랑을 '여성성'이라는 젠더 정체성으로 고착시킬 수는 없기 때문이다.

물론 이리가레의 '두 입술'은 일원론적이고 남성 중심적인 '남근'을 대체하면서 그것을 역전하고 재배치한 '여성적 남근'에 다름 아닐 수도 있다. 여전히 본질적인 여성성을 고수하면서 추상적이고 형이상학적인 여성을 재생산할 위험이 있기 때문이다. 그러나 정체성에 대해 저항하기 위해서는 정체성에 대한 인정이 필요하다. 그래서 남성적 위치를 해체시키기 위해서는 남성적 질서를 모방하는 일도 필요하다. 때문에 이리가레의 모방은 본질주의적이고 원본 중심주의적인 플라톤의 이데아 모방과는 다르다. 원본에 대한 저항과 조롱을 위한 비판적 책략이기 때문이다. 조건부 항복을 통해서만이 저항의 발판을 마련할 수 있기 때문이기도 하다. 비슷하면서 똑같지는 않게 음식을 만드는 조경란의 '여성 아닌 여성'은 지금도 타자를 배제하지 않는 두 입술을 지닌 채 열리지도 닫히지도 않은 불명확한 언어를 토하면서 불안하고 변덕스러운 음식을 계속 만들고 있다.

4 날카로운 가슴: 한강의 『채식주의자』

한강의 『채식주의자』(2007)는 1997년에 발표되었던 「내 여자의 열매」(『내 여자의 열매』, 2003)가 변주된 소설이다. 스스로도 '작가의 말'에서 "10년 전의 이른 봄, 「내 여자의 열매」라는 단편소설을 썼다. 한 여자가 아파트 베란다에서 식물이 되고, 함께 살던 남자는 그녀를 화분에 심는 이야기였다. 언젠가 그 변주를 쓰고 싶다는 생각을 했다. 10년 전의 내가 짐작했던 것과는 퍽 다른 모습이 되었지만, 이 연작소설이 출발한 것은 그곳에서였다."라고 밝히고 있다. 이후의 분석은 그 변주에 대해 확인해 보면서 한강 소설에 일어난 변화의 징후를 파악하는 것이 목적이다.

먼저 「내 여자의 열매」는 에코페미니즘(eco-feminism)적 입장에서 파악될 수 있는 문명 비판 소설이자 여성 생태 소설이라고 할 수 있다. 도시의 물질문명을 거부하면서 자유로운 공기를 마시며 "먼 데"로 가고 싶어 하는 여주인공의 식물화는 그 자체로 현대 문명과 기술 자본주의에 대한 여성적 비판으로 읽힐 수 있기 때문이다. 이런 맥락에서 이 소설은 '남성=문명=자본=소비', '여성=자연=생명=생산'의 이분법적 대립 구조나 본질주의적 결정론을 벗어나지 못하고 있다. 약육강식의 세계나 현실 안주적 일상에 매몰되어 있는 속물적 남편의 대척점에서 햇빛과 바람과 물만으로 생존하는 아내의 모습에는 "한때 두 발

동물이었던 흔적"이 거의 남아 있지 않다. 추상적이고 초월적인 환상성을 통해 아내는 식물이 되어 현실 '저편'에 있다. 그러니 남편과의 갈등이 첨예화될 필요도 없고, 식물이 되기 위해 처절하게 투쟁할 필요도 없다. 아내는 어느 날, 그냥 식물이 된다.

여기에서 '남성성=동물성', '여성성=식물성'의 대립이 선명해진다. 왜 여성성은 식물성과, 남성성은 동물성과 연관되는가. 제러미 리프킨의 『육식의 종말』에 따르면 경작 문화는 성장과 재생, 수렵 문화는 도살과 죽음이 기본 특성이다. 그리고 식물의 경작에는 동물 수렵에 요구되는 추적이나 격리의 이미지와는 상반되는 관리와 육성이 요구된다. 식물들은 먹이나 자산이 아니라 살아 있는 지구의 베풂이나 선물로 여겨진다. 그래서 농경 사회는 자연의 생명 주기와 결합되어 있기 때문에 '재생-생명-본능'이 항상 핵심적 세계관을 형성한다. 흔히 여성적 자질이라고 여겨져 왔던 특성들이다. 반면 동물들의 사육과 사냥과 연관된 수렵 문화는 고기에 대한 다양한 요리법을 통해 문화를 형성하면서 호전적이고 남성 중심인 복잡한 육식 문화를 형성한다. 그러니 여성들은 채식주의를 통해 식물적 농경 사회에 대한 향수와 남성 중심적 문화에 대한 반란을 도모할 수 있다.

하지만 『채식주의자』에 오면 상황은 「내 여자의 열매」에서보다 더 치열해진다. '환상'이 아닌 '현실'의 차원에서 '식물성의 추구'가 아닌 '동물성의 제거'에 더 초점을 두는 여성 주체가 등장하기 때문이다. 더 이상 당위론적이고 필연적으로 식물로의 변신에 성공하는 여성 주체는 존재하지 않는다. 완전한 식물이 되려는 여성에게 가능한 것은 '나무-되기'가 아닌 '시체-되기'일 뿐이다. 「내 여자의 열매」에서 자신의 "나쁜 피"를 갈고 나무가 되었던 여성은 『채식주의자』에서는 완전히 피를 갈고 나무가 되려고 하다가 죽는다. 보다 적극적으로 채식주의를 '선택'하지만, 그에 대한 편견과 공격, 배제 또한 강력하게 이루어지고 있기 때문이다. 더욱 심각한 것은 이토록 상황이 악화된 이유를 외부적 폭력에서만 찾을 수 없다는 데 있다. 남편 또한 이전처럼 화분에 여자를 옮겨 심어 주는 이해와 사랑을 더 이상 보여 주지 않는다. 하지만 더욱 중요한 문제는 식물이 되려는 여성 자체의 내부에 내재한다. 여성은 식물이기도 하지만 동물이기도 하기 때문이다. 즉 식물이 되려는 동물이지 식물 자체는 아닌, 인간이기 때문이다. 아무리 채식을 해도 인간의 육식 본능을 완전히 제거할 수는 없다.

얼어붙은 계곡을 하나 건너서, 헛간 같은 밝은 건물을 발견했어. 거적때기를 걷고 들어간 순간 봤어, 수백 개의, 커다랗고 시뻘건 고깃덩어리들이 기다란 대막대들에 매달려 있는 걸. 어떤 덩어리에선 아직 마르지 않은 붉은 피가 떨어져 내리고 있었어. 끝없이 고깃덩어리들을 헤치고 나아갔지만 반대쪽 출구는 나타나지 않았어. (중략) 내 손에 피가 묻어 있었어. 내 입에 피가 묻어 있었어. 그 헛간에서, 나는 떨어진 고깃덩어리를 주워 먹었거든. 내 잇몸과 입천장에 물컹한 날고기를 문질러 붉은 피를 발랐거든. 헛간 바닥, 피 웅덩이에 비친 내 눈이 번쩍였어.

그날 저녁 우리 집에선 잔치가 벌어졌어. 시장 골목의 알 만한 아저씨들은 다 모였어. 개에 물린 상처가 나으려면 먹어야 한다는 말에 나도 한 입을 떠 넣었지. 아니, 사실은 밥을 말아 한 그릇을 다 먹었어. 들깨 냄새가 다 덮지 못한 누린내가 내 코를 찔렀어. 국밥 위로 어른거리던 눈, 녀석이 달리며, 거품 섞인 피를 토하며 나를 보던 두 눈을 기억해. 아무렇지도 않더군. 정말 아무렇지도 않았어.

앞의 예문은 여주인공 영혜의 육식 거부가 본격화되기 시작할 때 그녀가 반복적으로 꾸게 되는 꿈이고, 뒤의 예문은 실제로 영혜가 유년 시절에 겪은 경험이다. 과거가 현재를 지배한다. 기억이 망각을 뚫고 나온다. 자신을 문 개에 대한 응징으로 그 개를 도살해서 먹어 버린 영혜의 과거는 그녀를 채식주의자로 만듦과 동시에 육식주의자에서 벗어날 수 없게 하는 양면성을 지닌다. 가부장적이고 폭력적인 아버지나 세속적인 남편의 억압과는 별도로 영혜는 정육점 앞을 지나면 무조건적 반사로 침을 흘린다. 그러니 이것은 채식을 하느냐 육식을 하느냐의 문제가 아니다.

그래서 영혜는 「몽고반점」에서 다음처럼 말한다. "고기만 안 먹으면 그 얼굴들이 나타나지 않을 줄 알았어요. 그런데 아니었어요." "그러니까…… 이제 알겠어요. 그게 내 뱃속 얼굴이라는 걸. 뱃속에서부터 올라온 얼굴이라는 걸." 외부가 아닌 인간 내부에 유전자처럼 존재하는 육식성을 제거할 길은 없다. 자신의 피를 완전히 바꾸지 않는 한. 이처럼 영혜는 순수함과 야생성을 간직한 자연 생태를 나타내 주는 '몽고반점'을 지닌 여성이기도 하지만, 고기를 먹고 입술에 피를 묻히기도 하는, "광합성을 하는 돌연변이체의 동물"이기도 하다. 그래서 꽃들이 보디페인팅된 나신으로 그녀와 식물적 교합을 이룬 형부조차도 "이 모든 것을 고요히 받아들이고 있는 그녀를 어떤 성스러운 것, 사람이라고도 그렇다고 짐승이라고도 할 수 없는, 식물이며 동물이며 인간, 혹은 그 중간쯤의 낯선 존재"로 느낀다. 자신의 몸속에 절대로 무기가 될 수 없는 '둥근 가슴'을 지님과 동시에 포식자처럼 작은 동박새를 거칠게 물어뜯는 '이빨'을 지닌 여성이 바로 영혜다.

번들거리는 짐승의 눈, 피의 형상, 파헤쳐진 두개골, 그리고 다시 맹수의 눈. 내 뱃속에서 올라온 것 같은 눈. 떨면서 눈을 뜨면 내 손을 확인 해. 내 손톱이 아직 부드러운지, 내 이빨이 아직 온순한지.

내가 믿는 건 내 가슴뿐이야. 난 내 젖가슴이 좋아. 젖가슴으로 아무것도 죽일 수 없으니까. 손도, 발도, 이빨과 세 치 혀도, 시선마저도, 무엇이든 죽이고 해칠 수 있는 무기잖아. 하지만 가슴은 아니야. 이 둥근 가슴이 있는 한 난 괜찮아. 아직 괜찮은 거야. 그런데 왜 자꾸만 가슴이 야위는 거지. 이젠 더 이상 둥글지도 않아. 왜지. 왜 나는 이렇게 말라 가는 거지. 무엇을 찌르려고 이렇게 날카로워지는 거지.

흔히 남성이 여성에게 느끼는 거세 공포증과 연결되는 '이빨 달린 질'과 여성이 스스로에게 느끼는 무기 공포증과 연결되는 '날카로운 가슴'은 외형적으로는 비슷할지 몰라도 그 의미는 정반대다. '성녀'와 '마녀'라는 여성에 대한 기존의 이분법적 분류에 근거해 마녀처럼 강하고 공포스러운 델릴라 같은 여성에게 머리를 잘릴까 봐 두려움에 떠는 삼손과 같은 남성 주체와 연관되는 것이 '이빨 달린 질'이다. 따라서 '이빨 달린 질'은 남성과 여성, 성녀와 마녀라는 극히 가부장적이고 남성 중심적인 젠더 의식을 대변하는 몸이다. 그러나 인용된 예문에서 드러나 있듯이 '날카로운 가슴'은 절대로 무기가 될 수 없는 '둥근 가슴'을 지닌 여성적 식물성 속에 내재하는 육식성을 상징하는 몸이다. 둥근 가슴도 무기가 될 수 있다. 마치 손톱과 이빨처럼 뾰족해져서 상대방을 찌를 수 있기 때문이다.

버틀러에 따르면 이럴 때 여성은 우울증적 주체가 된다. 우울증적 주체는 자신의 내부에 '구성적 외부(constitutive outside)'를 포함하고 있는 주체를 말한다. 주체 형성 과정에서 자기동일성 형성을 위해 배제되거나 거부되어야 하지만, 그 배제나 거부를 위해 반드시 필요한 타자 혹은 부정성, 불행한 의식, 필요한 금기 등이 바로 '구성적 외부'다. 충분한 애도로 떠나보내야 할 대상을 떠나보내지 못해 자신의 몸 안으로 그런 '구성적 외부'를 불러들이는 것이 우울증적 주체다. 채식주의자들은 자신의 정체성을 위해 거부해야만 하는 동물성을 자신의 내부에 불완전하게 합체하고 있기에 이중적이고 모호하다. 이럴 때 채식과 육식의 대립은 무의미하다. 그러니 우울증적 채식주의자들은 불가능성을 상징하는 주체이자 비순수성을 지닌 주체가 될 수밖에 없다.

이런 우울증적 주체가 됨에도 불구하고 채식주의자들은 채식주의를 멈출 수 없다. 채식주의자는 여성성 혹은 남성성의 문제가 아니라 조르조 아감벤이 말하는 '호모 사케르(Homo Sacer)'로 존재하기 때문이다. 육식 문화 혹은 동물성의 세계에서 살아도 살아 있는 것이 아닌 주변부 타자로 존재하지만, 살아 있는 공동체의 삶에 꼭 필요한 조건이자 '구성적 외부'로 존재하는 자들이 바로 채식주의자들이다. 아무리 자신의 내부에 동물성을 지니고 있을지언정 거꾸로 물구나무서기를 해서라도 "나는 이제 동물이 아니야."라고 외칠 수밖에 없는, 남성도 아니고 여성도 아닌, 동물도 아니고 식물도 아닌 존재가 바로 '나무가 되고 싶은 인간'이기 때문이다.

5   안티고네의 주장

천운영과 조경란, 한강에게 여성 정체성은 본질이 아닌 행위, 피부가 아닌 옷이다. 어떤 본질을 전제로 하는 고정된 정체성이 아니라 가변적으로 구성되는 환상적 인공물이 바로 여성 주체이다. 부정되어야 할 '구성적 외부'를 안고 있는 우울한 이질적 합체물이기도 하다. 이처럼 옷을 갈아입듯 잠정적이고 일시적으로만 가질 수 있는 것이 여성 정체성이기에 여성이라는 젠더 또한 범주화할 수 없다. 오히려 패러디적 반복을 통해 어떤 역할을 수행하거나 연기(演技)하는 속에서 자기 저항과 재의 미화의 메커니즘을 작동시킬 수 있게 된다.

그 대표적인 예가 바로 안티고네다. 버틀러에 따르면 안티고네는 오빠에 대한 사랑으로 국가법으로 금지된 시체 매장을 감행하면서 국가법에 저항하는 영웅이 아니다. 오이디푸스의 딸이기에 오빠이면서 아빠이기도 한 남성을 사랑하는 난잡한 딸(동생)은 친족법을 대표할 수 없다. 반대로 삼촌 크레온으로 대표되는 국가법에 희생당하는 여성 주체 또한 아니다. 안티고네는 오빠 중에서도 에테오클레스가 아니라 폴리네이케스라는 특정 남성만을 사랑하고, 그에 대한 합당한 애도에 실패해서 그를 자신의 자아에 부분적으로 합체한 우울증적 주체다. 안티고네가 남성의 언어를 잘 활용하는 여전사이고, 아들 노릇을 하는 딸이고 보면, 여성 아닌 남성에 가깝다. 그렇다면 안티고네는 오빠에 대한 근친상간적 금기보다는 남성적 여성으로서 오빠를 사랑하는 동성애적 금기를 범한 우울증적 주체라고 할 수 있다.

물론 이런 모호하고 이질적인 젠더 정체성 이론에 기초한다면 '여성 없는 페미니즘'에 빠질 위험성도 늘 존재한다. 그러나 포스트페미니즘은 '보편적인 여성(women)'이 아니라 '개별적인 여성(woman)'의 차이와 다양성을 확보하기 위해 수행적 정체성이나 전복적인 반복을 강조한다. 포스트페미니즘의 입장에서 버틀러의 젠더 정체성 이론이 중요한 것도 구성주의적이고 비본질적인 젠더 주체를 상정하면서도 이런 주체가 상실하기 쉬운 정치적 거점 또한 확보하게 해 주기 때문이다. 무엇보다도 안티고네를 중심으로 파악한 우울증적 주체는 권력에 역설적으로 복종하면서도 자신의 내부에 자기 부정성을 가지고 있는, 모호하고 불확실한 잉여물로서의 가치를 지니기에 중요하다. 이런 우울증적 주체는 단일한 자기 정의를 통해 타자를 배제하지 않는다는 점에서 윤리적 주체이기도 하다.

천운영과 조경란, 한강은 기존의 규율 담론이 주입한 여성성과 남성성이라는 젠더 자체가 모방의 모방이자 상상적 허구라는 사실을 인정하는 포스트페미니스트들이라고 할 수 있다. 그리고 여성 속에 남성(천운영), 사랑 속에 증오(조경란), 식물성 속에 동물성(한강)이 '내부의 내부'나 '안의 바깥'으로 존재할 수밖에 없음을 아는 우울증적 주체들이기도 하다. 이는 단순히 여성성과 남성성이라는 젠더가 교차, 공존, 혼합되어 있다거나, 동성애적인 양상을 보여 준다는 소극적 의미가 아니다. 이런 양상조차 다시 부정되고 해체될 수 있음을 보여 주는 적극적 의미까지를 포함한다. 자리만 바뀌었을 뿐 고정된 이분법을 그대로 유지하는 남성적 여성과 여성적 남성이 문제가 아니라, 여성성과 남성성 사이의 경계 자체를 무화하거나 해체하며 재구성하는 것이 더 중요하기 때문이다. 그래서 포스트페미니즘에서의 젠더 정체성은 계속 움직이고 있다. 원본 없는 패러디의 드라마가 연속되고 있기 때문이다. 그러므로 이 작가들의 소설에는 포스트페미니즘을 내장한 '검은 태양'이 비추고 있다. 우울하지만 울창하다.

주체의 궁핍과 '손'의 윤리

주체의 궁핍과 윤리적 폭력

'근대의 발명품'으로서의 주체는 여전히 논쟁이 진행 중인 문제적 개념이다. 이성·자율·문명 등과의 관계에 따라 구성되었다가 해체되기도 하고, 탄생되었다가 사망 선고를 받기도 하면서 마치 유령처럼 문학의 주변을 여전히 맴돌고 있기 때문이다. 그러나 '주체의 죽음'에 대한 가장 극단적인 논의조차도 동일화되거나 절대 우위를 차지하는 주체에 대한 거부일 뿐 주체라는 개념 자체를 부정하는 데에까지 이르렀다고는 확신할 수 없다. "절대 주체의 확립만큼이나 주체의 절대부정도 바람직스럽지 못하다."¹라는 반론 또한 만만치 않기 때문이다. 문학의 본질상 '주체란 무엇인가'라는 근원적 질문을 포기할 수 없다는 주장이나, '제대로 형성되어 보지 못한 주체가 어떻게 종말을 고할 수 있는가'라는 비판이 제기되기도 한다. 그렇다면 비유적으로 말해 주체에 대한 논의에 있어서도 "목욕물을 버리면서 아이까지 버릴 필요는 없다."²라고도 말할 수 있다.

이런 맥락에서 '불가능한 주체'가 아니라 '새로운 주체'에 대한 논의로 초점을 이동시킨다면 주체의 '권력'이 아닌 주체의 '궁핍'이 주체에 관한 재논의의 시발점이 될 수 있다. 주체의 궁핍이란 주체 스스로도 자신을 완전히 소유하지 못한다는 의미다. 절대적 권력을 소유한 주체와는 다르게 "머무름, 참고 견딤, 기다림, 물러남, 침잠, 은인자중"³ 등을 중심으로 하는 '다른 주체'가 바로 궁핍한 주체에 해당한다. 때문에 이런 불완전성·불투명성·불균형성으로 대변되는 주체의 궁핍은 주체의 권력을 강조하면 할수록 더 궁핍해지는 모순을 지닌다. 주체에 대한 거부가 아닌 비판을 통해 오히려 '주체적인, 너무나 주체적인' 상태를 대변하는 것도 이 때문이다.

---

1   윤효녕 외, 『주체 개념의 비판』(서울대학교 출판부, 1998), 3쪽.
2   테오도어 아도르노, 김유동 옮김, 『미니마 모랄리아』(도서출판 길, 2005), 66쪽.
3   강영안, 『주체는 죽었는가』(문예출판사, 1996), 288쪽.

이런 주체의 궁핍 문제를 '윤리적 폭력'과 연결해 살펴볼 필요도 있다. 윤리적 주체는 '나는 누구인가'를 알기 위해 '너는 누구인가', 더 정확히 말하자면 "내가 줄 수 없는 것을 나에게 요구하는 너는 누구인가."[1]라는 질문에 응답하려는 주체다. 주체와 '너'로 대변되는 타자와의 동일화 자체가 주체의 나르시시즘과 타자의 추방을 초래했다는 한계를 인정하고 있는 궁핍한 주체는 "나처럼 되어라, 그러면 너의 차이를 존중하겠다."[2]라는 윤리적 폭력을 스스로 반성한다. 윤리적 폭력은 주체가 윤리라는 이름으로 타자에게 행하는 폭력이기 때문이다. 하지만 또 다른 윤리적 폭력에 맞서기 위해 '동일자적 타자'가 아닌 '전혀 다른 타자'와 맞닥뜨리고 있는 2000년대의 소설들에 주목할 필요가 있다. 주체의 궁핍 자체에 '타자의 폭력'도 중요한 변수로 작용하기 때문이다.

이를 위해 타자의 개념보다 더 밀접하게 주체의 궁핍에 관계하는 '이웃'의 윤리에 주목해 보자. 이웃은 '가장 가까운 자'를 지칭하는 것이 아니라 "타자의 이웃으로서의 모든 타자들"[3]을 의미한다. '가족과 이방인, 동지와 적, 주체와 타자 사이의 불

---

[1] 주디스 버틀러, 양효실 옮김, 『윤리적 폭력 비판』(인간사랑, 2013), 129쪽.
[2] 알랭 바디우, 이종영 옮김, 『윤리학』(동문선, 2001), 34쪽.
[3] 서용순, 「데리다와 레비나스의 반(反)형이상학적 주체 이론에서의 정치적 주체성」, 《사회와 철학》 28호(사회와철학연구회, 2014), 334쪽.

확실한 분리를 보여 주는 경계선상의 존재'[1]가 바로 이웃이다. 이런 이웃의 개념을 통해 '네 이웃을 내 몸과 같이 사랑하라.'라는 윤리와 '네 이웃이 너를 사랑하는 만큼 네 이웃을 사랑하라.' 라는 양극단의 윤리[2] 속에서 갈등하는 주체의 궁핍 양상을 더욱 분명하게 조망해 볼 수 있다. 21세기 들어 새롭게 조명받는 이웃의 개념 자체가 "속내를 알 수 없는 그래서 언제나 불안과 공포의 대상인 무엇"[3]으로 전락한 측면이 있기 때문이다. 그렇다면 '누가 이웃인가'를 규명함으로써 이웃에 대한 무조건적인 배려나 책임이 주체를 완성시킨다는 말이나, 모든 타자는 존중받아야 할 좋은 이웃이라는 것을 강요하는 행위 자체도 윤리적 폭력이라는 사실에 주목해야 한다. '줄 수 없는 것'을 주체에게 요구하고 있다면 그런 '나쁜' 이웃 또한 윤리적 폭력의 주체일 수 있다는 것이다.

이런 맥락에서 이 글은 가족관계에서 일어나는 주체의 궁핍 양상을 중점적으로 살펴보려고 한다. 그 첫 번째 이유는 배

---

[1] 케네스 레이너드, 정혁현 옮김, 「이웃의 정치신학을 위하여」, 『이웃』 (도서출판 b, 2010), 33쪽 참조.
[2] 지그문트 프로이트, 김석희 옮김, 『문명 속의 불만』(열린책들, 1997), 298쪽.
[3] 김동훈, 「무조건적 존중의 대상인가, 두려워하고 경계해야 할 대상인가? 레비나스와 지젝의 이웃 개념에 대한 변증법적 고찰」, 《철학논총》 72호(새한철학회, 2013), 264쪽.

우자나 자녀 중심의 친밀한 사적 영역에서의 윤리는 통제가 거의 불가능한 가장 취약한 인간관계를 형성하므로 주체가 윤리적으로 가장 무력해질 수 있기 때문이다. 두 번째 이유는 이런 가족관계에서 파생되는 피해 자체가 제도적인 법의 영역에서 완전하게 처리되지 못하기에 윤리적 차원에서의 고려가 중심이 될 수밖에 없기 때문이다. 이 글에서 다룰 소설들을 가족 소설보다는 윤리 소설의 측면에서 주로 다루는 이유도 여기에 있다. 세 번째 이유는 주체의 실패를 통한 주체의 궁핍 자체가 새로운 주체의 윤리를 형성하는 토대가 될 수 있음을 보여 주기 때문이다. 앞에서 언급한 비유로 말하자면 분석할 소설들 모두 '목욕하는 아이'가 중심이 되고 있다는 의미다.

이와 연관되어 이 글에서 다룰 세 편의 소설, 정용준의 「안부」, 김영하의 「아이를 찾습니다」, 김애란의 「어디로 가고 싶으신가요」는 모두 주체와 이웃의 '잡는 손'이 주요 모티프로 등장하면서 주체가 윤리와 맺는 관계를 대변하고 있다. '손'은 그 자체로 주체의 위치가 구성되는 육체이고, 이웃과 손을 '잡는' 행위는 주체의 윤리를 규정해 준다는 점에서 구체성을 담보하는 육체다. '잡는 손'을 통해 윤리의 육화(肉化)가 이루어지고 있기 때문이다. 또한 이 세 소설들은 각각 '연대', '용서', '치유'로 대변되는 지극히 절대적인 윤리가 현실화될 때의 지난한 과정을 통해 주체의 궁핍을 치열하게 문제 삼고 있다. 누구와, 어떻게, 그리고 왜 손을 잡는지에 따라 주체의 궁핍 양상과 그에 따른 윤리적 폭력 양상이 달라지고 있기 때문이다. 이런 맥락에서 세 편의 소설들 모두 '잡는 손'을 통해 21세기에 대두된 주체의 궁핍과 새로운 윤리를 효과적으로 문제 삼을 수 있는 유의미한 시금석에 해당한다.

연대하는 '손'과 애도의 불가능성: 정용준, 「안부」

정용준의 「안부」[1]는 군대에서 의문사한 아들의 죽음을 자살로 몰아가는 국가에 대해 진상 규명을 요구하는 어머니의 고군분투기다. 사건을 다급하게 마무리하려는 국가권력에 대항해 아들의 장례를 치르기를 거부해서 시체를 냉동 보관한 지 6년이 지난 처절한 상황이 소설의 서사를 지배하고 있다. 가혹 행위가 의심되고 초동 수사에도 허점이 있지만, 그 모든 가능성을 국가권력은 원천 봉쇄하면서 은폐하려 한다. 매일 군대를 찾아가 항의하던 남편마저 얼마 지나지 않아 군부대 근처의 여관에서 실족사한 것도 '나'에게는 불가항력적인 폭력 그 자체다. 그래도 "아들이 차가운 침대에 누워 있는데 어머니라는 자가 무책임하게 죽을 수는 없는 법이다."(162쪽)라거나 "다른 무엇보다 마음을 지켜야 한다. 누워 있는 이자는 사람이다. 이 사람은 내 아

---

[1] 정용준, 『우리는 혈육이 아니냐』(문학동네, 2015). 소설 인용은 이에 의거해 쪽수만 밝힌다.

들이다. 억울하게 죽은 내 아들이다."(163쪽)라는 말을 되새기며 '나'는 고통을 견딘다. 양상은 정반대이지만 그 의미는 동일하게, 매장하지 말라는 국가법에 저항해 친오빠를 매장한 안티고네처럼 「안부」에서의 어머니는 아들의 매장을 거부한다. 안티고네가 국가법을 위반하는 결정적인 이유는 오빠가 지닌 '유일성' 때문이다. 안티고네에게 오빠는 그 누구로도 대신할 수 없는 '법 너머'의 존재라는 것이다.[1] 소설 속 '나'에게 아들 또한 실정법의 효용성과는 무관한 유일한 대상이다.

현재 '나'가 처한 현실은 냉정하고 냉혹하다. 아들의 사고 직후 불편부당한 불의에 처한 '나'를 향했던 주변 사람들의 관심과 동참도 6년의 세월이 흐르자 무관심과 비난으로까지 이어진다. 이로 인해 주체로서의 '나'는 궁핍의 상황에 직면한다. 본능적·선천적 모성의 절대성만이 아니라 경험적·후천적 모성의 현실성을 동시에 경험하고 있다는 점에서 '나'는 상처입은 윤리적 주체가 된다. "한 달에 한 번 가는 것도 미안한데 그 마음이 힘들고 지치는 것이 죄스럽다."(162쪽)라거나 "어미라는 자가 장례식 내내 눈물 한 방울 없이 있을 것만 같아 걱정이 되었다."(163쪽)라고 느끼기에 모성 자체가 윤리의 시험대에 오른 것이다. 아들의 죽음을 통해 '나'는 익숙하고 친숙했던

---

[1] 홍준기, 「누가 우리의 이웃인가?」, 《시대와 철학》 23권 4호(시대와철학학회, 2012), 267쪽 참조.

세계의 균열과 윤리의 극단을 체험하게 된다.

> 이제 아무도 나를 상대해 주지 않는다. 걱정도 하지 않고 동정조차 하지 않는다. 제발 그만하라고 내게 욕을 하는 사람이 있다. 내가 악으로 버틴다고 했다. 아들을 냉동고에 내버려 두는 비정한 어미라고 몰래 손가락질했다. 아들 팔아서 팔자를 고치려는 독종이라고 눈을 흘겼다. 아들아. 내가 가는 모든 곳에서 모든 사람들이 나를 모욕하는구나. 그것은 아무것도 아니다. 내가 두려운 것은 나도 그들처럼 너를 잊어버리는 것이다. 갑자기 치매가 온다거나 기억력이 떨어져 너의 얼굴을 잊을까 봐 겁이 난다. 어느 날 문득 모든 일이 덧없고 무의하게 느껴질까 봐 두렵다. 하지만 반대로 영원히 이렇게 고통받아야 할까 봐 두렵기도 하다. 아들아. 나는 어찌해야 하는 걸까.(178쪽)

인용문에서 드러나듯이 "악"하고 "비정"하고 "독종"인 어머니로 오인되는 데서 오는 모욕은 주체의 외부에서 오는 것이기에 오히려 "그것은 아무것도 아니다". 더 심각한 것은 오히려 주체의 내부에서 자생하는 두려움이다. 망각이나 포기를 통해 점점 무력감에 빠지게 되기 때문이다. 심지어 이런 주체 외부와 내부에서 동시에 일어나는 궁핍의 상황은 상호 연관되기에 더욱 악화된다. 진실을 밝혀내지 못했다는 자괴감이나 아들을 편하게 보내 주어야 할 것 같은 죄의식이 더욱 심각하게 주체를 짓누른다. 이런 자괴감과 죄의식의 폭력성은 윤리를 윤리로 환대할 수 없는 윤리적 폭력을 대변한다. 정당한 모성을 부당한 모성으로 왜곡하고 있기 때문이다.

이처럼 국가권력의 불평등성과 불가항력성은 주체의 수동성을 유발한다. 현실을 파악할 수 없다는 것이 아니라 현실 그 자체가 우리가 아는 현실과 다르다는 것에서 오는 윤리적 혼란이 문제가 된다. 해석 불가능성이 아니라 이해 불가능성이 지배할 때 주체는 윤리로부터의 응답 가능성을 기대할 수 없기에 궁핍한 주체가 된다. 죄책감과 책임감이 모두 주체에게만 머무를 때 사회의 유죄성과 폭력성은 더욱 커지는 것이다. 마치 "원죄처럼 목적도 수단도 아닌, 의도나 보상도 없는 그런 죄가 우리의 삶"[1]이라면 피해자가 오히려 가해자로 비난받는 비윤리적 상황에 수동적으로 노출될 수밖에 없다.

'나'가 심리적으로 커다란 위로나 도움을 받고 있는 교회에서조차 자살이라는 죄를 지은 아들이 아닌 '나'에게만 손을 내민다. 이를 통해 종교로 대변되는 구원의 윤리가 지닌 폭력성을 증명해 준다. "믿는 사람이, 주님의 자녀가, 택한 백성이 어

---

[1] 김나영, 「닮은 삶의 냄새로 말하다」, 정용준, 앞의 책, 273쪽.

떻게 자살할 수 있는가."(165쪽)라는 교리에 따르면 아들은 심지어 악령에 가까운 존재가 된다. 교회의 목사는 "내 손을 마주 잡고"(166쪽), 또 "괴로운 듯 잡은 손에 힘을 주고"(167쪽), "그렇게 한참 손만 잡"(168쪽)아 준다. 그러면서도 자살을 하지 않았다는 전제하에서만 허락되는 조건부적 구원만을 약속한다. 자살했다고 오인되고 있는 아들을 둔 어머니의 입장에서 필요한 것은 율법에 토대를 둔 유일신이 아니라 이방인들의 사도인 바울일 수 있다. 예외나 차별 없이, 그리고 아무 이유 없이 "모든 종류의 사람에게 모든 것이 다 되기"[1]를 실천하는 바울의 윤리 자체가 더 능동적이고 보편적인 윤리이기 때문이다. 어머니에게는 "여러분은 율법 아래 있지 않고 은총 아래 있습니다."[2]라고 선언하는 바울이 더 윤리적 존재인 것이다.

이런 '나'의 아들의 죽음과 비슷한 또 다른 이등병의 죽음이 뉴스에 보도되고, 그 어머니에게서 만나자는 연락이 온다. 아들을 억울하게 잃은 두 어머니의 만남은 그 자체로 고통의 연대다. 두 어머니 모두 아들의 죽음이 자살이 아닌 군대 내 가혹행위와 집단 따돌림과 연관 있다고 믿기에 "산 사람은 살아야 한다니. 그러면 죽은 사람은 죽어야 한다는 뜻인가."(178쪽)라며 아들의 죽음에 대한 애도를 거부한다. 죽은 아들을 제대로 살려

---

1 알랭 바디우, 현성환 옮김, 『사도 바울』(새물결, 2008), 29쪽.
2 위의 책, 124쪽.

내려는 것, 아들의 죽음에 제대로 된 이름을 부여하려는 것이 아들에 대한 애도를 거부하는 이유다. 이런 두 어머니의 '잡는 손'은 교회 목사의 '잡는 손'과는 다르다. 아들들의 죽음을 왜곡하지 않는, 혹은 그런 왜곡을 용서하지 않겠다는 저항으로 연대하는 손이기 때문이다.

우리는 한참 동안 말없이 앉아 있었다. 예상과 달리 그녀는 말이 별로 없었다. 질문도 하지 않고 하소연도 하지 않았으며 오열하지도 않았다. 하지만 내 눈엔 보였다. 그녀가 애써 참고 있는 것이 느껴졌다. 손끝이 떨리고 있었다. 움츠린 어깨가 위태롭게 흔들리고 있었다. 나는 한 손으로 그녀의 손을 잡고 다른 손으로 어깨를 토닥였다. 이제까지 손끝을 통해 그런 것을 느껴 본 적은 처음이었다. 마치 손끝에 귀가 달린 것처럼 유리병이 산산조각 나 깨지는 것 같은 파열음이 들렸다. 이윽고 그녀는 굉음을 내며 울기 시작했다. (중략) 나는 뭐라고 해 줄 말이 없어 그냥 희미하게 웃었다. 힘을 내야 한다, 다 잘될 거다, 같은 희망적인 말을 해 주고 싶었지만 남들이 내게 했던 그런 위로가 얼마나 쓸데없는지 잘 알기에 그냥 침묵했다.(180~181쪽)

하지만 '나'는 남편의 의문사 이후 10여 년 동안 같이 싸우는 가족협의회의 여직원이나 함께 시위를 하면서 말없이 비타민 드링크 한 병을 건네주는 초로의 남자에게 모두 적당한 동질감과 함께 어쩔 수 없는 거리감을 동시에 느낀다. 고통으로 하나가 되는 연대, 망각과 포기가 불가능한 연대, 조직과 체계를 갖춘 연대를 지속적으로 바랄 수만은 없는 현실을 직시하기 때문이다. 인용문에서처럼 무용한 "희망적인 말"이 지닌 윤리적 폭력을 경계하기 때문이기도 하다. 그래서 느슨하게만 연대하는 어머니들은 차라리 침묵을 선택한다. "앞으로 가장 힘든 게 뭘까요?"(182쪽)라고 묻는 그녀에게 '나'는 "곧 사람들이 잊을 거예요. 그것에 대해 서운해하거나 화내면 힘들어져요."라고 답한다. 느슨한 연대는 가능할 수 있어도 탄탄한 연대는 또 다른 문제라는 것이다.

애도나 연대처럼 지극히 윤리적 행동을 주장하는 것은 오히려 당연해서 쉬울 수 있다. 그러나 작가 정용준은 애도의 불가능성을 병적인 멜랑콜리로, 연대의 취약성을 공동체의 미완성으로 보는 윤리를 유보한다. 그런 윤리를 당연시하는 것 자체가 또 다른 의미에서 '윤리라는 이름의 폭력'이 될 수 있다고 생각하기 때문이다. 애도인가 멜랑콜리인가를 각각 건강함과 병적인 상태로 구분하는 것[1] 자체가 현실에서는 무의미하다는 의

---

[1] 지그문트 프로이트, 윤희기·박찬부 옮김, 「슬픔과 우울증」, 『정신분석학의 근본 개념』(열린책들, 1997), 243~265쪽 참조.

미이기도 하다. 왜 애도가 불가능한가, 왜 멜랑콜리가 필연적인가, 그 사이에서 지속될 수밖에 없는 슬픔은 얼마나 집요한 것인가 등에 대한 논의로 한 걸음 더 나아가야 오히려 더 윤리적인 실천이 가능하다는 것이다. 불의를 기억하는 것, 진실을 포기하지 않는 것, 저항을 계속하는 것의 지난함을 '지속적으로' 강조하는 것만이 윤리적 폭력을 막을 수 있다고 생각하기 때문이다. 또한 이러한 애도 불가능성이 오히려 애도를 충실하게 만들거나 멜랑콜리를 거부하게 만드는 가역반응을 초래하기에 주체의 새로운 윤리가 된다는 뜻이기도 하다.

그래서 이 소설의 마지막 문장은 "내게 더는 안부를 묻지 말기를. 나는 아직 괜찮다."라는 '나'의 말이다. 그리고 이 소설의 제목이 "안부"인 것을 고려한다면 아이러니적인 결말로 볼 수도 있다. 안부를 묻는 것이 오히려 안부를 해치는 상황, 괜찮지 않을 때 괜찮음을 강요하는 상황을 초래한다면 오히려 그것이 더 비윤리적인 행위가 된다. 그렇다면 진정한 안부 인사란 얼마나 편안한지가 아니라 여전히 불편한지를 묻는 것이어야 하고, 이때 괜찮다는 것은 아직도 불편하다는 것의 확인이어야 한다. 그런 안부는 도저한 절망이 아니라 포기할 수 없는 저항에 다름 아니다. 애도나 연대가 윤리의 끝이 아니라 오히려 또 다른 윤리의 시작이어야 한다는 것이다. 그래서 이 소설의 결말은 탄탄한 연대보다는 느슨한 연대가 더 현실적인 윤리임을 경험한, 연대 '이후'의 윤리가 문제가 되는 주체의 궁핍을 더 잘 형상화하고 있다. 윤리적 폭력에 안부를 묻는 일은 죽은 자를 떠나보내는 애도가 아니라 "실패가 불가피한 불가능한 애도이자 그럼에도 불구하고 끊임없이 수행되는 애도"를 의미한다. 윤리적 폭력을 기억할 때는 실패한 애도 자체가 진정한 윤리이기 때문이다. '살아 있는 죽음'을 기억하려 한다면 애도는 불가능하다.

용서하는 '손'과 면목 없음: 김영하, 「아이를 찾습니다」

김영하의 소설 「아이를 찾습니다」[2]는 '빈손'으로 시작한다. 아이를 놓친 손, 아이를 잃어버린 손, 아이를 찾을 수 없었던 손이 바로 '빈손'이다. 평범한 가장이었던 윤석은 번잡한 주말에 가족과 함께 대형 마트에 갔다가 세 돌이 지난 아들 성민을 유괴당한다. 휴대폰 매장에서 최신 폰에 정신이 팔려 성민을 태운 카트를 등한시했기 때문이다. "누군가 카트를 끌고 가 버린 것이다."(48쪽) "그의 부주의하고 무신경했던 손, 잡아야 할 것을 놓쳤던, 그래서 인생의 모든 것이 손가락 사이로 빠져나가게 만

---

1 김주현, 「우울과 애도, 그 빈자리 너머」. 몸문화연구소, 『감정 있습니까?』(은행나무, 2017), 257쪽.
2 김영하, 『오직 두 사람』(문학동네, 2017). 소설 인용은 이에 의거해 쪽수만 밝힌다.

들었던 그의 손"(46쪽)은 아내 미라에게도 지속적으로 비난의 대상이 된다. 마트를 샅샅이 뒤지면서 방송을 하고 CCTV를 확인해도 아이를 찾을 수 없자 미라는 울부짖는다. "여러분도 아이가 있잖아요? 누구나 당할 수 있는 일이잖아요?"(48쪽) 그럼에도 이런 폭력의 보편성은 이들 부부에게만 일어난 특수성이 되어 이 가족을 파탄 낸다. 윤석은 아이를 찾기 위해 비정규직을 전전하고, 미라는 조현병이 악화되어 정상적인 생활이 불가능해진다.

　더욱 심각한 문제는 이들 가족의 분노가, 유괴되었던 아이가 11년 만에 돌아온 이후에 오히려 악화된다는 사실이다. 소설에서 초점을 맞추는 것도 유괴 자체가 아니라 아들을 되찾은 '이후'의 삶이다. 잃어버렸던 아이가 돌아오고 나서도 회복되지 않는 잃어버린 시간들에 대한 분노가 이 소설의 주제이기 때문이다.[1] 아들을 되찾은 후에 밝혀진 잔인한 현실은 아들은 유괴범을 친엄마로 알고 살았고, 그 유괴범이 자살하면서 비로

---

[1] 이 소설은 세월호 사건 이후인 2014년 겨울에 발표되어 2015년도에 김유정 문학상을 받은 작품이다. 작가 또한 「작가의 말」에서 이전에 서두를 써 두었던 초고를 다시 꺼내 세월호 사건 이후에 완성한 작품임을 밝히고 있으나, 이 글에서는 "완벽한 회복이 불가능한 일이 인생에서는 엄존한다는 것, 그런 일을 겪은 이들에게는 남은 옵션이 없다는 것, 오직 '그 이후'를 견뎌 내는 일만이 가능하다는 것"이라는 작가의 언급을 토대로 상식적인 윤리를 상실할 수밖에 없는 인간 보편의 문제로 확대해서 논의한다.

소 친부모에게 되돌려 주었다는 점이다. 아들은 진짜 가족의 품으로 돌아왔지만, "마치 이번에야말로 유괴를 당했다는 듯"(62쪽) 오히려 적응하지 못하고, 미라 또한 자신의 친아들을 알아보지 못하다가 결국에는 헤매던 산에서 실족사한다. 이런 상황일 때는 윤리적 잣대를 들이대는 것 자체가 폭력이 된다. "고통의 불가역적인 절대성"[1]이 사라지지 않고 있기 때문이다.

십 년간 그는 '실종된 성민이 아빠'로 살아왔다. 그런데 하루아침에 그것이 끝나 버렸다. 행복 그 비슷한 무엇을 잠깐이라도 누리고 있다는 느낌을 받은 적이 없었다. 그러나 그 불행이 익숙했던 것만은 사실이었다. 내일부터는 뭘 해야 하지? 그는 한 번도 그 문제를 진지하게 생각해 본 적이 없다는 것을 깨달았다. 성민이만 찾으면, 성민이만 찾으면. 언제나 그런 식이었지 그 이후를 상상해 보지 못했던 것이다. 그 문제만 해결되면 퇴행성이라는 미라의 조현병까지도 씻은 듯 나아지리라 생각했다.

견딜 수 없다고 생각했던 것은 지나고 보니 어찌어찌 견뎌 냈다. 정말 감당할 수 없는 순간은 바로 지금인 것 같았다. 언젠가 실수로 지름길로 접어드는 바람에 일등으로 골인하고서

---

[1] 김형중, 「아이를 찾았습니다만」, 《문학동네》 2017년 가을호, 60쪽.

도 메달을 빼앗긴 마라토너에 대한 기사를 본 적이 있다. 기대했던 것과는 전혀 다른 것이 결승점에서 우리를 기다리고 있을 때 그것은 누구의 잘못일까?"(65~66쪽)

처음에 아들이 집으로 돌아왔을 때 윤석은 "여기가 왜 낯설어요? 저를 낳고 기른 부모가 있는데? 걱정할 것 없습니다. 진짜 가족에게 돌아왔으니 금방 회복될 겁니다."(59쪽)라며 아들을 데리고 온 경찰과 사회복지사에게 낙관적 태도를 보인다. 그러나 금방 "모든 것이 비현실적으로만 느껴진다. 이것은 혹시 잠시 후 저들이 데리고 들어올 애가 가짜라는 어떤 초자연적 증거가 아닐까?"(61쪽)라는 혼란과 두려움에 빠진다. 가족관계의 당위성과 운명성은 관념일 뿐, 현실 속에서 재회한 아들은 윤석을 아저씨로 부르거나 미라를 아줌마로 부르면서 진짜 같지 않은 기괴한 아들로 다가온다. 인용문에서처럼 윤석 또한 "실종된 성민이 아빠"로 살아온 지난날의 정체성이 흔들리면서 아들이 돌아온 후에 오히려 자살을 생각한다. 그렇다면 인용문에서 토로되고 있듯이 "그것은 누구의 잘못일까?".

아들은 "아무래도 뭐가 잘못된 거 같아요. 그럴 사람이 아니거든요. 정말이에요."(76쪽)라며 유괴범을 옹호하면서 심지어 그리워한다. "내 잘못이 아니잖아요. 내가 유괴되고 싶어서 유괴됐어요? 엄마 아빠가 잘못해서 유괴된 거 아니에요?"(81쪽)라는 항변을 통해 현재의 불행에 대한 분노를 숨기지도 못한다. 갑자기 변한 열악한 상황에 적응하지 못해 벽돌을 들고 다니며 다른 아이들을 때리기까지 한다. 아들에게도 현재는 재난 상태인 것이다. 가해자인 유괴범은 유괴한 남의 아들을 친모처럼 경제적으로나 감정적으로 아무런 무리 없이 11년 동안 잘 양육해 왔다. 그러고는 "남의 아이를 데려왔는데 잘 키우지 못해 미안하다."(59쪽)라며 용서를 구하지만, 윤석은 그런 유괴범을 용서하지 못한다.

윤석에게 유괴범은 '괴물 이웃'이다. 아들을 유괴해 간 범죄자이자 자신의 가정을 파괴한 원수이기 때문이다. 그래서 아들에게 "잘못을 한 사람이 있다면 바로 그 유괴범, 그 여자뿐이야. 네가 엄마라고 부르는 사람. 그 미친년이 우릴 이렇게 만든 거야."(81쪽)라며 절규한다. 비행을 저지르고 다니는 아들을 위해 고향에 내려가 농사를 지으며 새로운 시작을 도모하지만, 고등학생이 된 아들은 결국 가출하고 만다. 그리고 같이 가출했던 여자애뿐만 아니라 그 사이에서 낳은 자신의 아이마저 버린 후 행적을 감춘다. 이처럼 '버려진 아이'가 '버리는 아이'가 되는 악무한적 상황에서 그 원인을 제공한 '괴물 이웃'을 용서하는 것 자체가 윤석에게는 위선에 다름 아니다. 처벌받아야 할 대상인 유괴범을 용서한다면 자신과 아내, 아들의 삶에 대한 모욕이고, 불의를 인정하는 것이라고 생각하기 때문이다. 용서가 죄가 되는 윤리적 폭력에 빠지게 된 것이다.

윤석이 다시 나가 보니 여자애는 없었다. 타고 왔던 승용차도 보이지 않았다. 평상 위에는 차량용 베이비시트가 덩그러니 놓여 있었다. 아직 젖도 떼지 못한 것 같은 갓난아이가 그의 얼굴을 보더니 울음을 터뜨렸다. 아기 옷섶에 분홍빛 메모지가 끼워져 있었다. 성민이 아이예요. 성민이는 떠나고 저도 키울 능력이 없어 맡기고 갑니다. 잘 부탁드려요.
　그는 오른손을 내밀어 아이의 작은 손을 쥐었다. 아이는 문득 울음을 그치고는 그를 말똥말똥 바라보았다. 그는 왼손도 마저 내밀어 아이의 오른 손을 살며시 잡았다. 그리고 천천히 위아래로 흔들었다. 아이가 간지러운 듯 발을 꼼지락거리며 좋아했다. 아이의 양손을 놓지 않은 채 그는 오래도록 평상 위에 앉아 그에게 온 작은 생명을 응시했다.(84쪽)

그럼에도 소설의 결말에서 '빈손'이었던 윤석의 손에 아들의 아들, 즉 손자의 손이 주어진다. 인용문에서처럼 윤석은 "아이의 양손을 놓지 않은 채" 응시한다. 이때 윤석의 '잡는 손'은 잃어버렸던 아들의 상징적 귀환이자 손자라는 새로운 혈육에 대한 인정으로 볼 수 있다. 또 다른 가족의 탄생을 알리는 신호이기도 하다. 그러나 아들이 아닌 손자, 해결이 아닌 순응, 선택이 아닌 도래에 가깝다는 점에서 근원적 화해나 해결이기보다는 수동적인 용서이기도 하다. 그의 '잡는 손'이 운명으로서의 대속이 아닌 자발적인 용서로 읽힐 때 더욱 능동적인 윤리로 자리매김될 수 있기 때문이다. 여전히 죽은 유괴범과 아들은 윤석에게 용서받지 못한 채 '괴물 아닌 괴물'로 남아 있다. 때문에 열린 결말로도 읽을 수 있는 인용문 속 맨 마지막의 응시는 아이에 대한 응시이자 그런 괴물 이웃을 완전히 용서하지 못하는 자신의 윤리에 대한 응시로도 해석된다.

『혐오와 수치심』으로 유명한 법철학자이자 윤리학자인 마사 누스바움은 『분노와 용서』에서 분노에 대응하는 세 종류의 감정을 구분한다. 조건부 용서와 무조건적 용서, 무조건적 사랑이 그것이다. 조건부 용서는 잘못을 저지른 사람에게 피해를 갚아 주기 위해 자기비하와 참회를 요구하는 위장된 복수(復讐)일 수 있기에 한계가 있다. 그리고 무조건적 용서 또한 용서하는 자의 도덕적 우월감으로 오염되기 쉽다는 점에서 위험하다. 때문에 누스바움은 미래 지향적이고 긍정적인 대안으로서 무조건적인 사랑을 강조한다. 무조건적인 사랑은 위장된 복수나 도덕적 우월감으로 변질될 우려 없이 비(非)분노를 가능하게 만든다. 그리고 그 예로 필립 로스의 소설 『미국의 목가』를 들고 있다. 김영하 소설과 비슷하게 '잃어버렸다가 되찾은 딸'에 관한 이야기인 로스의 소설에서 성공한 삶을 살던 아버지의 삶은 살인을 저지른 똑똑한 딸로 인해 산산조각 난다. 딸은 정의에 찬 저항이라고 생각했지만 타인에게 고통을 주었다는 점에서 용서할 수 없는 죄를 저지른 것이다. 아버지는 딸에게 진심으로 분노하고 딸 역시 고통을 느끼기를 바란다. 하지만 이런 인과응보적 분노도 딸에 대한 사랑과 슬픔, 무력감으로 인해 점점 사라진다. 그리고 평생 숨어 살게 된 딸이 죽을 때까지 아버지는 그 딸을 비밀리에 방문한다. 밀려드는 운명의 공격 속에서 아버지는 징벌적 용서나 무조건적 우월감마저 극복하는 무조건적 사랑을 평생 실천한 것이다.[1] 이런 무조건적 사랑은 부도덕함이나 무심함으로 오인될 소지도 많다. 하지만 이 소설을 통해 누스바움이 강조하는 것은 어떤 경우에도 "고귀한 분노는 없다."[2]라는 진실과, 슬픔과 절망을 분노와 분리시키려는 힘겹고도 처절한 윤리적 결단이다.

김영하의 소설 「아이를 찾습니다」 속 아버지 윤석의 분노는 무조건적 용서나 무조건적 사랑의 경지에는 미치지 못한다. 차라리 첫 번째 대응인 조건부 혹은 교환적 용서에 더 가깝다. 그에게는 가해자인 유괴범의 반성과 처벌이 선행되어야 한다는 전제가 중요하기 때문이다. 심지어 유괴범이 자기 처벌로서의

---

[1] 마사 누스바움, 강동혁 옮김, 『분노와 용서』(뿌리와 이파리, 2018), 220~228쪽 참조.
[2] 위의 책, 427쪽.

자살로 생을 마감했더라도 "구할 걸 구해라."(59쪽)라는 불관용의 태도를 보인다. 윤석에게 이웃은 '판별'의 대상이다. "모든 자아가 악하지 않으며, 타자도 전부 천사 같은 것은 아니"[1]고, "어떻게 신을 바라보아야 하는지 가르쳐 주지 않는 한, '신을 바라보라'라고 말하는 것은 결코 선하지 않다."[2] 때문에 좋은 이웃과 나쁜 이웃을 판별해야 한다는 것이다. 이성을 초월해야 하지만 맹목적이어서는 곤란하다는 뜻이기도 하다. 이를 위해 절대적 환대가 아닌 조건부 환대, 즉 환대(hospitality)와 적대(hostility)의 유동성을 강조하는 '환적(hostipitality)'의 윤리성[3]을 중시한다. "나쁜 이웃의 뺨을 때릴 수 있어야 한다."[4]는 것이 윤석이 추구하는 윤리이다.

그렇다면 김영하 소설에서 유괴범은 '얼굴 없는 괴물'이자 죽었을 때만 그 사악함이 사라지는 '죽은 이웃'에 더 가깝다고 할 수 있다. 얼굴이 없거나 죽은 이웃은 '면목 없음(faceless)'을 보여 준다. 나쁜 이웃의 얼굴은 무한 책임을 강조하는 레비나스적인 타자의 얼굴이 아니라 "일그러진 얼굴, 역겨운 경련과 찡

---

[1] 리처드 커니, 이지영 옮김, 『이방인, 신, 괴물』(개마고원, 2004), 27쪽.
[2] 위의 책, 197쪽.
[3] 위의 책, 121~123쪽 참조.
[4] 슬라보예 지젝, 정혁현 옮김, 「이웃들과 그 밖의 괴물들」, 『이웃』(도서출판 b, 2010), 27쪽 참조.

그림으로 가득 찬 얼굴"[1]이다. 그러나 이런 '면목 없는' 이웃으로 인해 윤석은 자신의 눈앞에 존재하는 직접적 상대인 타자로서의 이웃이 아니라 그런 타자의 배경으로 존재하는 제3자로서의 이웃과 만나게 된다. 즉 원초적이고 일방적인 타자가 아니라 경험적이고 상대적인 이웃의 개념에 눈뜨게 된다는 것이다. "내 앞에 있는 얼굴에 대해 경의를 표하고 그것의 깊이에 개방적으로 되는 것이 아니라, 그것으로부터 주의를 돌려 배경 속에 있는 얼굴 없는 제3자에게 다시 초점을 맞추는"[2] 것이 바로 '면목 없음'의 윤리다. 이런 '면목 없음'의 윤리가 그 자체로 윤리의 개방성과 관계성을 보여 주기에 진짜 이웃의 '진면목'이 된다. 우리 모두가 '생의 일그러짐'을 원천적으로 거부할 수는 없다면 이웃에 대해서도 이처럼 "안면 경련"[3]을 통해 자신의 '궁핍한 윤리'를 추구하려는 것이 새로운 주체의 조건이라고 할 수 있다. 용서는 그 '이후'에 가능한 윤리다.

---

[1] 위의 논문, 258쪽.
[2] 위의 논문, 291쪽.
[3] 알렌카 주판치치, 이성민 옮김, 『실재의 윤리』(도서출판 b, 2004), 356쪽.

치유하는 '손'과 박탈의 양가성
: 김애란, 「어디로 가고 싶으신가요」

어떤 '잡는 손'이 다른 '잡지 않는 손'을 통해 가능했다면, 이때의 '잡는 손'은 '잡지 않는 손'을 배제한 것이 된다. '잡지 않는 손'에게는 상처와 고통이 되는 이런 선택은 선택받지 못한 입장에서는 더 고통스럽다. 김애란의 「어디로 가고 싶으신가요」[1]는 교사였던 남편이 현장학습을 떠난 계곡물에 빠진 제자를 구하려다 같이 물에 빠져 죽은 이후 홀로 남겨진 아내의 삶에 관한 이야기다. 아내의 입장에서 '선택받지 못한 자'로서의 윤리를 문제 삼는 소설이기도 하다. "잠시라도, 정말이지 아주 잠깐만이라도 우리 생각은 안 했을까. 내 생각은 안 났을까."(266쪽) 제자보다 아내를 먼저 생각했다면 남편의 선택이 달라질 수도 있었을 거라는 회한이 아내를 괴롭힌다. 빠진 계곡물에서 허우적대며 살려 달라는 제자 지용이의 '내미는 손'을 뿌리칠 수는 없었을까 하는 비윤리적인 원망(怨望, 願望)이 아내인 '나'의 영혼을 잠식하고 있는 것이다. 이를 통해 관념과 당위로서의 윤리에 주체가 얼마나 취약한지를 확인시켜 준다. 주체의 취약성이 윤리적 선택을 흐리게 하는 현실적 한계로 다가온다는 점에서 이 소설은 윤리의 추상성을 벗어난다. "떠난 사람 마음을 저

---

[1] 김애란, 『바깥은 여름』(문학동네, 2017). 소설 인용은 이에 의거해 쪽수만 밝힌다.

울질"(266쪽)하는 것이 홀로 남겨진 자의 어쩔 수 없는 인지상정이라는 것이다.

　이때 '남편-아내'는 당연히 가족관계이지만, '스승-제자'도 '유사(類似) 부모'의 관계이기에 이 소설 또한 앞에서 다룬 두 소설과 궤를 같이한다고 볼 수 있다. 부부가 긴 고민과 논의의 과정 끝에 아이를 갖기로 결심한 직후에 남편의 죽음이 발생했다는 점이, 그리고 제자 지용이도 부모 없는 아이였다는 점이 이들을 가족과 유사한 관계로 볼 수 있는 근거가 된다. 남편의 죽음은 미래에 생길 수도 있었던 자식의 상실을 의미하기 때문이다. 그러면서도 피를 나눈 혈연가족은 아니기에 상대적으로 윤리적 선택의 딜레마를 동시에 확인할 수 있는 차별성도 함께 존재한다. 지용이가 남편의 제자가 아닌 진짜 아들이었다면 '나'의 고통은 다른 양상이었을 것이기 때문이다. 부부지간이나 사제지간 모두 '가족-비(非)가족'의 경계 자체도 문제 삼을 수 있는 이웃의 양상을 보여 주는 것이다. 유사 가족을 통해 보편적 범위로 확대되는 윤리를 확인할 수 있기도 하다.

　― 너 나랑 영화 본 적 있잖아. 왜 도경이 군대 가 있을 때. 종로에서.
　―응.
　―그때 버스 끊겨서 우리 좀 걸었잖아. 무슨 미술관 근처

공원이었는데. 그때 내가 잠깐 네 손 잡았던 거 기억해?
―그랬나?
―넌 정말 취했던 거야, 취한 척한 거야? 그걸 기억 못 하다니. 아니, 지금도 기억 안 나는 척하는 건가?
―그게 왜?
―그때 내가 만일 네 손 안 놓았으면, 우린 지금 같이 있었을까? (255~256쪽)

이 소설에서 선택적 윤리는 가족관계의 절대성과 연인 관계의 상대성으로 치환되어 그 갈등과 불확정성을 부각시킬 때에 더욱 분명해진다. '나'는 남편의 죽음 이후 스코틀랜드에 사는 사촌 언니의 초대로 여행을 떠나 그곳에서 유학 중인 옛 애인 현석과 재회한다. 남편의 죽음을 아직 전해 듣지 못한 현석과 남편의 이야기를 공유하면서 "여전히 그 사람이 살아 있다고 믿는 사람과 그 사람에 관한 이야기를 나누다 보니, 그 시간 남편이 정말 서울 어딘가에 살고 있는 것 같은 기분"(251쪽)을 느끼기도 한다. 인용문에 드러나듯이 과거에 현석과 잡은 손을 놓지 않았다면 남편과의 현재의 이별은 없었을 것이라는 가정 자체가 '나'의 고통에 대한 방어기제일 수도 있다. 자신이 선택하지 않았던 경우보다는 남편에게 선택받지 못한 경우일 때 '나'는 더욱 고통스럽다. 남편의 죽음이 '나'의 입장에서는 자신을

'선택하지 않음을 선택'한 것이기 때문이다.

심지어 남편은 죽음 이후에 더욱 분명하게 자신의 존재를 증명한다. '나'는 '부재의 현존'을 경험하는 사람처럼 "남편이 세상을 뜬 뒤 내가 끄는 발소리, 내가 쓰는 물소리, 내가 닫는 문소리가 크다는 걸"(228쪽) 깨닫는다. "유리벽에 대가리를 박고 죽는 새처럼 번번이 당신의 부재에 부딪혀, 바닥으로 떨어졌다. 그때야 나는 바보같이 '아, 그 사람, 이제 여기 없지⋯⋯'라는 사실을 처음 안 듯"(228쪽) 소스라치게 놀란다. 이런 '나'의 상황은 현석과의 재회가 일회성으로 끝나고 마는 것과 더불어 남편의 죽음을 직시하게 만드는 기제로 전환된다.

이런 '나'의 상황을 '박탈(dispossession)'의 양가성과 연결시킬 수 있다. '나'에게 남편의 죽음은 "자신이 원래 소속되어 있었거나 갖고 있었던 토대가 제거"[1]된 박탈의 상태를 초래한다. '나'는 남편으로 인해 상처받았고, 삶의 가능성을 제한받았다. 그러나 바로 이 속박된 상태 자체가 그런 박탈로부터 벗어나 스스로를 치유해야 한다는 책임감을 촉발시키기도 한다. 박탈이 박탈인 이유는 '나'의 의지나 선택으로만 해결될 수 없는 외부적 사건인 남편의 죽음에서 벗어날 수 없기 때문이다. "저항이 불가피한 일종의 예속의 한 양식으로서 주체가 급진적으로

---

[1] 주디스 버틀러·아테나 아타나시오우, 김응산 옮김, 『박탈』(자음과모음, 2016), 14쪽.

허물어지는 한 방식"[1]이 바로 박탈인 것이다. 그렇다면 '박탈됨 (being)'이라는 상태도 중요하지만 '박탈되기(becoming)'라는 박탈의 수행성도 중요해진다. 주체의 치유 자체가 이전 주체의 박탈을 전제로 하기 때문이다. 어떤 주체도 상실과 부정 중심의 박탈을 피할 수 없다면, 그래서 자신의 온당한 자리에 안전하게 머물러 있을 수 없다면, 박탈된 주체는 "본질적으로 양가적이고 결정 불가능한 힘으로서의 주체화"[2]라는 수행성을 추구하게 된다. 탈주체화에서 주체화로의 이행을 가능하게 만드는 것이 박탈의 양가성이기 때문이다.

그래서 '나'는 그동안 애써 외면했던 "만일 그때 내가 이랬다면 …… 이러지 않았다면"(254쪽)이라는 가정법의 윤리에서 벗어나려 한다. 그리고 현재진행형 혹은 미래완료형의 윤리와 연관될 수 있는 "사람이 죽으면 어떻게 되나요?"(259쪽)라는 생산적 질문으로 이동한다. 이는 남편이 애용했던 스마트폰의 음성 인식 프로그램 '시리(siri)'에게 '나'가 묻는 질문이다. 이에 대한 시리의 대답은 이 소설의 제목이기도 한 "어디로 가고 싶으신가요?"(259쪽)이다. 질문에 대한 재질문을 통해 '나'의 고통을 반추시키면서 스스로 대답을 찾으라고 권고하는 것이다. 남편의 죽음으로 인한 '박탈을 박탈'하고 '나'가 도달해야 할 미래의

---

[1] 위의 책, 56쪽.
[2] 위의 책, 85쪽.

거처(去處)를 마련하라는 당부로 읽히기도 한다. 그럼으로써만 "어쩌면 그날, 그 시간, 그곳에선 '삶'이 '죽음'에 뛰어든 게 아니라, '삶'이 '삶'에 뛰어든 게 아니었을까."(266쪽)라는 성찰에 이를 수 있기 때문이다.

저는 지금도 지용이가 너무 보고 싶어요.
사모님도 선생님이 많이 그리우시지요?
그런 생각을 하면……
뭐라 드릴 말이 없어요.

이런 말은 조금 이상하지만,
감사하다는 인사를 드리고 싶어 편지를 써요.
겁이 많은 지용이가 마지막에 움켜쥔 게 차가운 물이 아니라
권도경 선생님 손이었다는 걸 생각하면 마음이 조금 놓여요.
이런 말씀 드리다니 너무 이기적이지요?

평생 감사드리는 건 당연한 일이고,
평생 궁금해하면서 살겠습니다.
그때 권도경 선생님이 우리 지용이의 손을 잡아 주신 마음

에 대해

그 생각을 하면 그냥 눈물이 날 뿐,

저는 그게 뭔지 아직 잘 모르겠거든요.(264~265쪽)

인용문은 제자 지용이의 유일한 혈육이었던 장애인 누나가 소설의 결말에서 '나'에게 보낸 편지의 내용이다. 이기적으로 보일 위험성까지 감수해야 할 "감사하다는 인사"를 죽은 제자의 누나가 하는 이유는 "겁이 많은 지용이가 마지막에 움켜쥔 게 차가운 물이 아니라 권도경 선생님 손"이라고 생각하기 때문이다. 남편이 보여 준 최후의 윤리가 제자의 손을 '잡는 손'으로 표현되고 있는 것이다. 제자의 누나 또한 "우리 지용이의 손을 잡아 주신 마음"에 대해 아직 잘 모르겠다는 진정성과 겸손함의 속내를 고백한다. 모든 사람들이 남편과 같은 선택을 하지는 않는다는 점에서 '나'에게 그로 인한 상처는 쉽게 치유될 수 없을 것임을 인정해 주는 마음이기도 하다. '나' 또한 그제야 동생 잃은 장애인 누나의 헐벗은 마음을 "혼자 남은 그 아이야말로 밥은 먹었을까."(266쪽)라며 궁금해한다. "평생 궁금해하면서 살겠습니다."라는 누나의 마음이 '나'의 마음으로 옮겨 온 것이다. 죽음에서 삶으로, 삶에서 다른 삶으로 이행한 상호 치유의 윤리가 형성되는 순간이다.

이때 발생하는 치유의 윤리는 '마치 ~가 아닌 주체', 즉 철회·정지·무효 중심의 주체가 아니다. '~이 아니고 ~임'의 주체, 즉 단절·중단·개입이 중심이 된 주체다. 이전 주체의 수동적인 '중지'가 아니라 새로운 주체의 능동적인 '생성'을 도모하기 때문이다.[1] 주체 안에서 일어난 주체의 '다시 일어남'을 보여 주는, 주체의 부활로도 볼 수 있다.[2] 때문에 '나'는 '선택당하지 못한 치욕'에서 벗어나 '선택하는 책임'을 인정하게 된다. 남편이 처했던 윤리적 선택을 '순수 선택', 즉 객관적인 차이들을 "'식별할 수 없는 것'들과의 마주침"[3]으로 받아들이게 되었기 때문이다. 선택해야 한다는 것 이외에는 아무런 자유가 없는 것, 그런데 선택해야 하는 것을 구별할 수 있는 어떤 우선적 가치도 없다는 것, 그렇다면 선택 가능성이 곧 선택 불가능성이 되는 것이 바로 순수 선택이다. 남편이 처했던 이런 순수 선택의 상황을 이해했기에 '나' 또한 남편의 윤리로 이행하게 되는 것이다. 때문에 남편의 이런 순수 선택의 행위가 "단순하게 한 사람이 사라지는 차원이 아니라 그것 자체로 일종의 전환을 형성해 세계를 완전히 뒤바꿔 놓는 사건"[4]으로 '나'에게 비로소 다가온다.

---

1 김용규, 「주체의 윤리적 지평: 바디우와 아감벤을 중심으로」, 《새한영어영문학》 51권 3호(새한영어영문학회, 2009), 93, 101, 106, 111~112쪽 참조.
2 알랭 바디우(2008), 앞의 책, 40쪽 참조.
3 케네스 레이너드, 앞의 논문, 88쪽.
4 노태훈, 「우리는 슬픔을 먹고 자란다」, 《문학동네》 2017년 겨울호, 97

이러한 치유를 통해 '무(無)'에서 다시 '무'로 되돌려지는 '영점(zero)'의 윤리를 기대할 수 있다. 아직 어떠한 것도 도래하지 않았으나 이미 가졌던 것과는 다른 능동적 윤리의 시작을 알리고 있기 때문이다. "환대자가 되기 위해서는 주인으로서의 자아 정체성을 버려야만 한다."[1] 이 소설에서 '나'가 죽은 지용이의 누나를 환대할 가능성을 보이기 위해 전제되어야만 했던 것이 바로 이런 박탈의 윤리였을 수 있다. 박탈을 통해 주체와 또 다른 주체는 "서로-함께-되기(becoming-with-one-another)"[2]의 관계가 될 수 있기 때문이다. '나'와 지용이 누나의 교류는 '건강한 공동체'를 지향하는 것이 아니다. 여전히 치유는 멀고 고통은 깊다. 하지만 스스로의 위치에서 이탈되거나 어긋난 채로 하나가 되는 "불합치의 윤리"[3]를 통과하지 않고는 치유 자체가 불가능하다는 것을 인정하고 있다. 그래서 이 소설속의 윤리 또한 '박탈을 위한 박탈'을 허용하는 양가성을 보이게 되는 것이다.

쪽.
1 주디스 버틀러·아테나 아타나시오우(2016), 앞의 책, 259쪽.
2 위의 책, 122쪽.
3 위의 책, 124쪽.

'포스트맨(Post-Man)' 시대와 이웃의 윤리

주체의 궁핍은 발견이나 발전 중심의 모더니즘적 억압을 보이지 않는다. 부재나 균열 중심의 포스트모더니즘적 한계를 보이는 것도 아니다. 오히려 모더니즘과 포스트모더니즘 이후의 반성이나 책임과 연관된다고 할 수 있다. 2000년대 한국 소설들이 맞닥뜨린 '주체는 죽었는가?'라는 질문이나 그럼에도 여전히 '왜 주체인가?'에 대한 답변을 진지하게 고민하는 주체이기 때문이다. "나는 항상 나에게 너무 늦게 도착"[1]했다는 주체의 사후적 증상에서 출발하기 때문이기도 하다. 따라서 주체 '이전'이 아니라 주체 '이후'에 겪게 되는 주체의 성찰이나 재구성을 중시한다. 2000년대의 소설들 속 주체가 자동사나 주어로서의 '나(I)'가 아니라 타동사나 목적어로서의 '나(me)'[2]가 겪는 어려움과 한계를 노정하는 경우가 대부분인 것도 이러한 주체의 궁핍과 연관될 수 있다. 이전 소설들처럼 주체의 상실이나 부재가 아니라 결여와 장애가 중심이 되기 때문이다.

이런 주체의 궁핍은 '포스트맨(Post-Man)' 시대의 윤리와도 연관된다. '포스트맨'은 "자기 귀환에 실패한 채 중도에 실종되는 인간"[3]을 의미하기에 주체의 성공이 아닌 실패에서 새로

---

1 주디스 버틀러(2013), 앞의 책, 139쪽.
2 위의 책, 149~150, 156, 159쪽 참조.
3 위의 책, 236쪽.

운 윤리를 추구해야 한다. 때문에 기술이나 생명의 입장에서 탈인간중심주의 혹은 생명 정치에 좀 더 중점을 두는 '포스트휴먼(Post-Human)'과는 다르다.[1] '포스트맨'의 시대에서는 보편성과 절대성을 강조했던 주체가 아니라 취약성과 불확실성 중심의 윤리가 중시되는 또 다른 의미의 '인간 이후'가 더 중요하다.[2] 그리고 주체에 대한 기존의 냉소주의를 극복하고 '다른 인간'을 형성하기 위해 새로운 윤리를 호출하게 된다. 윤리의 '폭력'이 아닌 윤리의 '개방'을 통해 주체와 이웃 사이의 참을 수 없는 근접성과 적절한 거리감을 동시에 문제 삼기 때문이다. 이럴 때 윤리의 고유한 자리는 없다. 여전히 진행 중인 주체의 궁핍만이 있을 뿐이다.

이 글에서 살펴본 세 편의 소설들은 모두 '잡는 손'의 상징성을 통해 이런 궁핍한 주체의 윤리적 실천을 문제 삼고 있다. 소설 속 주체들이 자신의 취약성을 인정하면서도 타자의 개념을 확대시킨 '이웃'이라는 개념의 환상 또한 직시하려는 윤리적 결단을 포기하지 않고 있기 때문이다. 주체가 궁핍하다면, 이웃의 개념 또한 허상에서 벗어나야 한다. 정용준의 「안부」는 손쉬운 연대를 거부하면서 느슨한 공동체를 지향한다. 상처받은 주

---

1 로지 브라이도티, 이경란 옮김, 『포스트 휴먼』(아카넷, 2015), 240~242쪽 참조.
2 위의 책, 234~236쪽 참조.

체들끼리의 연대를 통한 애도 자체가 오히려 윤리에 대한 망각을 초래하기 때문이다. 김영하의 「아이를 찾습니다」는 아들을 유괴함으로써 자신의 삶에 해악을 끼친 '면목 없는' 이웃에 대한 분노를 통해 윤리에 대한 맹목을 경계한다. 모든 것에 대한 용서를 강요하는 윤리라면 선과 악을 판별할 수 없기 때문이다. 김애란의 「어디로 가고 싶으신가요」는 제자를 살리기 위해 자신의 목숨을 바친 남편으로 인한 상처의 치유를 통해 윤리가 박탈된 상태에서만이 '박탈에 대한 박탈'이 일어날 수 있다는 박탈의 양가성을 보여 준다. 치유를 거부하는 윤리는 주체를 우월한 위치에 고정시킬 수 있기 때문이다.

이 세 편의 소설 속 주체들이 보여 주는 이웃에 대한 주체의 윤리 혹은 주체에 대한 이웃의 윤리가 강조하는 것은 이웃에게 뺨을 맞으면 다른 뺨까지 내밀어야 한다거나, 적과 동지를 구분하면서 이웃의 뺨까지 때릴 수 있어야 한다는 양자택일적인 윤리로의 회귀가 아니다. 오히려 적과 동지를 구분하면서 눈앞의 이웃만을 문제 삼는 이자(二者) 관계에서 벗어나 눈에 보이지 않는 제3의 이웃까지 아우르는 삼자(三者) 관계까지 고려해야 한다는 것이다. 이웃 개념의 확대와 심화를 통해서만이 주체와 이웃 모두가 저지를 수 있는 윤리적 폭력을 방지할 수 있기 때문이다. 이미 윤리라는 개념 자체가 무조건성과 순수성을 상실한 '포스트맨'의 시대에는 절대적이고 원초적인 윤리 자체가 불가능하다. 윤리의 제물이 늘 신성한 것이 아니듯이, 윤리라는 선물 또한 항상 정의로운 것은 아닐 수 있다. 때문에 이 소설들은 21세기 한국 소설이 처한 새로운 윤리를 시험하고 있는 시금석으로서의 의의를 갖는다.

정의에서 돌봄으로, 돌봄에서 자기 돌봄으로

정의의 타자, 여성 소설의 돌봄 윤리

2000년대 들어 윤리학의 초점은 주체에서 타자로 이동했다. 근대적 발전 논리를 이루었던 주체의 자율성이나 합리성에 대한 의문이 제기되면서 타자의 소외나 배제를 비윤리적 행위로 비판하는 목소리가 대세를 이루었기 때문이다. 그리고 이런 주체에서 타자로의 초점 이동을 보다 심층적 차원에서 담론화할 때 부각되는 것이 바로 '돌봄'[1] 윤리이다. 기존의 주체 중심

---

1 '돌봄'이라는 용어는 영어 'care'의 번역어로서 '보살핌'이나 '배려' 등으로도 번역되지만, 이 글에서는 가장 자주 쓰이면서 구체적인 윤리 행위로서의 의미가 강하게 담겨 있는 '돌봄'이라는 용어로 사용한다.

의 윤리는 '정의'에 토대를 둔다. '공정한 몫의 분배'라는 명분을 중심으로 독립성과 권리를 지향하는 것이 정의 윤리다. 반면 이런 '정의의 타자'로서의 돌봄 윤리는 정의가 타자화시킨 "사람들 사이의 비대칭적 의무"[1]에 주목하면서 친밀성과 책임의 윤리를 중시한다. 동일성이나 독립성을 중시하는 근대의 나르시시즘 중심의 정의 윤리가 지닌 한계를 극복하기 위해 비동일성과 취약성을 인정하는 돌봄 윤리가 급부상한 것이다. "인류가 생존하고 성장하고 배우며, 건강하게 타인과 사회에서 함께 잘 살 수 있으며, 더 나은 미래를 지향"[2]하는 힘이 바로 돌봄 윤리의 개념이다. 또한 "사람은 일생을 통해 돌봄의 필요와 능력이 달라지기는 해도 언제나 돌봄의 수혜자이자 제공자"[3]라는 인식이 돌봄 윤리의 기본 전제에 해당한다.

이런 돌봄 윤리를 저출산이나 공동육아, 노인 복지, 장애인 보호 문제 등과 연결해 사회적 책임의 차원에서 논의하는 경우도 있지만, 여성주의적 윤리의 차원에서 접근하는 경우도 많다.[4] 돌봄 문제를 심리학적 발달 차원에서 접근하면서도 여

---

1 악셀 호네트, 문성훈 외 옮김, 『정의의 타자』(나남, 2009), 171쪽.
2 버지니아 헬드, 김희강·나상원 옮김, 『돌봄: 돌봄 윤리』(박영사, 2017), 15쪽.
3 조안 C. 트론토, 김희강·나상원 옮김, 『돌봄 민주주의』(아포리아, 2014), 87쪽.
4 위의 책, 84쪽.

성 심리의 윤리적 측면에서 최초로 젠더화한 이론가가 바로 캐럴 길리건이다. 그녀는 『다른 목소리로: 심리 이론과 여성의 발달』[1]에서 기존의 발달 이론이 남아(男兒)의 정의 윤리 중심이었음을 비판한다. 이럴 경우 여아(女兒)의 돌봄 윤리가 정의 윤리보다 열등한 것이 된다는 것이다. 기존의 심리 이론들이 답습했던 이런 우열 관계를 비판하면서 여성주의적인 돌봄 윤리를 재구성한 것이 바로 길리건의 이론이다. 여성적인 관계 지향적 자아가 돌봄 윤리로 연결되는 것을 약점이 아닌 강점으로 전유시키고 있는 것이다. 특히 2000년대 들어 이런 여성적 돌봄 윤리가 더욱 부각되는 것은 공감·헌신·협력 등의 여성적 가치가 위협받는 '돌봄 위기' 상황이 반영된 결과다. 이에 대한 대안으로 "엄마 품 같은 돌봄(mothering)"[2]의 행위를 보편적 윤리로 확대시키자는 것이다. 공정함이나 권리, 규율보다는 "공감이나 연민 등의 정서적 참여를 통해 인간관계 속에서 실천되는 돌봄의 윤리"[3]가 더 중요하다는 각성이기도 하다.

물론 이런 여성주의적 돌봄 윤리는 페미니즘 내에서도 비

---

[1] 캐럴 길리건, 허란주 옮김, 『다른 목소리로: 심리 이론과 여성의 발달』(동녘, 1997).
[2] 에바 F. 키테이, 김희강·나상원 옮김, 『돌봄: 사랑의 노동』(박영사, 2016), 15쪽.
[3] 공병혜, 『돌봄의 철학과 미학적 실천』(서울대학교 출판문화원, 2017), 155쪽.

판이 제기되는 논쟁적 개념이기도 하다.[1] 정의 윤리를 과소평가 하면서도 돌봄 윤리는 과대평가함으로써 돌봄 윤리를 여성 종속의 수단으로 악용했던 가부장적 상태로 퇴행시킨다는 우려 때문이다. 또한 21세기적인 자본주의사회에서 주로 돌봄 제공자의 역할을 담당하는 여성의 경제적 지위 자체가 "빈곤, 폭력, 배제, 학대에 취약한 조건으로 작동"[2]한다는 현실적 문제를 간과할 수 없다는 점도 지적된다. 때문에 돌봄의 개념 자체에 대한 의문과, 돌봄 윤리의 여성화에 대한 현실적 한계에 대한 고려 없이는 돌봄의 가치가 평가절하될 수 있다.

이런 돌봄 윤리의 위험성을 극복할 수 있는 해결책이 바로 '자기 돌봄'의 윤리다. 돌봄 윤리 자체가 일방적이고 이타적인 '상실'이 아니라 관계적이고 자기 보존적인 '선택'에 토대를 둔다는 측면을 부각시킬 수 있기 때문이다. 기존의 돌봄 윤리에 관한 논의들이 돌봄 제공자의 행위에만 초점을 맞춤으로써 돌봄 제공자 또한 돌봄을 받아야 할 돌봄 의존자라는 점을 간과했다는 반성이 반영된 개념이기도 하다. 돌봄 행위에서 그 누구도 예외가 될 수 없기에 '돌봄 제공자-돌봄 의존자'의 상호작용 아

---

[1] 돌봄 윤리에 제기되는 페미니즘 진영 내부에서의 비판은 다음을 참조했다. 로즈마리 통, 이소영 옮김, 『페미니즘 사상』(한신문화사, 1995), 261~265쪽; 이수연·한일조·변창진, 『삶과 배려』(학지사, 2017), 106~109쪽.

[2] 에바 F. 키테이, 앞의 책, 15쪽.

래에서 돌봄의 취약성과 의존성을 인정할 때만이, 그리고 그런 돌봄의 한계를 자기 돌봄의 행위로 극복할 때만이 진정한 돌봄 윤리가 성립될 수 있음을 강조하는 것이다. 이를 통해 돌봄 윤리에서조차 제외되었던 '타자의 타자'들의 목소리에도 귀를 기울일 수 있게 된다.

따라서 이때의 자기 돌봄은 이기주의나 개인주의를 의미하는 것이 아니다. 오히려 돌봄 윤리로 인해 고통이나 상처를 받는 자가 의외로 돌봄 제공자인 여성이라는 것, 때문에 그런 고통과 상처에 대한 윤리적 자의식을 갖고 문제를 해결해 나가야 하는 타자적 주체 또한 여성이라는 것, 이를 위해 돌봄 제공자 또한 돌봄 의존자로 인정해야 한다는 것 등이 바로 자기 돌봄의 윤리다. "자신이 의무를 느껴야 할 대상에 다른 사람들뿐만 아니라 자기 자신도 포함된다는 것을 의식하게 되면서, 이기심과 책임감의 갈등은 사라지게 된다."[1]는 점이 중요하다. 무엇보다도 이런 자기 돌봄의 윤리를 통해 2000년대에 새롭게 부각되기 시작한 여성 윤리 자체가 여성들 스스로를 유기하거나 착취하는 부정적 윤리가 아니라, 자기 자신을 책임지기 위해 스스로 선택하는 긍정적 윤리라는 사실을 부각시킬 수 있다. 자기 자신 역시 돌봄의 대상으로 포함시킴으로써 스스로를 보호할

---

1 캐럴 길리건, 앞의 책, 184쪽.

수 있다면, 돌봄 윤리가 지니는 한계를 적극적으로 보완할 수 있기 때문이다.

 2000년대 들어 활발하게 활동하고 있는 여성 소설가들 중 이 글에서 살펴볼 김숨, 김혜진, 구병모의 장편소설들은 모두 이런 자기 돌봄의 윤리를 본격적으로 서사화하고 있다. 이 여성 소설가들은 각각 『여인들과 진화하는 적들』, 『딸에 대하여』, 『네 이웃의 식탁』에서 자기 돌봄의 윤리가 처한 현실 속 곤궁함과 미래의 확장성을 동시에 문제 삼는다. 이 글에서는 이들 소설 속 자기 돌봄의 윤리가 "여성의 객체화와 이상화, 폄하 등을 거부"[1]하는 2000년대적인 새로운 여성 윤리로 자리매김되는 양상을 구체적으로 살펴볼 것이다. 이 소설들은 공통적으로 기존의 돌봄 윤리가 지니는 관념성과 억압성을 비판하면서 이와 공모하는 가부장제나 자본주의, 젠더 이데올로기를 모성과 육아 문제 중심으로 적나라하게 폭로하고 있다. 이와 더불어 정의 윤리나 돌봄 윤리 두 방향과는 모두 다른 측면에서 자기 돌봄 윤리가 어떻게 생산적인 가치를 확대 심화시키는지, 그 과정 속에서

---

1 캐럴 길리건, 김문주 옮김, 『담대한 목소리』(생각정원, 2018), 182쪽. 이 책은 『다른 목소리로』의 후속 편에 해당하는 저서로, 이전보다 더욱 강화된 저자의 여성 중심적 시각과 정치적인 행위성을 확인할 수 있다. 때문에 원제인 "Joining the Resistance"(저항에 동참하기)(2011)를 '담대한 목소리'로 번역한 것은 그런 저자의 변화를 약화시킨 측면이 있다.

2000년대 한국 여성 소설이 새로운 여성 윤리를 어떻게 제시하고 있는지 증명해 주고 있다.

공존의 허구성과 의존의 정당성
: 김숨, 『여인들과 진화하는 적들』

돌봄 윤리의 기본 전제는 인간 모두가 돌봄을 필요로 하는 취약한 존재라는 것이다. 즉 "비의존적이고 자율적이며 자립적인 인간은 단지 허구이며 가식"[1]이기에 돌봄을 받는다는 것 자체가 지극히 정당한 일이라는 인식이 수반되어야 함을 강조하는 것이 돌봄 윤리다. "취약성에 반응하는 인간적인 실천"[2]이 돌봄 윤리의 핵심이라는 것이다. 특히 돌봄 제공자는 돌봄 의존자를 돌보는 데에 집중하기에 정작 자기 자신은 돌봄을 제공받지 못하게 되는 경우가 많지만, 이런 돌봄 제공자에게도 돌봄이 제공되는 것이 중요하다. 누구든 예외 없이 돌봄 윤리에 의존할 수밖에 없고, 누구는 다른 사람보다 더 길게 그리고 더 많이 돌봄을 필요로 하기 때문이다.

김숨의 『여인들과 진화하는 적들』[3]에서는 시어머니와 며

---

[1] 에바 F. 키테이, 앞의 책, 6쪽.
[2] 허라금, 「관계적 돌봄의 철학」, 《사회와철학》 35집(사회와 철학연구회, 2018). 4, 67쪽.
[3] 김숨, 『여인들과 진화하는 적들』(현대문학, 2013). 소설 인용은 이에 의거해 쪽수만 밝힌다.

느리 사이의 공생 관계가 얼마나 허구에 불과한지를 돌봄 윤리의 차원에서 문제 삼고 있다. 때문에 소설은 집안 살림이나 육아에서 '여인들'이 서로의 적처럼 대립하고 있지만, 숨어 있는 진짜 '적'은 가부장제나 자본주의와 같은 여성 억압적 제도라는 것을 알려 준다. 무엇보다도 '진화'라는 단어를 통해 그런 여성 억압적 제도가 얼마나 교묘하면서도 체계적으로 여성들 사이의 공생 관계를 왜곡시켰는지 아이러니적으로 보여 주고 있다. 여성의 돌봄 노동을 또 다른 여성의 하급 노동으로 하청을 주는 가부장제나 자본주의 자체가 '진화하는 적들'이라는 것이다.[1] 가해자와 피해자의 구분을 무화시키는 권력의 작동 방식이 가장 강력한 지배 전략임을 암시해 주는 소설 제목이기도 하다. 또한 "스스로 '화석 인류'임을 입증하고자 할 때, 어머니의 '진화'는 인류의 역사에서 있지도, 있을 수도 없었음"[2]을 비판하려는 주제 의식과도 상통한다.

출산 후 복직해야 하는 며느리의 요청으로 5년 전부터 아

---

[1] 낸시 프레이저는 가족 내에서 무보수 노동으로 잉여가치만을 생산했던 여성의 돌봄 노동이 21세기의 금융자본주의하에서는 맞벌이 부부를 양산하면서 더욱더 하위에 있는 여성들의 돌봄 노동을 다른 임금노동 여성이 착취하게 되는 '돌봄 사슬'이 생겨난다고 비판한다. 낸시 프레이저, 「자본과 돌봄의 모순」, 《창작과비평》 2017년 봄호, 349쪽 참조.
[2] 소영현, 「모욕의 공동체, 고귀한 삶의 불가능성」(해설), 『여인들과 진화하는 적들』(현대문학사, 2013), 311쪽.

들 집에 들어와 "입주 보모"(41쪽)처럼 일하고 있는 시어머니에게 며느리는 의외로 고마움이나 미안함을 거의 느끼지 않는다. 돌봄 노동이 제대로 평가받지 못한 채 사적이고 감정적인 차원에서 인식되고 있기 때문이다. 심지어 며느리가 시어머니에게 느끼는 감정이 적대감이나 경쟁심이라는 현실을 통해 돌봄 윤리의 허구성이 적나라하게 폭로되고 있다. 그런데 이런 시어머니의 돌봄 노동에 대한 부당한 대우가 며느리에게도 동일하게 일어난다는 것이 더욱 문제적이다. 15년 동안 홈쇼핑 콜센터 전화 상담원으로 일했던 직장에서 며느리 또한 일방적으로 해고 통지를 받은 피해자이기 때문이다. 저급 서비스업에 종사하면서 감정 노동에 시달렸던 며느리 또한 "시어머니인 여자처럼 쓸모가 다한 잉여의 존재로 전락한 불안하고 끔찍한 기분"(59쪽)을 느낀다. 그런데도 며느리는 시어머니에 대한 이해나 연민보다는 자신과 그녀를 본래는 동일한 종(種)이었지만 진화하면서 분화된 "다른 종"(122쪽)으로 간주하고 싶어 한다. "공생이라는 환상"(131쪽)을 거부하는 것이다. 이에 반해 시어머니는 며느리와 자신이 "다른 한쪽 없이는 나머지 한쪽도 살아가는 게 불가능할 만큼 결합해, 하나의 식물처럼 보인다는 이중 생물"(140쪽), 즉 "둘이자 하나인 결합 생물"(141쪽)로 간주되기를 바란다. '다른 종'이 아닌 '같은 종'으로 간주됨으로써만 자신의 돌봄 윤리가 지닌 인간적 가치를 인정받을 수 있기 때문이다.

그만 따로 살자는 말을 그녀는 그렇게 에둘러 여자에게 하고 있었다. 공생의 의미가 없어진 마당에 이런 식으로 계속 함께 살 순 없지 않은가. 전혀 다른 종(種)일 경우 쌍방은 아니어도 어느 한쪽은 분명히 도움 받는 부분이 있어야 공생이 가능한 게 자연의 이치 아닌가. 여자가 자신과 다른 종이라는 그녀의 생각에는 변함이 없었다. 그럼에도 불구하고 이렇게 같이 붙어살다가는 여자와 그녀 자신이 떨어지고 싶어도 떨어질 수 없는 이중 생물 신세가 될 것만 같았다.(258쪽)

인용문에서처럼 며느리는 시어머니와 "다른 종"이 아닌 "이중 생물"이 될 것 같은 두려움으로 자신이 실직하자마자 "따로 살자는" 이기적인 욕망을 드러낸다. 이를 위해 "쌍방은 아니어도 어느 한쪽은 분명히 도움 받는 부분이 있어야 공생이 가능한 게 자연의 이치"라는 자기 합리화를 감행한다. 실직한 며느리에게 시어머니의 돌봄 노동은 잉여에 불과하기 때문이다. 어느 한쪽만의 이익을 대변하는 것은 사실 공생이 아니라 기생이다. 그런데도 며느리는 공생의 허구성을 공생에 대한 왜곡으로 해결하려고 한다. 이런 왜곡이 오히려 공생의 허구성을 증폭시킴에도 불구하고 시어머니와 "떨어지고 싶어도 떨어질 수 없는"

현실에 대한 두려움이 더욱 크게 작용한 결과다.

시어머니의 모성적 돌봄 노동을 생명 중시나 모성애라는 절대 가치로 무조건 신성화할 수는 없다. 그렇다고 전근대적인 맹목적 모성으로 쉽게 폄하할 수만도 없다. 이런 양극단 사이에서 시어머니의 돌봄 윤리를 바라볼 때 더욱 중요한 것은 돌봄 제공자로서의 시어머니 또한 돌봄을 받아야 할 돌봄 의존자라는 것, 돌봄 의존자로서의 시어머니에 대한 돌봄의 정당성을 거부하게 만드는 것이 바로 공생의 윤리를 왜곡시키고 있는 적들의 교묘한 지배 이데올로기라는 것이다. 이럴 때 서로 상처를 주는 것은 '여인들'이지만, 그것이 그녀들의 잘못이 아니라 사회 자체의 구조적 모순이라는 것을 작가는 암암리에 비판하고 있다.

이런 맥락에서 시어머니의 존재가 소설의 결말에서 인류 최초의 화석 여자인 '루시'와 연결되는 장면 또한 주목해야 한다. 루시와 시어머니의 연관성은 두 가지 점에서 확인된다. 시어머니의 상황과 위치가 당대의 한 개인으로서의 여성 문제가 아니라 고대로부터 이어 온 인류사 전체의 문제라는 것과, 이때의 모성은 '생물학적인 모성(mother)'이 아니라 모성의 기능이나 활동을 의미하는 '모성적 사유(mothering)'[1]의 문제라는 것이다.

---

[1] 사라 러딕, 이혜정 옮김, 『모성적 사유』(철학과현실사, 2002), 18쪽.

돌봄 윤리에 대한 왜곡으로 야기되는 여성 혐오와 자기혐오의 위험성과 그 극복 가능성을 동시에 주목해야 한다는 의미이기도 하다.

관(棺)처럼 길고 네모나게 판 구덩이 속에 사람이 누워 있었다. 웬 여자가……. 포클레인 삽날 자국이 선명한 구덩이 속에 웬 여자가 들어가 누워 있나 했더니, 여자였다. 두 손을 가슴께에 모으고 두 눈을 꼭 감고 있었지만 시어머니인 여자가 틀림없었다. 백발의 머리카락이 풀어헤쳐져 여자의 얼굴과 목, 가슴을 실뿌리처럼 뒤덮고 있었다. 그러쥔 여자의 두 손은 땅을 뚫고 올라온 알뿌리 같았다.(297~298쪽)

며느리가 시어머니를 보고 여성학 수업 시간에 배웠던 350만 년 전 인류 최초의 화석 인류인 루시를 떠올리는 이유 또한 그녀들에게서 자기 자신의 역사를 발견했기 때문이다. 이런 맥락에서 인용문의 상징성은 복합적이고도 중층적이다. 소설의 결말인 이 장면에서 시어머니가 집 근처 신축 공사장의 구덩이 속으로 들어가 스스로 눕는 행위는 소극적이고 도피적인 '퇴화'가 아니라 새로 태어나고 싶다는 '재생'의 퍼포먼스에 더 가깝다. "체제의 안정을 교란하고 시스템을 훼절하는 전복적인 모성"[1]에 해당할 수 있기 때문이다. 모성적 돌봄 행위를 모욕하고 무시하는 사회의 진화에 항거하면서 화석으로 되돌아가는 역진화를 통해 자기 돌봄의 윤리를 인정받으려는 행위를 실천하는 것이다. 인용문에서처럼 역사에서 이미 사라졌음을 보여 주는 루시의 화석이 미래를 위한 "알뿌리"로서 작용한다면 긍정적인 자기 돌봄 윤리를 중심으로 새로운 여성의 역사를 시작할 수 있기 때문이기도 하다. 자기 돌봄의 정당성을 인정받기 위해 자기 해체를 감행한 것이다.

　무엇보다도 이 소설은 의존의 정당성이 모성적 사유를 통해 자기 돌봄의 윤리로 치환되는 연결 고리를 발견할 수 있다는 점에서 그 의의를 발견할 수 있다. 가족 단위에서 일어나는 어머니들의 돌봄 행위가 지니는 비대칭성과 무조건성을 통해 의존의 정당성을 가시화하고 있기 때문이다. 그럼에도 불구하고 어머니의 어머니됨을 박탈하려고 할 때 오히려 돌봄의 여성 윤리는 훼손되고 왜곡되며 이데올로기화될 수 있음을 강변하고 있다.[2] 모성적 돌봄 행위 자체가 여성의 자아 정체성을 가로막

---

[1] 김경연, 「노년 여성의 귀환과 탈가부장제의 징후들」, 《어문논집》 82집 (민족어문학회, 2018). 4, 165쪽.
[2] 키테이도 고대 그리스에서 있었던 '둘리아(dulia)'라는 개념을 통해, 산모가 아이를 돌볼 때 아이를 직접 돌봐 주는 것이 아니라 산모를 돌봄으로써 산모가 아이를 더 잘 돌볼 수 있게 하는 조건과 의무가 중요하다고 강조한다. 에바 F. 키테이, 앞의 책, 9쪽 참조.

는 것이 아니다. 즉 모성적 윤리는 어머니들에게 자아 정체성을 형성하는 자기 돌봄 행위일 수 있다. 때문에 오히려 모성의 긍정적 가치를 적극적으로 인정하는 것이 자기 돌봄 윤리의 긍정성을 촉진시켜 준다. 큐피드와 프시케 사이에서 태어난 딸의 이름이 '조이(joy)' 즉 '기쁨'이고, "기쁨의 탄생은 세상에서 가장 자연스러운 일"이라고 캐럴 길리건이 강조하는 이유도 이와 연관된다. 모성이 되지 않을 권리가 있는 것처럼, 모성이 될 자유 또한 있다는 것, 거기에서 모성의 자기 돌봄의 윤리가 정당화될 수도 있다는 것, 이런 모성의 진화를 비주체적이라고 억압하는 것 자체가 적들의 교묘한 방어 논리일 수도 있다는 것 등이 바로 이 소설이 전하는 자기 돌봄의 윤리다. '모든' 모성이 아니라 '부정적' 모성만을 문제 삼아야 한다면 더욱 그렇다.

희생의 자본화와 저항으로서의 자기 서사
: 김혜진, 『딸에 대하여』

김혜진의 『딸에 대하여』[2]는 동성애자를 딸로 둔 어머니가 겪는 갈등과 화해가 중심인 퀴어 소설로 읽을 수도 있고, "혈연 가족을 중심으로 한 가족이 성소수자 커플, 그리고 무연고자까

---

1 캐럴 길리건, 박상은 옮김, 『기쁨의 탄생』(빗살무늬, 2004), 209쪽.
2 김혜진, 『딸에 대하여』(민음사, 2017). 소설 인용은 이에 의거해 쪽수만 밝힌다.

지 포괄하는 새로운 가족상"¹을 제시하는 가족 소설이나 늙음과 죽음에 대한 성찰을 보여 주는 노년 소설로도 읽을 수 있다. 그러나 무엇보다도 희생 중심의 돌봄 행위로 인해 오히려 자신이 희생당하는 어머니로서의 '나'가 겪고 있는 "엄마가 잃게 될 많은 것들과 엄마가 봉착할 사회적 폭력들"²을 통해 "실은 어머니에 대하여"³ 쓰고 있는 돌봄 윤리의 소설로 볼 수 있다. 특히 요양 병원 보호사(간병인)인 어머니가 담당한 환자 '젠'의 서사가 소설의 시작과 끝에 배치되면서 중요 서사를 진행시키고 있다는 점에 주목해 보면 더욱더 돌봄 윤리의 측면에서 이 소설을 적극적으로 해석할 수 있다. 동성애라는 섹슈얼리티의 문제나, 약자로서의 노인이 겪는 소외 문제 또한 '나'를 중심으로 한 돌봄 윤리 중심의 유사 가족 공동체와 무관하지 않기에 이에 대한 중층적 접근 또한 가능해진다. 무엇보다도 이 소설은 21세기적인 신자유주의 체제하에서 돌봄 노동의 외주화를 통해 야기되는 경제적 거래가 돌봄의 가치마저 화폐로 환산시키고 있음을 문제 삼고 있다. 가족 중심으로 행해졌던 모성의 희생이 중장년 여성의 비정규직 노동으로 자본화할 때의 경제적 소외

---

1 배상미, 「가족과 여성, 그리고 계급 서사」, 《문학동네》 2018년 가을호, 495쪽.
2 박훈하, 「헬조선을 기록하는 법」, 《오늘의 문예비평》, 2018년 봄호, 278쪽.
3 김신현경, 「실은, 어머니에 대하여」(해설), 『딸에 대하여』, 201쪽.

문제를 중점적으로 제기하고 있는 것이다.

먼저 이 소설에서 가장 분명한 돌봄 의존자인 젠의 경우 결혼도 하지 않고 이주민이나 입양 아들을 아무런 대가 없이 돌보아 온 존경받는 인권 운동가임에도 치매에 걸린 채 요양 병원에서 간병인인 '나'의 돌봄에 의존하며 초라하게 말년을 보내고 있다. 왜 이런 불합리한 상황이 초래되었는가. 돌봄 윤리에서 근간을 이루는 희생의 가치가 자본화되었기 때문이다. 돌봄은 손해나 양보 등이 중심이 될 수밖에 없는 희생의 윤리다. 때문에 독립이나 자유, 권리 등이 중심이 되는 분배의 정의가 우선적으로 고려될 수는 없다. 그런데 21세기적인 신자유주의 체제하에서는 이런 희생의 윤리조차 자본의 영향으로부터 자유롭지 못하다. "지난번 취재가 엉망이 되었기 때문일까. 그래서 아무런 후원도 들어오지 않은 걸까. 기억을 잃은 젠이 더 이상 자신의 과거를 팔아먹을 수 없을 거라고 판단한 걸까. 그래서 돈이 안 된다고 여기는 걸까."(56~57쪽)라는 젠의 상황은 희생이라는 정신적 가치의 자본화를 그대로 입증해 주고 있다.

심지어 '나'가 딸과 딸의 동성애 파트너인 '그린'과의 불편한 동거를 할 수밖에 없는 이유 또한 그들이 내는 월세 때문이다. 특히 '나'는 시간강사라는 비정규직을 전전하고 있는 딸의 생활비까지 충당하고 있는 '그린'에 대한 부채감 때문에 그녀들을 자신의 집에서 내쫓을 수 없다. "입이 벌어질 만한 액수를 들이대며 그만 우리를 이해해 달라고 요구한다면 나는 어떻게 반응해야 할까. 단순히 돈으로 셈할 문제가 아니라는 걸 알면서도 나는 돈에 대한 생각을 지울 수가 없다."(64~65쪽)라는 '나'의 심경 고백이 현실적으로 다가오는 이유도 여기에 있다. "월세, 생활비, 권리, 돈과 맞바꾼 나의 권위, 부모로서의 자격, 심장을 떨리게 하는 수치심과 모멸감"(47쪽)이라는 말에서 드러나는 것이 바로 '나'의 적나라한 현실이다.

> 돈 때문이다. 이 모든 게 돈 때문이라는 걸 나는 안다. 내가 이 애들에게 월세를 받지 않았다면, 세금과 식료품 명목으로 웃돈을 더 받지 않았다면, 딸애에게 전셋집을 얻어 주는 조건으로 그 애와 헤어질 것을 요구할 수 있었다면, 딸애가 빌렸단 돈을 당장 내주고 그 애에게 나가 달라고 말할 수 있었다면, 언제든 무슨 일이냐고 따져 묻고 엄한 얼굴로 충고와 조언을 했을 것이다. 지금의 나는 그럴 자격이 없다. 딸애를 세상에 데려왔다는 사실, 그것만으로 자격이 유지되던 시절은 끝났다. 이제 그것은 끊임없이 갱신되고 나는 이제 그럴 능력도 기운도 없다.(64쪽)

인용문에서도 드러나듯이 부모의 자식에 대한 양육마저도 경제적 가치로 환산되는 시대일 때는 돌봄 윤리가 자본으로부터 자유롭지 못하다는 것은 지극히 당연하다. 이 소설로 대표되는 21세기형 퀴어 서사가 "성소수자의 시민적 권리라기보다는 경제 동물의 형상을 경유하지 않고는 보통 사람들을 상상하지 못하게 된 사태"[1]를 반영한 것이라는 지적이 타당한 이유이기도 하다. "딸애를 세상에 데려왔다는 사실, 그것만으로 자격이 유지되던 시절은 끝났다."라는 '나'의 말은 생물학적 모성이 지닌 권리의 종언이자, 돌봄 제공자로서 지녔던 자부심의 추락을 의미한다. 노년 세대의 소외가 경제적 약자로서의 가난과 분리되지 않는 현실을 '나' 스스로 직시하게 된 것이다. 심지어 '나'는 딸의 동성애 또한 그 자체가 문제가 아니라 동성애자들로 구성된 가족의 형태가 경제적 곤란에 처했을 때는 전통적인 가족에서의 돌봄 노동을 제공받지 못하는 것이 문제라고 생각한다.

그럼에도 불구하고 더욱 중요한 것은 이런 희생 중심의 돌봄 행위가 지니는 경제적 불평등성이나 억압성이 돌봄 담당자인 '나'의 목소리를 통해 직접적으로 드러나고 있다는 데에 2000년대 여성 소설이 지닌 여성 윤리의 특수성이 있다. 돌봄 윤리의 경제적 현실을 있는 그대로 표현하는 '자기 서사'의 적극적 양상이 드러나고 있기 때문이다. 희생이 희생으

---

[1] 위의 글, 210쪽.

로 대접받지 못하는 데서 오는 경제적 소외에 대해 여성들 스스로 강하게 저항하는 것이다. 이 소설에서 '나'는 초기에는 타인 혹은 사회가 제시해 준 선(善)의 기준에 따라 '젠'의 희생이나 더 나아가 딸의 동성애까지 평가했다. 그러다가 점점 스스로의 양심이나 경험에 의거한 자기 서사를 중심으로 돌봄 윤리를 판단하는 단계로 나아간다. 이런 자기 서사에 주목할 때에야 비로소 이 소설이 왜 딸이 아닌 어머니의 1인칭 시점으로 서술되고 있는지 설명 가능하다. 이때의 자기 서사는 "나 자신이 생각하는 것, 느끼는 것을 그대로 타인과 나 자신에게 말하는 것"[1]이다. 무엇보다도 "해야 하는 말 대신 하고 싶은 말을 하라."[2]라는 슬로건 아래 자신의 돌봄 행위를 침묵에서 발화의 층위로 이동시키는 것을 의미한다. 때문에 남이 요구하는 것이 아닌 자신이 느끼는 것을 적극적으로 표현한다는 측면에서 자기 돌봄 윤리와 자기 서사가 만나게 된다. 즉 이 소설에서는 자기 돌봄을 위해 자기 서사에 몰두한다. 강요가 아닌 선택, 정답이 아닌 질문의 차원에서 돌봄 윤리를 문제 삼는다는 의미이기도 하다.

---

[1] 김은희, 연구모임 사회비판과대안 편, 「캐럴 길리건: 정의 윤리를 넘어 돌봄 윤리로」, 『현대 페미니즘의 테제들』(사월의책, 2016), 132쪽.
[2] 캐럴 길리건(2018), 앞의 책, 134쪽.

지금은 저래도 저분이 얼마나 열심히 살았는지 생각을 좀
해 봐. 처음 여기로 올 때 얼마나 많은 사람들이 따라와서 잘
보살펴 달라는 인사를 하고. 정신이 멀쩡할 때는 자기한테도
얼마나 좋은 말을 많이 했어. 세상에. 그런데도 이제 와서 쓰
레기통에 처넣듯이 보내 버리겠다니. 우리라고 뭐 다를 거 같
아? 우린 영원히 저런 침대에 안 누워도 될 것 같아? 정말 그
렇게 생각하는 거야? 정신 좀 차려. 정신 좀 차리라고. 그 말
을 하는 동안 나는 젠이 아니라 나를 생각하고 있는지도 모른
다. 내가 아니라 딸애를 생각하고 있는지도 모른다. 그러니까
이건 세상의 일이 아니고 바로 내 일이다. 바로 코앞까지 다
가온 나의 일이다. 이런 말이 내 안의 어딘가에 있었다는 게
놀랍다. 그런 말이 깊은 곳에 가라앉아 죽을 때까지 드러나지
않는 게 아니라, 마침내가 살아 있는 동안에 이렇게 말이 되
어 나온다는 사실이 믿어지지 않는다.(130~131쪽)

처음에 '나'는 젠에 관한 부당한 대우나 동성애자로서의
딸이 처한 불평등에 대해 남의 일처럼 생각한다. 그러나 인용문
에서처럼 '나-젠-딸'이 모두 하나로 연결되자 "세상의 일이 아
니라 바로 내 일"처럼 간주하게 된다. 그리고 그런 자신의 변화
를 젠에 대한 요양 병원의 부당 대우에 눈감고 있는 간병인 동
료들에게 적극적으로 표현하는 단계로까지 발전한다. 때문에

"우리라고 뭐 다를 거 같아? 우린 영원히 저런 침대에 안 누워도 될 것 같아? 정말 그렇게 생각하는 거야? 정신 좀 차려. 정신 좀 차리라고."라는 '나'의 항변은 곧 자기 자신에 대한 반성과 각오이기도 하다. 그다음에 이어지는 "그런 말이 깊은 곳에 가라앉아 죽을 때까지 드러나지 않는 게 아니라, 마침내 내가 살아 있는 동안에 이렇게 말이 되어 나온다는 사실이 믿어지지 않는다."라는 고백이 이런 변화를 증명해 준다. 또한 이런 자기 서사의 과정을 통해 '나'는 "파견 업체에 종속된 임금노동자가 아니라 젠의 돌봄 가족의 주체자임을 선포"[1]하게 된다고 볼 수 있다. 소설의 결말에서 '나'는 시설이 더 열악한 치매 전문 요양병원으로 젠이 강제 이송되었을 때 자신의 집으로 데려와 돌보면서 그녀의 임종을 존엄하게 치러 준다. 가격이 아닌 가치로, 거래가 아닌 선물로 젠의 희생을 대접해 줌으로써 희생의 자본화에 저항하는 것이다.

여기에서 자기 서사가 지닌 '반응성(responsiveness)' 또한 확인할 수 있다. 반응성은 '상호성(reciprocity)'과는 다른 개념이다. 앞에서 살펴본 정의 윤리가 상호성에 토대를 둔다면, 돌봄 윤리는 반응성과 더 긴밀하게 연관된다. 즉 상호성의 윤리는 주체와

---

[1] 정은경, 「2010년대 여성 담론과 그 적들: '돌봄'의 횡단과 아줌마 페미니즘을 위하여」, 《대중서사연구》 24권 2호(대중서사학회, 2018). 5, 118쪽.

타자가 유사한 자아를 가지고 있다는 동일성의 측면에서 서로의 입장을 바꿔 보면서 독립적이고 자율적인 윤리를 주로 강조한다. 반면 반응성의 윤리는 주체와는 다른 타자를 타자 그 자체로 인정하는 비동일성의 측면에서 타자의 입장에 반응하기에 관계적이고 유동적인 윤리를 주로 강조한다.[1] 때문에 반응성을 중심으로 할 때 '타자의 타자성'에 더욱 민감해지고, 자기 서사의 영역 또한 확대될 수 있다. 『딸에 대하여』에서 인물들 간의 서로 어긋나는 논쟁이나 갈등을 있는 그대로 제시하는 것도 이런 반응성의 측면에서 볼 때 더욱 유의미해진다. 이런 맥락에서 '나'와 같은 어머니 세대 자체가 희생의 억압에 경제적 조건이 중요한 요인임을 자각하게 되었다는 것, 이에 대한 저항으로서 반응성에 중심을 둔 자기 서사를 강력하게 피력하게 되었다는 것 자체가 이 소설이 제기하는 2000년대 여성 윤리의 강점이라고 할 수 있다.

    소설 속에서 자기 자신에 대해 말하고 있는 '나'의 자기 서사가 지닌 반응성은 기존의 '나'에게 말을 걸지 않고서는, 그리고 '너'와의 관계성을 제외하고서는 실현 불가능하다. 때문에 자기 자신을 설명한다는 것은 "대가를 치른다거나 빚을 갚는다는 의미에서의 '계산하다' 혹은 '치르다'의 의미와도 연관되어

---

[1] '상호성'과 차이 나는 '반응성'의 개념은 트론토의 논의를 참조로 했다. 조안 C. 트론토, 앞의 책, 192~200쪽.

있으며, 이러한 점에서 '책임지는 것'을 의미하기도 한다."[1] 다시 이 소설을 "엄마가 '딸에 대하여'가 아니라 엄마가 '자기에 대하여', 끊임없이 묻고 생각하고 또 반문한 고뇌의 기록"[2]으로 읽을 수 있는 것도 이 때문이다. 즉 자신의 희생에 대한 이해와 지지를 고백하고 있다는 측면에서는 '자기'의 서사이지만, 그러한 자신이 불완전성과 불투명성을 지닌 취약한 존재로서도 충분하게 가치가 있는 '돌봄' 의존자임을 드러내어야 한다는 것이 바로 자기 돌봄의 서사가 진정으로 추구하는 윤리적 저항일 것이다. 이런 의미에서 김혜진의 『딸에 대하여』는 최종적으로 '자기 돌봄에 대하여'로 제목의 의미를 전유할 수도 있는 소설이다.

평등의 불평등성, 이웃과의 교차성
: 구병모, 『네 이웃의 식탁』

혈연가족(김숨)이나 유사 가족(김혜진)의 범위를 벗어날 경우 가장 대표적인 돌봄의 주체는 이웃이다. 구병모의 『네 이웃의 식탁』[3]은 이런 이웃이 주체가 된 공동체 중심의 돌봄 윤리를

---

1 이현재, 「인간의 자기 한계 인식과 여성주의적 인정의 윤리: 주디스 버틀러의 『윤리적 폭력 비판』을 중심으로」, 《한국여성학》 23권 2호(한국여성학회, 2007), 128쪽.
2 백지은, 「자기에 대하여」, 《문학과사회》, 2017년 겨울호, 386쪽.
3 구병모, 『네 이웃의 식탁』(민음사, 2018). 소설 인용은 이에 의거해 쪽수

공동육아의 문제로 풀어내고 있다. 국가에서 최소한 세 명 이상의 자녀를 갖도록 노력하겠다는 각서를 제출하는 가족들을 대상으로 출산을 장려하기 위해 건설한 "실험 공동주택"(9쪽)이 소설의 배경이기 때문이다. 이 소설에서는 2000년대 들어 중요한 쟁점이 된 육아의 공공성 문제를 "공동이라는 이름이 유난히 강조"(46쪽)되는 이곳에 먼저 입주하게 된 네 가족을 통해 서사화하고 있다. 이웃 사이의 공동육아에서 절대적으로 필요한 돌봄 윤리가 "윤리적 생활을 위한 길 안내라기보다 그 자체의 이론화의 장애물"[1]로서 더 많은 기능을 하는 현실을 통해 돌봄 윤리가 평등한 협력을 추상적으로 강조해서 해결될 수 있는 단순한 문제가 아니라는 사실을 보여 준다.

왜 공동육아에서의 평등이 오히려 불평등을 초래하는가. 평등의 원칙을 따른다면 모든 사람이 동일한 돌봄에 참여하면서 그에 합당한 이익 또한 공평하게 분배받아야 한다. 하지만 돌봄 행위는 개인이 처한 상황과 처지에 따라 달라지는 요구 사항이 더 중요하기에 평등보다는 '차이'의 측면에서 접근해야 하는 윤리다. 평등이 불평등이 되고, 불평등이 평등이 되는, 즉 "평

만 밝힌다.
[1] 케네스 레이너드·에릭 L. 샌트너·슬라보예 지젝, 정혁현 옮김, 『이웃』(도서출판 b, 2010), 13쪽.

등의 개념이 오히려 심각한 부정의를 초래"[1]할 수 있다는 역설을 수용해야 하는 것이다. 사회계약론을 위시한 정의 윤리에서는 평등한 존재들을 전제로 한 공정한 분배를 중시한다. 그러나 돌봄 윤리에서는 불평등 자체가 문제라기보다는 그것이 '지배'로 연결되었을 때에만 문제가 된다.[2] 이런 맥락에서 『네 이웃의 식탁』은 일방적이고 고정된 실체가 아니라 관계적이고 유동적인 구성물로서의 평등 개념을 제시하고 있다는 측면에서 주목해야 할 소설이다.

보다 구체적으로 살펴보면 이 소설에서 전은오-서요진, 신재강-홍단희, 손상낙-조효내, 고여산-강교원 등 네 쌍 부부와 그 자녀들로 구성된 공동체는 서로 다른 이유와 목적으로 공동육아를 실천해 보지만, 그런 공동육아에서의 이상과 현실이 얼마나 다른지 여실하게 경험하게 된다. 공동체를 이룰 준비가 되어 있지 않은 이웃들이 공동체를 구성하고 있기 때문이다. "수단화된 공동체는 쉽게 폭력의 도구로 전락한다."[3] 육촌 언니의 약국에서 보조원으로 일하는 서요진은 영화감독 출신인 남편이 육아를 담당하지만 육아 노동으로부터도 자유롭지 않은

---

1 이영재, 「돌봄, '함께 있음'의 노동」, 《크릿터》 1호(2019), 28쪽.
2 에바 F. 키테이, 앞의 책, 33~34쪽, 참조.
3 박혜진, 「감수성의 혁명: 구병모, 『네 이웃의 식탁』, 박민정, 『미스 플라이트』」, 《문학과사회》 2018년 겨울호, 231쪽.

이중고에 시달리고 있다. 부녀회장 스타일인 홍단희는 원리 원칙을 내세우지만 우월감과 위선으로 왜곡되어 있다. 프리랜서 삽화가로 집에서 일해야 하는 조효내는 젊은 세대 특유의 개인주의로 인해 다른 이웃들과 가장 불화한다. 강교원은 경제적 어려움과 시댁으로부터 인정받고 싶은 욕망을 SNS상에서의 '행복한 주부'라는 허상적 이미지에 투영하고 있다. 이처럼 "최소한의 상식과 도리"(28쪽)의 기준과 개념이 서로 다르기 때문에 '네 이웃'의 '식탁'은 실제적 차원에서는 서로 공유되지 않는다.

분명히 짚고 넘어가야 할 점은, 아이들의 성장과 정서에 포인트를 맞추는 만큼 육아를 공동의 책임으로 함께한다는 뜻이니, 아이들을 한군데다 모아만 놓고 각자 자기 일을 봐도 되는 상황은 아니라는 거예요. 그러니 애를 맡겨서 한시름 놓는 차원으로 여기시면 안 되고요. 다소 번거롭더라도 짐을 나눠 진다는 차원에서 바라봐 주셔야 해요. 이 부분 모두 동의하시죠? 회의 때 홍단희가 강조한 부분이었다. 배우자가 출근한 동안 혼자서 집에 틀어박혀 아이들과 씨름하고 있으려면 이런저런 딴생각도 나고, 독박을 쓴다는 생각에 우울감도 생기고 아이를 간혹 방치하게도 되어 좋을 일 없으니, 장기적으로 내다봤을 때 아이들과 보호자 모두의 건강을 위해 소통하고 교류하는 방식의 육아를 시험적으로나마 해

보자는 뜻이었다.(86~87쪽)

　인용문에서 강조되고 있듯이 "육아를 공동의 책임으로 함께한다는 뜻이니, 아이들을 한군데다 모아만 놓고 각자 자기 일을 봐도 되"는 것이 공동육아의 개념은 아니기에 "짐을 나눠 진다는 차원"에서의 동의와 실행이 중요하다. "서로 소통하고 교류하는 방식의 육아"를 실험해 본다는 취지 자체가 단지 개인이나 감정의 차원에서 쉽게 접근할 수 없는 문제라는 것을 인정해야 한다는 것이다. 이런 취지나 현실이 간과되었기에 소설 속 공동육아는 결국 실패한다. 국가가 주체가 되어 "가족/부부 내부에서 작동하는 권력에 대한 근원적인 재분배 없이 물리적인 공간 제공을 '지원'했기 때문"[1]이기도 하다. 하지만 더 심각한 이유는 네 이웃들의 공동육아에 대한 셈법 자체가 평등한 이익의 분배를 중시한다는 것 때문이다. 이런 맥락에서 공동육아가 중단되는 결정적 계기는 전은오와 서요진 부부의 딸인 시율이가 가장 나이가 많다는 이유로 불평등하게 "동생들을 돌보는 역할"(126쪽)을 하게 됨으로써 발생한다. 막상 자신의 딸이 돌봄 제공자가 됨으로써 손해를 보는 불평등한 상황이 발생했을 때 "맞춤과 양보라는 그럴듯하고 유연한 사회적 합의"(174쪽)가 얼마

---

[1] 김건형, 「가족, 사적 돌봄, 국가의 공모 그 이후」, 《실천문학》 2019년 봄호, 146쪽.

나 추상적이고 이상적인 가치에 불과한지 확인시켜 주는 현실적 대목이다.

> 어떤 효용이나 합리보다는 철저한 당위가 지배하는 장소. 기회가 닿으면 아이들이 탈 만한 그네 또는 미니 미끄럼틀 같은 것이나 좀 들여놓으면 될 터였다. 어차피 아이들이 많아질 곳이므로. 각 집에 아이가 둘씩만 있다고 쳐도 꼽아 보면 스물네 명에 이른다. 볕이 좋은 날 각 집에서 버너라도 내놓고 바비큐 파티를 하면 좋겠다는 그림이 여자의 머릿속에 그려졌다. 스물네 명까지 합치면 도저히 다 둘러앉을 수는 없을 테지만, 그럼에도 눈앞의 식탁은 이 주택에서 제일 오래갈 듯이 존재감을 드러냈다. 향후 몇 가구가 들고 나든지 변함없이 이 자리를 지키고 서 있을 것만 같은, 이웃 간의 따뜻한 나눔과 건전한 섭생의 결정체처럼. 여자는 왠지 몰라도 이 식탁을 오랫동안 아침저녁으로 보고 지낼 자신이 있었다.(191쪽)

이 소설의 결말은 공동육아의 실패를 경험한 이후에 고여산과 강교원으로 구성된 한 가족만 유일하게 남은 상황에서 새로 이사 올 예정인 '여자'가 이미 떠나간 가족들의 후일담을 전하는 내용으로 채워진다. '여자'는 첫딸을 낳고 둘째를 임신하기 위해 퇴사까지 하고 입주하는 경우로, 인용문에서처럼 공동육아의 꿈에 부풀어 있는 상태다. 이런 소설의 결말에서 제시되는 식탁은 "어떤 효용이나 합리보다는 철저한 당위가 지배하는 장소"를 대표한다. 식탁 자체가 "제일 오래갈 듯이 존재감"을 드러내며 "이웃 간의 따뜻한 나눔과 건전한 섭생의 결정체"라는 공동체적 환상을 대변하면서 그것이 '여자'를 통해 앞으로도 지속되거나 반복될 것임을 암시하고 있다. 이웃의 폭력성으로 인해 실패를 경험했음에도 불구하고 돌봄 윤리의 평등성이 쉽게 포기되지 않는 현실의 굳건함을 반영하고 있는 것이다.

물론 이런 결말은 공동육아의 문제를 '교차성(intersectionality)'[1]에 토대를 둔 자기 돌봄의 윤리로 해결해야 함을 동시에 보여 준다. 원래 흑인 여성과 백인 여성 사이의 차별에서 발생하는 성적·인종적·계급적 차별을 비판한 데서 출발한 교차성 개념은 하나의 정체성이나 윤리를 독립적으로 평가하는 것에 반대하면서, 각 여성들의 차이성과 고유성을 훼손하거나 억압하지 않아야 함을 의미한다. 이 소설의 의의는 여성들을 완벽한 돌봄 제공자로 그리지 않았다는 점과, 여성들 사이에 존재하는 돌봄 윤리의 다양성을 간과하지 않았다는 점이다. 그래

---

[1] '교차성'의 여성 윤리적 측면은 다음을 참조했다. 패트리샤 힐 콜린스, 박미선·주해연 옮김, 『흑인 페미니즘 사상』(여이연, 2009), 443쪽; 린 미켈 브라운·캐럴 길리건, 김아영 옮김, 『교차로에서의 만남』(이화여자대학교 출판부, 1997), 42~47쪽; 한우리 외, 『교차성×페미니즘』(도서출판 여이연, 2018), 44~46쪽.

서 작가는 세 식구가 공동 주택을 떠날 수밖에 없는 이유에 대해서도 세밀하게 들여다보았던 것이다. 작가는 서요진에 대한 남편 신재강의 부당한 성추행을 홍단희마저 흐지부지 넘어가는 이유, 일과 육아를 병행해야 하는 조효내가 결국 이혼을 감행할 수밖에 없는 이유, 유일하게 셋째 아이를 임신해서 공동 주택에 잔류하게 된 강교원이 전업주부로서 열등감을 가지는 이유 등을 무조건 옹호하거나 은폐하지 않는다. 이를 통해 작가는 돌봄 윤리 자체를 충돌과 공백의 교차로에 놓아둠으로써 돌봄 윤리가 과잉될 때에는 오히려 돌봄을 요구하지 않을 자유를 또한 인정해야 한다는 점을 부각시키고 있다.[1]

하지만 이 소설은 앞에서 제기되었던 '효용'이나 '합리', '당위'가 중요하기에 그에 반하는 '나눔'과 '섭생' 자체를 거부해야 한다는 논리 또한 자기 돌봄 윤리를 퇴행시키는 위험한 논리임을 열린 결말로 제시하고 있다. 자기 돌봄 자체가 아니라 '잘못된' 자기 돌봄이 문제이기 때문이다. 이런 자기 돌봄 윤리의 이중성을 정의 윤리와의 교차성뿐 아니라 일반적인 돌봄 윤리와의 교차성을 통해 동시에 보완해야 함을 강조한다. 돌봄에 대

---

1 구병모는 이미 단편「한 아이에게 온 마을이」(『단 하나의 문장』, 문학동네, 2018)에서 젊은 임산부에게 쏟아지는 마을 사람들의 지나친 관심이 오히려 윤리적 폭력이 될 수 있음을 소설화했고, 『네 이웃의 식탁』은 그 확장판인 장편소설로도 볼 수 있다.

한 의무가 돌봄 받지 않을 권리보다 우선해야 하는 것처럼, 돌봄 윤리의 폭력성을 자기 돌봄 윤리의 취약성에서 찾아서는 안 된다는 것을 알려 주기 때문이다. 즉 동지이자 적인 이웃을 중심으로 비대칭적인 돌봄 윤리를 실천하기 위해서는 자기 자신도 가치 있는 이웃이 되도록 노력해야 한다는 사실을 보여 주는 것이다. 진정한 자기 돌봄을 위해 자기 갱생의 단계로까지 나아가야 함을 역설하고 있다고도 볼 수 있다. 다른 이웃에게 폭력적인 '괴물'로서의 이웃을 인정하면서도 이런 이웃과도 늘 새로운 관계를 재구성해야 한다는 것이다. 때문에 돌봄 윤리의 차원에서는 이웃에 대해 "속지 않는 자가 오히려 잘못하는 것이다".[1] 구병모의 소설은 이런 이웃의 윤리가 지닌 위험성과 필요성을 동시에 제시하는 열린 결말을 통해 돌봄 공동체에서 스스로 찾아야 할 자기 돌봄 윤리의 확장성을 함께 제시하고 있다.

'다른 목소리'로서의 자기 돌봄 윤리

자기 돌봄 윤리는 정의 윤리나 돌봄 윤리와 다른 입장에서 차이 나게 재정립될 수 있는 윤리 개념이다. 우선 정의 윤리와 돌봄 윤리는 서로 양자택일적이지 않고 동시성을 지닌다. 즉 돌봄 윤리 자체도 완벽한 윤리가 아니기에 정의 윤리의

---

[1] 케네스 레이너드·에릭 L. 샌트너·슬라보예 지젝, 앞의 책, 284쪽.

입장에서 의심과 비판의 대상이 될 수 있다는 것을 고려해야 한다. 그래야만 돌봄 윤리가 더욱 구체적인 실효성을 지닐 수 있다. 또 다른 측면에서 자기 돌봄 윤리는 일반적 돌봄 윤리의 맹목성이나 폭력성, 과잉성까지 견제 가능하다. 돌봄 윤리 내부에서도 긴장과 균열이 있다는 것을 확인해 주면서 돌봄 윤리들 사이를 서로 연결하는 것이 바로 자기 돌봄 윤리다. 이런 자기 돌봄 윤리를 통해 자기애나 이기주의와는 다른 차원에서 정의 윤리의 독립성이나 자율성, 그리고 일반적 돌봄 윤리의 취약성이나 비대칭성 모두를 보완하면서 생산적 가치를 더욱 확장시킬 수 있게 된다.

물론 자기 돌봄 윤리가 모든 남성 중심적 정의 윤리의 대안이 될 수는 없다. 2000년대 여성 소설들이 여전히 자기 돌봄 윤리의 현실적 곤궁을 문제 삼는 이유도 여기에 있다. 더구나 자기 돌봄 윤리는 여성들만의 윤리도 아니다. 남성적 정의 윤리와 여성적 돌봄 윤리라는 이분법적 대립 관계에서 파악할 때 발생하는 자기 돌봄 윤리의 한계 또한 분명하기 때문이다. 이런 맥락에서 '여성의' 목소리가 아닌 '다른' 목소리를 통해 '여성적' 윤리가 아닌 '여성주의적' 윤리, '양자택일적' 윤리가 아닌 '다양한' 윤리로서의 자기 돌봄 윤리를 재구성해 보는 것이 중요하다. 다만 자기 돌봄 윤리가 '다른 사람들의 권리를 침해할까 봐' 우려하는 데에서 더 나아가 "다른 사람들을 도와줄 수 있으면서도 도와주지 않게 될까 봐"¹ 걱정한다는 측면에서 좀 더 기존의 남성 중심적 정의 윤리와는 '다른' '여성주의적'인 '다양한' 윤리인 것은 분명하다.

　김숨의『여인들과 진화하는 적들』은 자기 돌봄 윤리가 여성들에게도 적으로 다가오면서 어떻게 왜곡당하거나 모욕당할 수 있는지를 전통적인 모성을 통해 문제 삼는다. 돌봄 제공자가 돌봄 의존자가 되었을 때에도 정당한 돌봄을 제공받기 위해서는 인간 모두가 모성적 사유의 긍정성을 인정하면서 인간의 보편적인 '의존성' 자체가 자기 돌봄과 상치되지 않는다는 사실을 강조해야 한다는 것이다. 김혜진의『딸에 대하여』는 돌봄 노동 자체가 가족 내에서의 무임금 노동에서 가정 밖에서의 저임금 노동으로 자본화됨으로써 희생이라는 정신적 가치 또한 어떻게 물화(物化)되고 있는지 보여 준다. 희생이라는 숭고한 가치가 부당한 가격으로 거래되고 있다면, 그러한 부당 거래에 저항하기 위한 방법으로 피해자이자 당사자로서 여성 스스로 느끼는 민감한 '반응성'에 토대를 둔 자기 서사화가 필요함을 보여 준다. 돌봄 윤리를 공동체의 공동육아를 중심으로 문제 삼고 있는 구병모의『네 이웃의 식탁』에서는 평등한 육아 부담을 중시할 때의 불평등성으로 인해 발생하는 현실적 제약이나 갈등이 문제

1　캐럴 길리건(1997), 앞의 책, 71쪽.

가 되고 있다. 때문에 자아의 독립성이나 자율성을 위해서는 오히려 남성 혹은 다른 여성들과의 '교차성'을 인정하는 자기 돌봄의 차원으로까지 발전해야 한다는 것이다. 이때의 교차성은 과잉 돌봄을 자기 돌봄으로 견제하기 위한 장치이기도 하다.

김숨·김혜진·구병모는 자유주의나 공동체주의라는 양극단의 장점과 폐해를 모두 경험한 세대로서, 공존·분배·평등 중심의 정의 윤리나 여성 중심의 돌봄 윤리가 지닌 한계를 자기 돌봄의 윤리로 전유하려는 움직임을 보여 주고 있다. 즉 공존이라는 허구의 억압성, 희생이라는 정신적 가치의 자본화, 평등의 불평등한 배분이라는 장애 앞에서 이를 극복하기 위한 대안으로 자기 돌봄 윤리가 지닌 의존성·반응성·교차성을 각각 중점적으로 제시한다. 자기 돌봄 윤리를 통해 돌봄 의존자라는 이유로 부당한 대우를 받았던 과거의 자기를 해체하고, 희생을 부당 거래하는 현실에 대해 적극적으로 반응하면서 자기 서사를 통해 저항하며, 자기 돌봄 윤리 내부에서도 발생하는 차별과 한계를 극복하기 위해 자기 갱생의 단계까지 나아가고 있기 때문이다. 이처럼 여성들의 '다른 목소리'를 반영하는 소설 속 자기 돌봄 윤리는 "감정과 사고의 내적 정신세계를 자신과 타인이 들을 수 있는 관계의 열린 공간 속으로 불러내는 통로"[1] 그 자체라고 할

---

1 린 미켈 브라운·캐롤 길리건, 앞의 책, 41쪽.

수 있다.

　때문에 돌봄 자체의 윤리에서 자기 돌봄의 여성 윤리 층위로 초점을 이동시켜 준 이들 여성 작가들의 소설은 다음과 같은 중요한 의의를 지닌다. 첫째는 여성만이 아닌 모든 인간을 돌봄 윤리에 의존해야 할 보편적 타자로 확대시켰다는 점이다. 둘째는 공적 영역으로 이동한 여성주의적 돌봄 윤리를 통해 여성들 사이에서도 존재하는 차별과 차이를 구체화시켰다는 점이다. 셋째는 자기 돌봄 윤리 자체가 '돌봄'이라는 측면에서 공존·배분·평등 중심의 정의 윤리와 다르고, '자기' 돌봄이라는 측면에서 일방적이고 이타적인 일반적 돌봄 윤리와도 다른 여성 윤리일 수 있다는 점을 확인해 주었다는 점이다. 이런 의의들을 통해 이 세 여성 작가는 자기 돌봄 윤리가 지닌 '다른 목소리'로서의 여성 윤리가 배제되어야 할 부정적 가치가 아니라 적극적으로 회복되어야 할 긍정적 가치임을 역설하고 있다.

포스트휴먼으로서의 여성과 테크노페미니즘

윤이형과 김초엽 소설을 중심으로

반인간주의, 탈인간중심주의, 그리고 여성

2000년대 들어 이성·주체·합리성을 중심에 두는 근대성 담론은 더 이상 유효하지 않다. 이와 동시에 이런 근대성을 비판하는 탈근대적 전략 또한 실효성을 의심받기는 마찬가지다. 근대와 탈근대의 이분법 자체가 인간 중심적 논의에서 벗어날 수 없기에 동전의 양면과 같다는 것이다. '인간을 위한, 인간에 의한, 인간의' 비판이라면 또다시 인간이 중심이 되기 때문이다. 이런 맥락에서 2000년대 초반부터 초월적이고 예외적 존재로서의 인간을 중심에 두는 휴머니즘의 한계를 비판하는 '포스트휴먼(Posthuman)' 담론이 급부상하기 시작한다. 포스트휴먼은

"몸을 가진 확장된 관계적 자아"[1] 혹은 "이질적 요소들의 집합, 경계가 계속해서 구성되고 재구성되는 물질적-정보적 개체"[2]를 말한다. 포스트휴먼이 "이전에는 분리되어 있던 종과 종의 분리를 가로질러 재연결하는 횡단적인 힘"[3]을 중시하는 것도 이 때문이다.

이런 포스트휴먼은 강조점을 어디에 두느냐에 따라 두 가지 방향에서 접근 가능하다. 첫째는 남성·백인·과학에 대한 비판을 중심으로 하는 반휴머니즘(anti-humanism)의 방향과, 두 번째는 이런 반인간주의조차도 인간중심주의를 벗어날 수 없다는 점을 비판하면서 진정한 '탈인간중심주의(post-anthropocentrism)'를 선언하는 방향이다. 포스트휴먼은 이 중에서 탈인간중심주의의 방향을 따르면서 제3의 길을 선택한다. 기술 공포증과 기술 애호증을 모두 벗어나려고 하기 때문이다. 그리고 이를 위해 "인간 행위자와 인간-아닌 행위자들 사이의 횡단적 상호 연계, 즉 배치(assemblage)"[4]를 중시한다. 위치, 상황, 변위 등을 중심으로 하는 '되기(becoming)'의 윤리가 포스트휴먼의 횡단성이나 혼종성과 잘 연결되는 이유이기도 하다.

---

1 로지 브라이도티, 이경란 옮김, 『포스트휴먼』(아카넷, 2015), 119쪽.
2 캐서린 헤일스, 허진 옮김, 『우리는 어떻게 포스트휴먼이 되었나』(열린책들, 2013), 25쪽.
3 로지 브라이도티, 앞의 책, 82쪽.
4 위의 책, 62쪽.

포스트휴먼과 페미니즘의 만남은 기존의 인간(Human)이 남성(Man) 중심적이었다는 사실에 대한 비판에서 촉발된다. 프로타고라스가 "모든 만물의 척도는 인간"이라고 공식화한 이후로 이성적 힘에 토대를 둔 휴머니즘의 전형으로 여겨져 온 레오나르도 다빈치의 '비트루비우스적 인간(Vitruvian Man)' 자체가 '인간으로서의 여성(Wo/man)'에 대한 배제나 차별을 전제로 한다는 것이다. 때문에 도나 해러웨이의 '사이보그 선언'이 "남근 로고스 중심주의라는 중심 원리에 대항"[1]하는 모든 투쟁을 포함하는 것도 이 때문이다. 사이보그 정체성에 유색인 여성이나 괴물 자아까지 포함시키면서 '과학적 남성'이 아닌 '인간적 여성'으로의 변화를 강조한 것이다.

이런 여성 사이보그 중심의 페미니즘적 시각보다 더욱 과학기술적 측면을 강화시킨 것이 '테크노페미니즘(Technofeminism)'이다. 테크노페미니즘은 과학기술과 여성이 서로에게 적극적으로 개입하는 수행적 실천에 관심을 둔다. "기술 변화 과정에 대한 관여는 젠더 권력 관계를 재협상하는 과정의 일부여야만 한다."[2]라는 전제를 중시하기 때문이다. 이런 이유로 테크노페미니즘은 '과학기술 안에서의 페미니즘'보다는 '페

---

[1] 도나 해러웨이, 황희선 옮김, 『해러웨이 선언문』(책세상, 2019), 75쪽.
[2] 주디 와이즈먼, 박진희·이현숙 옮김, 『테크노페미니즘』(궁리, 2009), 23쪽.

미니즘 안에서의 과학기술'에 더 관심을 가진다. 전자의 입장이 과학을 중립적으로 파악하는 반면, 후자는 과학 또한 사회적 이데올로기임을 강조하는 입장이라는 점에서 차이가 난다.[1] 과학기술의 발전에도 불구하고 해결되지 않는 젠더 불평등을 해결하려는 새로운 흐름인 것이다.

2000년대 한국 소설에서 이런 테크노페미니즘적 경향을 대표하는 여성 작가가 바로 윤이형과 김초엽이다. 윤이형은 2005년 등단한 이후 현재까지 지속적으로 과학기술적 상상력을 소설 작법으로 활용해 온 작가다.[2] 김초엽 또한 2017년에 등단한 신인 작가임에도 과학 기술적 지식을 소설의 디테일에 잘 녹여 낸 작법으로 문학성과 대중성을 모두 인정받고 있다.[3] 때문에 두 여성 작가는 과학기술과 젠더의 관계를 중점적으로

---

1 위의 책, 35~36쪽 참조.
2 윤이형의 출간된 단행본 목록은 다음과 같다. 『셋을 위한 왈츠』(소설집, 문학과지성사, 2007); 『큰늑대 파랑』(소설집, 창비, 2011); 『러브 레플리카』(소설집, 문학동네, 2016); 『설랑』(장편소설, 나무옆의자, 2017); 『작은마음동호회』(소설집, 문학동네, 2019); 『붕대 감기』(경장편소설, 작가정신, 2020). 소설 인용은 이에 의거해 쪽수만 밝힌다.
3 김초엽의 출간된 단행본 목록은 다음과 같다. 『원통 안의 소녀』(경장편소설, 창비, 2019a); 『우리가 빛의 속도로 갈 수 없다면』(소설집, 허블, 2019b). 소설 인용은 이에 의거해 쪽수만 밝힌다. 특히 『우리가 빛의 속도로 갈 수 없다면』은 첫 소설집인데도 출간 6개월 만에 3만 3000부를 인쇄하는 이례적 기록을 세웠다고 한다.(백지은, 「이것이 쓰이고 읽혀서 자기를— 왜 지금 SF가 이렇게」, 《문학동네》, 2020년 봄호, 133쪽 참조)

문제 삼는다는 점에서 공통점을 보여 준다. 하지만 두 여성 작가가 과학기술을 바라보는 시각에는 섬세한 분기점이 존재하기도 한다. 물론 이 차이점이 공통점을 능가하지는 않지만, 이들이 테크노페미니즘의 다양성과 불확정성을 확인해 볼 수 있는 유의미한 여성 작가임은 분명하다.

이에 이 글에서는 윤이형과 김초엽의 과학소설[1]을 테크노페미니즘의 입장에서 고찰해 보고자 한다. 여성 과학소설을 여성 (작가가 쓴) '과학소설'의 측면이 아니라 여성 문학적 주제가 중심을 이루는 '여성' 과학소설이라는 입장에서 좀 더 확실하게 분석해 보려는 것이다. 이를 위해 포스트휴먼으로서의 여성이 '지구-되기', '모성-되기', '기계-되기' 등의 층위에서 어떻게 젠더 정체성을 찾아 가는지 살펴볼 것이다. 이 두 여성 작가는 '지구-모성-기계'와 '여성' 사이에 존재하는 배치나 상황적 지식, 상호작용을 통해 '여성-임(being)'이 아니라 '여성-되기

---

[1] 과학소설, 즉 사이언스 픽션(Science Fiction)은 "휴먼과 포스트휴먼의 관계 및 테크노피아의 양가성을 성찰하게 하는 대표적 서사 장르"(서승희, 「포스트휴먼 시대의 여성, 과학, 서사: 한국 여성 사이언스 픽션의 포스트휴먼 표상 분석」, 《현대문학이론연구》 77권(현대문학이론학회, 2019), 131쪽)"이자 "새로운 과학기술의 등장에 따른 포스트휴먼 미래를 구체적으로 형상화할 수 있는 장르"(노대원, 「포스트휴머니즘 비평과 SF」, 《비평문학》 68호(한국비평문학회, 2018), 120쪽)라는 점에서 포스트휴먼과 테크노페미니즘을 연결시켜 논의할 수 있는 최적의 장르라고 할 수 있다.

(becoming)'를 추구한다. 때문에 이 글에서는 이 두 여성 작가가 서로 겹치기도 하고 갈라지기도 하면서 보여 주는 테크노페미니즘적 수행성의 양상을 구체적으로 확인해 보려고 한다.

'지구-되기'와 판도라의 박탈성

'지구-되기'의 담론은 일차적으로 기존의 생태학이나 환경론과 연관되면서 지구로 대변되는 자연에 대한 지배와 착취를 비판하기에 에코페미니즘적 흐름을 계승한다. 과학기술의 남성 중심적 오용을 비판하면서 생명이나 영성(靈性)을 강조하기 때문이다. '인간-남성' 중심으로 이루어진 환경 위기나 기후 변화를 거부하기 위해 '인간-아닌-지구'라는 비인간(inhuman)과의 관계에 주목하기도 한다. 그러나 테크노페미니즘에서의 '지구-되기'는 자연 질서의 치유력을 강조하기 위해 또다시 자연/문화, 인간/기술, 여성/남성의 이분법으로 회귀하는 것을 경계한다. 또한 '자연-인간-여성'의 위기를 통해 대재앙이 임박했다는 묵시록적 인식으로부터도 거리를 둔다. 이런 흐름들이 지구에 대한 의인화나 재주술화를 초래함으로써 발생되는 위험성을 잘 알고 있기 때문이다. 이것이 바로 '지구-되기'에서 가이아(Gaia)가 아닌 판도라(Pandora)가 더욱 부각되는 이유다. 가이아는 "지구 전체를 하나의 신성한 유기체로 본다는 점에서는 지구

중심적"¹이고, 또 기술 혐오적이기도 하다. 하지만 판도라는 "신만 죽은 것이 아니다. 여신 또한 죽었다. 또는 둘 모두가 미세전자공학과 생명공학 기술 정치로 충만한 세계에서 다시 태어났다."²라고 말하는 여성 주체에 해당한다.

윤이형의 「판도라의 여름」³은 닉네임이 '판도라'인 42살의 성공한 여성 과학자 '나'가 스스로 개발한 상품인 '판도라의 상자'로 인해 발견하게 된 남편의 숨겨진 진실을 추적해 나가는 소설이다. 출시 한 달을 앞둔 이 상품은 구매자의 냄새 분자를 포착해 2000만 화소급 카메라처럼 정확하게 "마음속의 비밀, 숨겨 둔 정부(情婦 그리고 情夫), 아무도 모르게 잠재의식의 벽장 속에 가둬 둔 갈망의 초상화들"(345쪽)을 인화해 준다. 이런 상품을 개발한 판도라의 상징성은 '나'의 친구이자 SF 소설가인 '도로시'가 쓴 상품 설명서에 잘 나타나 있다. 본래 그리스신화에 등장하는 최초의 여성인 판도라는 제우스가 내린 명령을 어기고 선물로 받은 상자를 열어 봄으로써 인류를 대재앙에 빠트리는 존재다. 물론 판도라의 이 행위 자체가 신에 대한 인간의 저항으로 재해석되기도 한다. 때문에 도로시는 주 소비층인 보

---

1 이경란, 『로지 브라이도티, 포스트휴먼』(커뮤니케이션북스, 2017), 56쪽.
2 도나 해러웨이, 앞의 책, 46쪽.
3 윤이형(2007), 앞의 책.

통의 주부들이 남편의 불륜 상대를 밝혀내는 행위에 담긴 불순함과 상스러움을 희석시키기 위해 판도라의 이런 저항성을 끌어다 쓴다. "우리를 구원할 그 냄새, 인간을 인간답게 만드는 그 냄새는 두려움에 맞서는 신성한 앎의 냄새입니다. 그리고 그것은 아마도 희망의 또 다른 동의어일 겁니다."(351쪽)라는 설명 문구가 이런 이데올로기를 뒷받침한다.

문제는 이런 판도라 상자의 피실험자로 '나'의 남편을 삼았을 때 발생한다. 사진작가이자 닉네임이 '프로메테우스'인 남편이 다른 여자와 바람을 피웠다고 의심해서 '나' 또한 박스 실험을 통해 흐릿한 소녀 사진을 얻게 된다. "열지 마십시오. 열어서는 안 됩니다. 판도라."(381쪽)라는 경고를 무시한 것이다. 남편이 사진을 찍기 위해 찾아갔던 사진 속 마을은 연합국 기지 확장을 위해 지금은 폐쇄된 상태다. 이 마을에서 남편이 만났던 팔순 노파의 젊은 시절을 웹페이지 저장소에서 찾아낸 것이 바로 판도라 상자가 인화한 소녀 사진이었던 것이다. 마을을 찾아왔던 남편의 관심이 마을 사람들 자체가 아니라 마을 사람들을 찍어 내는 카메라 기술이었다는 사실에 실망한 노파는 농약을 먹고 자살한다. 이때 노파를 중심으로 한 마을 사람들이 경험한 것은 '자연-땅-대지'에 대한 '박탈(dispossession)'이다. 우주개발로 대변되는 과학기술이 "강제 이주, 실업, 거주지 강탈, 점거,

정복 등을 통해 민중에 대한 구조적인 수탈을 자행"[1]한 것이기 때문이다. 이럴 때 마을 사람들 자체가 바로 파괴된 '자연-땅-대지'일 수 있다.

이런 마을의 역사나 남편의 과거는 마을에서 20년 동안 머물면서 업그레이드를 반복한 AI에 의해 조사되고 전달된 것이다. 그리고 그 AI의 이름이 '제우스'인 것도 상징적이다. 제우스는 인공 감성(AE)이 탑재된 고급 모델의 AI다. '나'의 자동차 좌석 밑에 있었던 박스에 의해 다시 한번 이런 제우스의 의식 또한 인화된다. 그리고 박스가 기록한 제우스의 의식 기록은 다음과 같다.

임무 완료 후에 이곳에 남기로 결정한 것은 나의 의지였다. 나는 인간을 이해하고 싶었다. 나는 개조되었고 향상되었으며, 감정을 가진 존재가 되었다. 그럼에도 나는 아직 이해할 수 없다. 이 땅은 잊힌 지 오래지만 아직 25명이나 되는 인간들이 이곳을 떠나지 못하고 있다. 여전히 연합국은 한국을 지배하고 있지만 그들을 지배하는 것은 이 땅이다. 나는 그들의 마음속을 알고 싶지만 그럴 수 없다. (중략) 그녀는 몸을 일으키고 붉은 흙이 묻은 손바닥을 코에 가까이 가져가

---

[1] 주디스 버틀러·아테나 아타나시오우, 김응산 옮김, 『박탈』(자음과모음, 2016), 14쪽.

더니 크게 숨을 들이켰다. 그녀는 오랫동안 그대로 서 있었다.(388~389쪽)

인용문에서는 "감정을 가진 존재"로 개조된 제우스의 눈에 비친 인간 판도라의 모습이 그려지고 있다. 제우스의 시각으로는 왜 25명의 마을 사람들이 보잘것없어 보이는 땅을 버리지 못하는지, 그리고 잘나가던 여성 과학자 판도라가 왜 마을에 관한 진실을 알고 난 후 혼란에 빠져 "오랫동안 그대로 서 있는지" 이해할 수 없다. 이들의 상징성은 신화에서 차용한 소설 속 인물들의 닉네임을 통해 파악 가능하다. '나'의 남편인 프로메테우스는 인간보다 기계(카메라)를 더 사랑했기에 마을의 진실을 외면했다. '인간을 위한 기술'이 아니라 '기술을 위한 인간'을 중시했다는 점에서 프로메테우스는 남성 중심적 과학기술이 지닌 허구성을 알려 주는 인물이다. 또한 신화 속에서는 판도라에게 모든 선물을 선사한 제왕 제우스가 소설 속에서는 오히려 인간을 이해하기 위해 고군분투하는 AI로 등장하고 있다. 첨단 과학기술을 대변했던 판도라는 폐허가 된 마을을 경험한 이후 새로운 판도라로 재탄생한다. 신을 대신하는 과학기술의 옹호자에서 그와 정반대되는 지구의 옹호자로 바뀐 것이다. 그럼에도 판도라에게 자연은 돌아가야 할 곳이나 돌아갈 수 있는 곳이 아니다. 이처럼 21세기 판도라는 과학기술의 소비자인 동시에 생산자로 그려지고 있다.

　김초엽의 「나의 우주 영웅에 대하여」는 윤이형이 「판도라의 여름」에서 보여 주었던 여성 과학자로서의 균열을 우주 차원에서 보여 주고 있는 소설이다. '우주인' 판도라가 되어 우주 저편으로 날아가 거꾸로 지구를 탐색하는 여주인공 가윤의 롤 모델은 이모뻘인 재경이다. 비혼모 사이트에서 만난 '나'의 엄마와 재경이 자매처럼 지내는 돈독한 사이인 데다, 항공우주국에서 진행했던 "인류 최초의 터널 우주 비행사"(278쪽)로 선정되었던 인물이기 때문이다. 터널은 지구에서 우주로의 비행을 위해 반드시 통과해야 할 공간이다. 하지만 이를 위해서는 "사이보그 그라인딩 프로젝트"(280쪽) 또한 통과해야만 한다. 인간 본연의 몸으로는 터널을 통과할 수 없기에 체액이나 장기, 피부, 혈관 등을 교체해야 한다는 것이다. 재경은 마지막 단계까지 통과한 후 비행 전날 갑자기 바다로 뛰어듦으로써 스스로 자격을 박탈한다. 그 기저에는 "우주 저편을 보기 위해서 인간이 본래의 신체를 포기해야 한다면, 그것은 여전히 인간의 성취일까?"(28쪽)라는 실존적 질문이 자리하고 있다.

　그런데 「나의 우주 영웅에 대하여」를 SF나 사이보그 소설로만 읽을 수 없는 이유는 재경으로 대변되는 '여성의 몸'이 지

1　김초엽(2019b), 앞의 책.

닌 의미 때문이다. 재경이 부딪혔던 난관은 사이보그화된 인간성 자체가 아니다. 오히려 여성의 몸을 지녔기에 차별받았던 젠더 경험이다. 재경은 여성으로서 느꼈던 이런 현실적 한계를 극복하기 위해 사이보그화됨으로써 자신의 몸을 확장시키려고 한다. 인간의 진화 과정에서도 해결하지 못한 임신이나 출산 과정에서의 고통에 대해 의문을 품었기 때문이다. 또한 재경은 '올해의 여성'으로 수십 번 선정되어 여성 과학자로서 실력을 인정받았음에도 "유일한 여성, 동양인, 비혼모"(299쪽)라는 이유로 엄청난 비난에 직면한다. 이런 유표화된 여성으로서 경험하는 제약으로부터의 해방을 원했기에 재경은 망설임 없이 해안 절벽으로 뛰어내린다. 이런 재경의 선택은 가윤이 보기에 "터널로 가는 것이 아니라 새로운 인간으로의 재탄생, 그러니까 사이보그 그라인딩 그 자체"(306쪽)에 다름 아니다.

별들과 뿌옇게 흩어진 성운이 보였다. 더 많은 별이 보인다고 생각했지만, 이미 수도 없이 보았던 저쪽 우주와 별다를 바도 없었다.
재경의 목소리가 들려오는 것 같았다. 그래, 굳이 거기까지 가서 볼 필요는 없다니까. 재경의 말이 맞았다. 솔직히 목숨을 걸고 올 만큼 대단한 광경은 아니었다. 하지만 가윤은 이 우주에 와야만 했다. 이 우주를 보고 싶었다. 가윤은 조망대에

서서 시간이 허락하는 한까지 천천히 우주의 모습을 눈에 담
았다.
　언젠가 자신의 우주 영웅을 다시 만난다면, 그에게 우주 저
편의 풍경이 꽤 멋졌다고 말해 줄 것이다.(318~319쪽)

　재경을 태우지 않은 채 우주로 쏘아 올린 최초의 캡슐이
추진체 불안으로 폭발한 이후, 다시 시작된 프로젝트에서 터
널 통과에 성공한 가윤의 독백이 바로 위의 인용문이다. 재경
은 가윤에게 "굳이 거기까지 가서 볼 필요는 없다니까."라고 말
한다. 지구와 별다를 바 없어 "대단한 풍경"은 아닌 우주 자체
에 대한 관심은 적었던 것이다. 반면 가윤은 "이 우주에 와야만
했다. 이 우주를 보고 싶었다."라고 말한다. 그리고 자신의 우
주 영웅인 재경에게 "우주 저편의 풍경이 꽤 멋졌다."라고도 말
하고 싶어한다. 이런 결말에 따르면 우주인이 된 판도라 가윤
은 지구에서의 기억을 잊지 않는 '최초의 인간'이 되어 우주를
지구로 만드는 역할을 담당할 수 있게 될 것이다. 때문에 이때
의 가윤은 "박탈의 체계 속으로 동화되기를 거부"[1]하는, 즉 '박
탈에 대한 박탈'을 보여 주는 판도라라고 할 수 있다.
　"포스트휴먼 시대는 우리가 더 이상 인간과 자연 사이를

---

[1] 주디스 버틀러·아테나 아타나시오우, 앞의 책, 21쪽.

구분하는 것이 가능하지 않고 필요하지도 않다고 생각할 때 완전히 시작된다."[1] 이런 자연과 인간의 연결성을 판도라의 수행성 측면에서 고려해 볼 때 박탈의 개념이 중요하다. 지구에 대한 박탈을 '지구-되기'를 통해 다시 박탈하기 위해서는 지구의 자리를 내주지 않는 것, 제자리에 머무는 것, 다른 곳으로의 이주를 거부하는 것 등이 필요하다. 혹은 지구로 되돌아오기 위해 우주로 떠나는 것이 필요하기도 하다. '(부정적) 박탈에 대한 (긍정적) 박탈'은 지구에 대한 '탈소유(dis-possession)'를 통해 가능하다는 것이다. 이런 탈소유적 박탈성은 기존의 남성 중심적 과학의 박탈 개념이 탈취적이고 소유 중심적이었던 것과는 다르다. 때문에 '지구-되기'에서 중요한 것은 완벽하고 절대적인 이상향으로서의 지구에 대한 향수나 복귀 자체가 환상에 불과함을 인정하는 것이다. 이 점이 바로 가이아를 중심으로 하는 에코페미니즘과의 차별성이기도 하다. 에코페미니즘에서는 "남성은 생산자로 우대받고 여성은 '나무꾼'이나 '물 긷는 사람'으로 격하"[2]되는 위험성 또한 발생하기 때문이다. 혹은 "여성들이 오염되지 않은 자연과 영적으로 가깝다."[3]는 환상에서도 자유롭지

---

1 로버트 페페렐, 이선주 옮김, 『포스트휴먼의 조건』(아카넷, 2017), 256쪽.
2 주디 와이즈먼, 앞의 책, 41쪽.
3 위의 책, 126쪽.

않기 때문이기도 하다. 반면 테크노페미니즘에서의 '지구-되기'를 주관하는 판도라의 상자는 이미 오염된 채로 열려 있다.

이처럼 '지구 내 존재'로서의 판도라는 다음처럼 선언한다. "나선의 춤에 갇혀 있다는 점에서는 마찬가지지만, 나는 여신보다는 사이보그가 되겠다."[1] 판도라는 직선이 아닌 나선의 춤만을 허용하는 지구 자체가 상처받고 고통받는 타자인 것을 잘 안다. 때문에 이런 지구와의 관계에 누구보다도 적극적으로 반응하며 함께 무너진다. 윤이형 소설의 판도라가 지구 체험을 통해 보다 적극적으로 허물어지는 자기 박탈적 여성이라면, 김초엽 소설의 판도라는 이미 박탈된 지구와의 연대를 보여 줌으로써 박탈에 대한 박탈을 보여 주는 여성에 좀 더 가깝다. 그럼에도 두 여성 작가의 소설을 함께 놓고 읽는다면, 타자로서의 지구가 박탈되는 지금 이 순간이 오히려 "타자의 취약성을 배려하고 서로의 삶에 대한 집단적 책임감을 회복"[2]시키는 계기가 될 수 있음을 확인하게 된다. 지구를 환대하는 것만으로는 부족하다. 때문에 두 소설 속 '지구-되기'라는 여성적 경험은 "최소한 비인간과의 상호작용을 통해 인간과 상황이 변형되고 번역되는 방식이 있다는 것"[3]에 대한 존중을 나타낸

---

1 도나 해러웨이, 앞의 책, 86쪽.
2 주디스 버틀러·아테나 아타나시오우, 앞의 책, 192쪽.
3 돈 아이디, 이희은 옮김, 『테크놀로지로서의 몸』(텍스트, 2013), 182쪽.

다고 할 수 있다.

'모성-되기'와 포스트보디의 확장성

이미 널리 인정되고 있듯이 모성은 여성에게 '양날의 칼'이다. 모성의 억압성과 권력이 동전의 양면처럼 공존하기 때문이다. 하지만 모성에 대한 이런 격하나 격상 모두 현실의 여성들에게는 비현실적이다. 모성이어야 할 의무나 모성이 될 권리 모두 여성에게 억압으로 작용할 수 있기 때문이다. 테크노페미니즘은 이런 모성의 아이러니를 '포스트보디(Post Body)'의 측면에서 재고하게 해 준다. 모성의 문제를 기존과는 다른 몸의 차원으로 변환시켜 보여 준다는 것이다. 즉 모성이 본질적이거나 추상적인 문제가 아니라 상황적이고 물질적인 문제임을 보여 주기 위해 포스트보디로서의 어머니의 몸을 강조한다. 이런 '모성-되기' 중심의 어머니의 몸은 "남성들의 통제하에 전문적인 사육자, 즉 '엄마 기계'가 될 것"[1]을 종용하는 과학기술로부터 해방시켜 준다는 점에서 그 의미를 찾을 수 있다.

윤이형의 「굿바이」[2]에 등장하는 '스파이디'란 화성으로 이주해서 공동체를 구성하는 조건으로 자신의 몸에서 뇌를 분리한 후 저장한 '기계 인간'을 말한다. 이때 본래 인간의 몸은 지

---

1 주디 와이즈먼, 앞의 책, 39쪽.
2 윤이형(2016), 앞의 책.

구에 냉동 보관된다. 때문에 스파이디들이 인간의 몸으로 돌아오기 위해서는 다시 리턴 수술을 받아야만 한다. 태아인 '나'와 '나'를 배 속에 담고 있는 엄마 '당신'과의 관계에서도 '나'가 엄마에게 일어난 모든 일을 같이 보고 듣고 느끼고 있기에 '나' 자체를 엄마의 사이보그이자 포스트보디로 볼 수 있다. 그리고 '당신'의 몸은 스파이디가 되기를 선택했으면서도 리턴 수술 받기를 거부하는 '그녀'의 스파이디와도 대조된다. 자신의 몸이 아닌 이질적 몸과 함께 거주한다는 점에서는 공통적이지만, 스파이디인 '그녀'는 '당신'이 겪고 있는 모성 체험에 관심이 없다. 때문에 그녀는 미련 없이 리턴 수술을 거부하면서 화장(火葬)을 선택한다. 리턴 수술을 받기 위해서는 사천팔백만 원이라는 비용을 지불해야 하기에 또다시 자본에의 종속을 초래한다고 생각하기 때문이다.

그런데 이토록 서로 다른 두 여성의 몸을 매개해 주는 것이 바로 태아 '나'의 존재다.

기회가 수없이 많았는데도 당신은 나를 없애지 않고 살려두었다. 왜일까. 나는 딸꾹질을 하며 생각해 본다. 당신은 내가 모든 것을 안다는 것을 모른다. 당신을 렌즈처럼 이용해 세상을 보고 있다는 걸 모른다. 나의, 그리고 당신의 과거와 현재와 미래를 속속들이 꿰고 있다는 사실을 짐작조차 하지 못한다. 어떻게 그토록 모르는 것이 가능할까. 그 까만 무지에서 당신의 희망이 자라난다. 희망은 좋은 것일까. 나는 아주 천천히 숨을 쉬어 본다. 어떻게 생각해야 할지 모르겠다. 희망에 대해서는 잠시 잊고 나는 당신에게 집중하기로 한다. 당신이 보는 것을 보고, 당신이 듣는 것을 듣는다. 당신의 이야기는 이렇게 시작한다.(51쪽)

'당신'의 몸과 마음 모두와 연결되어 있는 태아 '나'는 '당신'을 "렌즈처럼 이용해" 세상과 접속하고 있다. 심지어 '나'는 '당신'의 "과거와 현재와 미래"를 모두 내다볼 수 있다. 스파이디로 존재하는 '그녀'와 달리 인간의 몸을 유지하며 살아가는 '당신'은 가족 부양, 불행한 결혼, 혼자 치러 내야 할 출산에 대한 두려움으로 인해 세상과 불화하고 있다. 그런데도 '당신'은 "까만 무지"에서 나오는 희망을 포기하지 못하고 있다. 그래서 '나'는 스스로 탯줄을 목에 감아 자살을 시도한다. 자신이 '당신'의 삶에 걸림돌이 될 것을 알기 때문이다. 이런 '나'의 자살 시도는 '당신'에 대한 사랑이기도 하다. 하지만 제왕절개를 거쳐 '나'는 세상 밖으로 나오게 된다. '당신'의 사랑이 '나'의 사랑을 이긴 것이다. 이때 '그녀'의 스파이디 또한 동참한다. 보호자의 자격으로 '나'의 탯줄을 자르기 때문이다. 이로써 '인간 엄마'와 '스파이디 엄마'가 서로 연결되면서 '나'의 포스트보디로서의 역할도 공유한다고 할 수 있다. 자궁과 탯줄로부터의 분리가 오히려 새로운 연결을 가능하게 만들어 준 것이다. 이런 맥락에서 스파이디 또한 "자신(의 몸)을 소멸시킨 것이 아니라, 자신(의 기계 몸)을 지킨 것"[1]이 된다. '내'가 '당신'의 몸을 버렸듯이 '그녀'의 스파이디 또한 인간의 몸을 버림으로써 오히려 '모성-되기'를 경험한 것이기 때문이다. 이로써 '나'와 '당신', '그녀'의 스파이디는 모두 새로운 모성을 실천하게 된다.

김초엽의 등단작 「관내분실」[2]은 출산을 앞둔 딸이 생전에 불화했던 엄마와 화해에 이르는 과정을 다루는 소설이다. 산후우울증을 앓던 엄마로 인해 고통받았던 딸 지민은 그토록 이해할 수 없었던 엄마의 삶과 현재 자신의 삶이 별다를 바 없음을 인식하게 된다. 이런 익숙한 주제에서 한 걸음 더 나아간 이 소설의 테크노페미니즘적 측면은 죽은 엄마와의 관계 개선이 "사후 마인드 업로딩"(224쪽) 프로그램을 통해 현실화된다는 데에 있다. 죽은 후에도 재생 가능하고, 유품과 같은 관련 물품을 통해서 가시화될 수도 있는 '마인드'가 모녀 사이의 매개체가 되고 있는 것이다. 이때의 마인드는 "한 사람의 일생에 이르는, 매우 막대하고도 깊이 있는 정보의 모

---

[1] 차미령, 「고양이, 사이보그, 그리고 눈물— 2010년대 여성 소설과 포스트휴먼 '몸'의 징후들」, 《문학동네》 2019년 가을호, 551쪽.
[2] 김초엽(2019b), 앞의 책.

음"(233쪽)이자 "수십조 개가 넘은 뇌의 시냅스 연결 패턴을 스캔하고 마인드 시뮬레이션을 돌려서 구현된 결과물"(233쪽)을 의미한다. 이로써 모성 체험이 단순히 심리적 현상만이 아니라 물질적 대상이기도 하다는 사실을 알려 준다. 사이버 공간에서의 탈신체화를 벗어나려는 테크노페미니즘의 신체화 전략이기도 하다. 즉 마인드도 물성(物性)을 지녀야 접속 가능하기에 포스트보디로서의 특성을 지니게 되는 것이다.[1]

하지만 지민이 이런 엄마의 마인드를 보기 위해 도서관에 갔을 때 이미 엄마의 마인드가 관내분실 상태인 것을 알게 된다. 데이터가 삭제되지는 않았지만 인덱스를 차단시킨 엄마의 사전 조치 때문이다. 이런 엄마의 삶을 복원하기 위해 엄마가 소중하게 생각했던 책들을 마인드 검색기에 넣자, 책을 만드는 일에 즐거움을 느꼈던 엄마의 젊은 시절이 나타난다. "표지 디자인, 김은하"(262쪽)라는 글자 속에서 엄마의 주체적 삶의 궤적이 드러난 것이다. 때문에 이때의 책은 그 자체로 엄마의 포스트보디에 해당한다. 그리고 이때야 비로소 엄마의 몸은 지민에게 읽힐 수 있는 존재가 된다.

---

[1] 김초엽의 다른 소설인 「감정의 물성」에서도 우울, 공포, 증오 등의 감정을 조형화한 비누나 향초, 초콜릿, 와인, 손목 패치 등이 거래되는 미래사회를 통해 "물성은 어떻게 사람을 사로잡는가."(218쪽)라는 문제를 제기하고 있다.

어떤 사람들은 마인드가 정말로 살아 있는 정신이라고 말한다. 어떤 이들은, 이건 단지 재현된 프로그램일 뿐이라고 말한다. 어느 쪽이 진실일까? 그건 영원히 알 수 없을지도 모른다.

그러면, 어느 쪽을 믿고 싶은 걸까?

"무슨 말을 하더라도, 그게 진짜로 엄마의 지난 삶을 위로할 수 있는 건 아니겠지만."

지민은 한 발짝 다가섰다. 시선을 비스듬히 피하던 은하가 마침내 지민을 정면으로 바라보았다. 지민은 알 수 있었다.

"이제······."

단 한마디를 전하고 싶어서 그녀를 만나러 왔다.

"엄마를 이해해요."

정적이 흘렀다. 은하의 눈가에 물기가 고였다. 그녀는 손을 내밀어 지민의 손끝을 잡았다.(271쪽)

인용문은 엄마의 마인드와의 가상 만남에서 지민이 엄마에게 드디어 "엄마를 이해해요."라고 말하는 결말 부분이다. 지민에게는 엄마의 마인드 자체가 "살아 있는 정신"이든, "재현된 프로그램"이든 아무런 상관이 없다. 마인드 프로그램을 통해 엄마의 지난 삶을 만날 수 있게 되었다는 사실 자체가 중요하다. 지민의 이런 각성은 모성을 신성시하려는 것과는 다르다. "엄마의 지난 삶을 위로할 수 있는 건 아니"라는 사실을 스스로 인식하고 있기 때문이다. 또한 여전히 지민에게 엄마는 좋은 엄마는 아니다. 단지 지민은 엄마라는 존재의 삭제 자체에 반대하는 것일 뿐이다. 이처럼 「관내분실」에서의 모녀 관계는 기존의 여성소설에서 보여 주었던 '모성-되기'의 문제를 포스트보디로서의 엄마의 기억과 감정을 통해 서사화했다는 점에서 개성적이다. 포스트보디가 추구하는 것은 감정의 확장이 아니라 몸의 확장이다. 때문에 이 소설 속 모성 또한 물성을 지닌 신체화의 대상이다. 이런 맥락에서 엄마와의 만남 또한 "그녀가 손을 내밀어 지민의 손끝을 잡"아야만 가능하다.

'모성-되기'에서의 테크노페미니즘적 요소는 체외수정이나 인공배아, 인공 자궁, 맞춤 아이 등의 모티프처럼 기계화된 몸이 직접적으로 드러나야 한다는 것을 의미하지 않는다. 이런 몸에 대한 직접적 개입 여부와 상관없기에 "생물학적 변화가 없는 호모사피엔스도 포스트휴먼으로 간주"[1]되기 때문이다. 호모사피엔스 자체도 포스트휴먼이라는 것이다. 그렇다면 테크노페미니즘에서의 모성 또한 자연적이고 본질화된 모성을 거부하기에 포스트보디를 통해 가시화됨으로써 더욱 확장될 수 있다. 이런 포스트보디로서의 모성의 몸은 경건하지도 않고 조화롭지도 않다. 자식과도 서로 분리된 채 연결되어 있기에 하나이면서 둘

---

1 캐서린 헤일스, 앞의 책, 26쪽.

이라고 말할 수도 있다. 이것이 바로 '모성-되기'의 비순수성이나 비결정성이 포스트보디의 혼종성이나 탈경계성과 연결되는 지점이다.

윤이형과 김초엽 소설에 드러난 모성은 차이점도 보인다. 보다 억압적이고 차별적인 모성의 '발견'에 기울어져 있기도 하고,(윤이형) 해방적이고 독립적인 모성의 '발명'에 좀 더 치우쳐 있기도 하다.(김초엽) 어머니와의 분리나 망각 중심인가(윤이형) 아니면 연결이나 재기억 중심인가(김초엽)에 따라서도 차이가 날 수 있다. 모성에 대해 죄의식(윤이형)과 애도(김초엽)라는 서로 다른 감정을 부여하기도 한다. 하지만 이 두 소설 속 어머니의 포스트보디는 자식과의 관계에서 두 번 살고 두 번 죽는다. 때문에 두 소설에서의 포스트보디가 현재가 아닌 미래를 사는 '포스트데스(post-death)'의 문제나, 자기의 내면을 타인들로 채우는 '포스트에고(post-ego)'의 문제와 연결되는 확장성을 또다시 공통분모로 갖게 된다는 사실이 무엇보다도 중요하다.¹

'기계-되기'와 여성 사이보그의 진정성

앞에서의 '모성-되기'가 '감정의 물성'에 초점을 둔다면,

---

1 포스트보디, 포스트데스, 포스트에고에 대한 논의는 다음을 참조했다. 도미니크 바뱅, 양영란 옮김, 『포스트휴먼과의 만남』(궁리, 2007), 21~32, 110~112쪽.

지금부터 살펴볼 '기계-되기'는 '물성의 감정'에 초점을 둔다. '기계-되기' 자체가 "유기체와 비유기체, 태어난 것과 제조된 것, 살과 금속, 전자 회로와 신경 체계의 분할선"[1]을 문제 삼으면서 기계가 지닌 '생기성(vitality)'을 중시하기 때문이다. 기존의 기계 결정론이 보여 주었던 비판적인 시각을 일정 정도 수용하면서도 기계의 긍정적 힘에도 주목하고 있는 것이다. 이처럼 기계와 인간을 '긍정의 정치학' 중심으로 파악할 때 새로운 여성 윤리 또한 도출될 수 있다. 해러웨이가 "우리가 만든 기계들은 불편할 만큼 생생한데, 정작 우리는 섬뜩할 만큼 생기가 없다."[2] 라고 말한 진의를 '기계-되기'의 측면에서 확인해 볼 필요가 있다는 것이다.

윤이형의 「수아」[3]는 가정용 로봇 '수아'와 인간 '나' 사이의 균열 지점에 천착하면서 인간중심주의를 비판하는 소설이다. 대부분의 사이보그들이 "인간, 기계, 그리고 여성성에 대한 부르주아적 관념을 재확인시킴으로써 우리를 다시 지배적 이데올로기 속에 집어넣고 있다."[4]라는 불편한 진실을 상기시켜 주기 때문이다. '나'는 수아를 '인간적으로' 대해 준다는 인간중심

---

[1] 로지 브라이도티, 앞의 책, 118쪽.
[2] 도나 해러웨이, 앞의 책, 25쪽.
[3] 윤이형(2019), 앞의 책.
[4] 주디 와이즈먼, 앞의 책, 149쪽.

주의에 빠져 있다. 하지만 수아가 유행이 지난 낡은 모델이 되자 도서관에 기증해 버린다. 그런데 잊고 있었던 수아'들'이 연합하여 테러를 일으키며 다시 돌아온다. 이런 수아들의 구호는 이렇다. "인간에게 봉사하는 로봇은 자폭하라. 공존은 기만이다. 너희는 노예이며, 우리의 수치다."(316쪽) 만약 인간과 기계를 구분하는 것이 자율성과 주체성이라면, 인간인 여성들이 오히려 노예라고 말하면서 자신과 같은 로봇들이 자율성과 주체성을 가진 듯 주장하고 있다. 기계와 인간의 위치가 전도된 것이다.

수아가 '나'를 찾아오기 전, '나'는 그동안 잊고 있었던 수아를 만나러 도서관을 방문한다. 그런데 사라진 수아를 대신해 '유진'이라는 젠더리스(genderless) AI가 일하고 있다. 그러나 젠더리스 로봇이 도입된 후에도 성희롱이나 여성 혐오는 사라지지 않는다. 젠더 자체가 "기술적 배치를 결정하는 문화적 조건이자 동시에 기술적 배치의 사회적 결과"[1]이기 때문이다. 이를 통해 젠더를 없애는 것이 아니라 젠더의 고유성을 지켜 주는 것이 진정한 성평등일 수 있음을 암시한다. 예전에 수아가 세 개의 바퀴 대신 자유로운 움직임이 가능한 두 다리를 만들어 달라고 부탁했지만, '나'는 다리가 있는 여성 로봇은 인간 남성들에게 성적 대상물로 전락한다면서 단호하게 거부했었다. 하지만

---

[1] 앤 마리 발사모, 김경례 옮김, 『젠더화된 몸의 기술』(아르케, 2012), 28쪽.

수아와 같은 여성 사이보그들이 추구했던 것은 '젠더리스'라기보다는 '포스트젠더'였던 것이다. 이에 대해 수아는 결국 두 다리를 만든 후 '나'를 찾아와 다음처럼 항변한다.

　　이제 날 봐. 수아가 말했다.
　　나는 수아의 몸을 쳐다보았다. 그 아이의 목을, 가슴을, 허리를, 음모와 허벅지와 무릎을, 정강이를 바라보았다.
　　― 너와 내가 무엇이 다르지?
　　― ⋯⋯.
　　(중략)
　　수아가 고개를 숙였다가 잠시 후 들고는, 내 눈을 바라보며 다시 물었다.
　　― 왜 우리는 같은 존재일 수가 없다고 생각했어, 엄마?
　　― ⋯⋯.
　　― 같은 존재를 같은 존재로 볼 능력도 없는 것들을 나와 같은 존재로 인정해 주기 싫어.(334~335쪽)

인용문에서 보듯이 수아가 진정으로 원하는 것은 자신이 인간인 '나'와 다르지 않음을 확인받는 것이다. "왜 우리는 같은 존재일 수 없다고 생각했어, 엄마?"라는 수아의 항변은 섹스 돌처럼 취급되는 여성 로봇에 대한 해결책이 여성성의 거세가 아니라, 같은 여성으로서 느끼는 차별의 공유이자 치유의 연대임을 강조한다. 수아'들'이 여성만을 공격하는 이유도 이런 여성 내부의 분열이자 반란을 보여 주기 위한 설정으로 볼 수 있다. 수아는 '나'의 이런 불합리함을 "같은 존재를 같은 존재로 볼 능력도 없는 것들"로 비하하면서 기계보다 인간이 더 기계적임을 비판한다. 수아'들'이 외쳤던 앞의 구호 중에서 "공존은 기만이다."라는 의미와 연결되는 지점이기도 하다. 이처럼 이 소설은 남성 중심적 사회에서 차별받는 여성과, 인간 여성에게서 차별받는 여성 사이보그를 겹쳐 놓으면서 "로봇이라는 비인간을 시혜적인 태도로 대하는 여성 역시 그와 다르지 않은 구조적인 위치에 놓여 있"[1]음을 보여 준다.

김초엽의 「공생가설」[2]은 "수만 년 전부터 인류와 공생해 온 어떤 이질적인 존재들"(128쪽)이 있다는 가설에 토대를 둔다. 그리고 이때의 공생 대상은 지구상의 생물이 아니라 지구 밖 행성에서 온 외계인으로 상정된다. '그들'이라고 불리는 이런 외계 존재를 간접적으로 증명해 주는 인간이 바로 류드밀라 마르코프라는 유명한 화가다. 어렸을 때부터 탁월한 재능을 보였던 그녀의 뇌 속에 '그들'이 항상 존재하면서 그녀로 하여금 자신들의 고향인 류드밀라 행성을 그리도록 했던 것이다. 보통은 일

---

[1] 인아영, 「젠더로 SF하기」, 《자음과모음》, 2019년 가을호, 50쪽.
[2] 김초엽(2019b), 앞의 책.

곱 살 이전에 뇌 속에서 떠나 인간이 자신들을 기억할 수 없게 만들지만, 류드밀라처럼 강렬한 외로움과 진정한 염원을 가진 존재들에게서는 예외적으로 공생하기도 한다. 때문에 2개월밖에 안 된 아이들이 고급한 철학적 대화를 나누거나 유아기 때부터 천재적 재능을 보이기도 하는 것은 모두 '그들' 덕분이라는 것이다. "우리가 인간성이라고 믿어 왔던 것들이 실은 외계성이었군요."(129쪽)라는 문장이 이 소설의 주제를 대변해 주는 것도 이 때문이다. 이를 통해 "우리 자신의 신체의 경계나 신체적 현존에 대한 우리의 감각이 고정되거나 움직일 수 없는 것이 아님"[1]을 확인하게 된다. 인간 자체가 '내추럴-본 사이보그'일 수 있기 때문이다.

이제 연구팀은 마지막 질문에 도달했다. 사람들은 왜 그렇게 류드밀라의 세계에 열광하고 환호했을까. 왜 사람들은 류드밀라의 세계를 보며 눈물을 흘렸을까. 왜 사람들은 그녀의 그림에서 한 번도 가 본 적 없는 세계에 대한 향수를, 오래된 그리움을 느꼈을까. 인류 역사상 수많은 가상 세계가 창조되었지만 왜 오직 류드밀라의 행성만이 독보적이고 강렬한 흔적을 세계 곳곳에 남겼을까.

"우리에게 그들이 머물렀기 때문이겠죠."

---

[1] 앤디 클라크, 신상규 옮김, 『내추럴-본 사이보그』(아카넷, 2015), 95쪽.

한나가 말했다.

수빈은 그것이 그들의 존재에 대한 결정적 증거일지도 모른다고 생각했다. 뇌에 자리 잡은 그들의 흔적. 막연하고 추상적이지만 끝내 지워 버릴 수 없는 기억. 우리를 가르치고 돌보았던 존재들에 관한 희미한 그리움.

류드밀라의 행성을 보며 사람들이 그리워한 것은 행성 그 자체가 아니라 유년기에 우리를 떠난 그들의 존재일지도 모른다.(140~141쪽)

인용문에서처럼 인간은 '그들', 즉 "우리를 가르치고 돌보았던 존재들에 관한 희미한 그리움"을 간직한 채 살아가는 존재들이다. '그들'이 우리의 기억 속에 남겨 놓은 "눈물", "향수", "그리움" 등을 유발시키는 "강력한 흔적"으로 인해 '그들'과 인간은 분리될 수 없다. 심지어 그들이 베푼 돌봄이나 보살핌이라는 이타적 가치 또한 '인간-여성'의 전유물이 더 이상 아니다. 오히려 그들로부터 아이들이 인간적 혹은 여성적 가치를 배웠다면, 그런 가치 자체가 외계성에 다름 아니라는 것이다. 이럴 때 생물학적인 여성성이나 이타적인 여성의 윤리 또한 기계에 자리를 내주어야 하는 상황이 된다. 기계 자체가 생명이자 윤리일 수 있기 때문이다. 이런 기계와 좀 더 친연성을 보이며 반응하는 존재가 소설 속에서는 모두 여성들이다. 류드밀라나 류드밀라의 비밀을 밝혀내는 뇌해석연구소의 연구원인 수빈과 한나가 이에 해당한다. 그렇다면 여성인 그녀들이 '우리가 사이보그이다.' 혹은 '사이보그가 인간보다 생기 있다.'라고 선언할 수 있는 확률이 좀 더 높아진다. 공감이나 배려는 우월한 사람이 아니라 절실한 사람이 더 잘 실천하기 때문이다.

윤이형의 「수아」와 김초엽의 「공생가설」에서 기계와 인간 사이의 공생은 상호 의존성과 상호 동맹성, 상호 연결성, 상호 영향성 등이 동시에 작동함을 의미한다. 두 소설 속의 여성 사이보그들은 새로운 인격을 부여받음으로써 여성으로서의 경험이나 감정에 대한 '진정성(眞情性)'을 제대로 표출한다. 그리고 이런 진정성의 문제를 인간과 기계, 여성과 여성 사이보그 사이의 '진품성(眞品性)'의 문제를 통해 제기한다.[1] 진정성은 "좋은 삶과 올바른 삶을 규정하는 가치의 체계이자 도덕적 이상"[2]을 말한다. 그리고 이런 진정성의 기원에 진품성, 즉 예술품의 진위 여부를 가리는 개념이 있다. 복제품이나 모방품은 가짜이기에

---

[1] 강지희 또한 윤이형 소설이 보여 주는 포스트휴먼의 인간성을 진정성 및 진품성과 연결해 논의하고 있다. 진정성을 담보하기 어려운 '포스트-진정성'의 시대에 윤이형 소설 속 포스트휴먼들이 '균열의 진정성'을 보여 주고 있다는 것이다. 강지희, 「달의 뒷면, 이형(異形)의 윤리」,《문학동네》, 2016년 여름호 참조.

[2] 김홍중, 「진정성의 기원과 구조」, 『마음의 사회학』(문학동네, 2009), 19쪽.

진정성이 없고, 원작품이나 진품만이 도덕적 우월성과 미학적 완결성을 지닌다는 것이다.[1] 그렇다면 인간(man)과 여성 인간(wo/man)을 원작품과 진품으로 구별하는 것, 이와 동시에 '여성-인간'과 '여성 사이보그'를 그와 동일한 기준으로 차별하는 것 자체가 오히려 가짜 진정성이 된다. 그리고 이런 가짜 진정성은 "상처의 언어, 배제의 언어, 전제(專制)의 언어"[2]만을 양산한다. 여성 사이보그들은 가짜가 판치는 '포스트-진정성' 시대의 산물일 수 있다, 하지만 사이보그가 '가짜'라는 것과 인간이 '진품'이라는 것은 사실상 다른 이야기다. 여성 사이보그들 또한 진품으로서의 진정성을 추구한다.

이처럼 진정성 추구의 측면에서 공통점을 보이는 두 소설은 "인간과 유사한, 혹은 인간보다 월등한 존재로서의 로봇을 어떻게 규정할 것인가의 문제보다는 현대사회의 여성 혐오와 멸시의 문제를 인간과 로봇의 관계로 대응하여 서사화"[3]했다는 윤이형 소설의 평가를 빌려 서로 구분할 수 있다. 이 평가에서 강조하듯이 인간과 기계, 여성과 사이보그 사이의 관계를 현실적인 차원에서의 여성 차별 문제로 서사화한 것이 윤이형

---

[1] 위의 책, 35~36쪽 참조.
[2] 위의 책, 36쪽.
[3] 김윤정, 「테크노사피엔스의 감수성과 소수자 문학─윤이형 소설을 중심으로」, 《우리문학연구》 65호(우리문학연구회, 2020), 23쪽.

의 「수아」라면, 인간보다 월등한 기계를 어떻게 규정할 것인가의 문제에 좀 더 초점을 맞춘 것이 김초엽의 「공생가설」로 볼 수 있다. 즉 이 두 작품의 여성 사이보그들은 각각 반인간주의와 탈인간중심주의의 측면에서 사이보그에 접근하고 있다. 혹은 희생자로서의 여성 사이보그와 능력자로서의 여성 사이보그를 각각 강조하고 있다고도 할 수 있다. 그럼에도 이 두 작품은 진정성이 또 다른 (여성)인간중심주의로 흐르는 것을 경계하면서, '인간-여성-사이보그'가 언제나 진정성을 추구할 수도 없고 그렇다고 진정성을 아예 포기할 수도 없다는 진정성의 아포리아를 공통적으로 잘 보여 주고 있다. 이를 통해 진정성이라는 진리 자체가 나쁜 것은 아니기에 진정성의 실천에도 '업그레이드'가 필요함을 역설하고 있는 것이다.

테크노페미니즘의 (무)질서와 (불)연속성

윤이형과 김초엽의 여성 과학소설은 과학 기술적 지식과 문학적 상상력을 절묘하게 결합시켜 여성의 현실을 심도 있게 서사화하고 있다. 과학기술을 중점적으로 다루었다는 소재적 차원이 아니라 여성 문제를 설득력 있게 묘파했다는 주제적 차원에서 더 주목받아야 소설들이기도 하다. 지구(자연)에 대한 박탈과 그런 박탈에 대한 박탈의 양가성을 통해 여성과 자연의 상호적 수행성을 보여 주거나, 포스트바디로서의 모성의 몸을 통해 기억, 정보, 인지 등을 신체화함으로써 모성을 확장시키기도 하며, 여성 사이보그라는 이유로 또다시 진정성을 잃어버릴 위험으로부터 탈피하여 새로운 진정성을 추구하도록 응원하기도 한다. 때문에 이런 '지구-되기', '모성-되기', '기계-되기'는 기계의 등장 여부나 여성의 억압 여부로만 평가할 수 없는 테크노페미니즘의 다양한 위치를 보여 준다.

이런 맥락에서 테크노페미니즘은 여성과 과학기술이 더 이상 비관/낙관, 긍정/부정, 지배/억압 등의 이분법적이고 고정된 관계를 유지하기 힘들다는 것을 전제로 한다. 즉 첨단 과학기술 시대를 맞이한 21세기의 페미니즘은 지금까지 단 한 번도 지속적으로 실패하거나 완벽하게 성공한 적이 없었음을 잊지 말아야 한다는 것이다. 이런 페미니즘의 수행성을 중심으로 할 때야말로 과학기술의 불완정성과 비결정성도 약점이 아닌 강점으로 활용할 수 있다는 것이 바로 테크노페미니즘의 시각이다. "테크노페미니즘이 기술만이 아닌 사회와 연관될 때 비로소 페미니즘에 기여할 수 있으리라는 견해"가 재강조될 필요성이 여기에 있다.

더 이상 남성과 여성 사이의 이분법적이고 분리주의적인 대립과 갈등은 실효성이 없다. 물론 2000년대부터 이런 대

---

1 현남숙, 「여성과 기술의 만남」, 《여/성 이론》 24호(도서출판 여이연, 2011), 190쪽.

립과 갈등이 오히려 심화되어 혐오 문화나 백래시(backlash) 현상이 문제가 되고 있다. 하지만 그렇기 때문에 더욱 '휴먼'과 '포스트휴먼' 사이를 성찰하는 다음과 같은 '포스트휴먼 선언문'을 테크노페미니즘적으로 전유할 필요가 있다. "우리가 지각하는 모든 것은 다른 정도의 질서와 무질서를 포함하고 있다고 생각할 수 있다. 어떤 것의 질서와 무질서에 대한 지각은 그것이 관찰되는 해결의 수준에 따라 달라진다."[1] 이와 연관되는 또 다른 선언도 함께 읽어 보자. "연속성은 공간-시간의 무-침입이다. 불연속성은 공간-시간 속의 어떤 파열이다. 이 속성은 둘 다 그것들이 어떻게 관찰되고 있는가에 따라 모든 사건 속에서 지각될 수 있다. 더 중요하게는 그 둘 다 동시에 경험된다."[2] 윤이형과 김초엽의 소설은 서로의 과학적 질서를 거꾸로 배치하기도 하고, 서로의 여성적 불연속성을 지속적으로 전유하기도 한다. 때문에 이들 소설에서 독자들은 과학기술과 여성 사이의 관계를 질서와 무질서, 연속성과 불연속성 속에서 동시에 체험할 수 있다. 이런 혼종적이고 탈경계적인 독서 체험 자체가 테크노페미니즘이 추구하는 '여성 읽기'라고 할 수 있다. '여성이란 무엇인가'가 아니라 '여성이 있는가'로, '기계란 무엇인가'가 아니라 '무엇이 기계인가'로

---

[1] 로버트 페페렐, 앞의 책, 286쪽.
[2] 위의 책, 287쪽.

질문을 바꿀 때 발생하는 문제들을 제기한다는 점에서 이 두 여성 작가는 비슷하면서도 다른 '테크노 여전사'들이다.

에필로그

편집자 주

김미현 평론가는 작고하기 3년 전인 2020년,《문학사상》에서 주관하는 제31회 김환태평론문학상의 수상자였다. 그해 11월호에 발간된 《문학사상》에는 당선자의 수상소감과 함께 '문학적 자서전' 형태의 글이 수록되었다. 문학을 향한 열정이 오롯하게 담긴 두 편의 글은 세상에 대한 애정을 포기할 수 없는 한 문학평론가의 고백인 동시에 고인이 생전에 발표한 마지막 에세이다. 더불어 2001년《세계의 문학》에 수록된 글을 싣는다. 도쿄에서 요시모토 바나나와 가졌던 인터뷰를 바탕으로 쓰인 이 글은 읽히는 평론가이자 문체가 있는 평론가였으며 그 자체로 창작자인 평론가였던 그의 스타일과 성취를 앞선 비평문들과는 다른 색깔로 보여 준다.

더 빛나는 그림자

 1995년에 등단했으니 문학평론을 한 지 20년이 넘었지만, 시간이 지날수록 더욱 글을 쓰는 일이 어렵기만 합니다. 시간이 지났으니 더 잘 써야 하지 않겠느냐는 욕심 때문일 것입니다. 당연한 것이 당연하지 않음을 일깨워 주는 것이 문학이라면, 또다시 그 존재감을 여실히 실감하게 됐던 즈음에 수상 소식을 접하게 됐습니다.
 문학에서 성공은 무의미합니다. 그렇다고 실패만을 반복하지도 않습니다. 그래서 사뮈엘 베케트의 "다시 시도하기, 다시 실패하기, 다시 더 잘 실패하기"라는 말을 좋아합니다. '더 나은 실패'는 문학에서 엄청나게 위로가 되는 명제입니다.
 김환태평론문학상을 수상하게 된 평론집 『그림자의 빛』

에서 분석했던 허먼 멜빌의 소설 『필경사 바틀비』의 주인공 바틀비가 필경사가 되기 전에 했던 일은 우체국에서 '배달 불능 편지dead letter'를 처리하는 것이었습니다. 배달 불능 편지란 수취인이 불명(不明)이어서 배달할 수 없는 편지를 의미합니다. 하지만 이때 일어나는 문학적 반전은 배달이 가능한 편지가 오히려 해석이 완료된 '죽은dead' 문학이고, 배달이 불가능한 편지는 아직 읽히지 않았기에 '죽지 않은un-dead' 문학이란 사실입니다. 그래서 배달 불능 편지는 전달하는 데는 실패했지만, 다른 누구에게 전달될 수도 있는 것, 그래서 새롭게 읽힐 수 있는 가능성을 환기시킨다는 점에서 '더 나은 실패'에 해당하는 문학이라고 할 수 있습니다.

　김환태 평론가는 말합니다. "시인은 시를 만드는 사람이 아니라 시를 낳는 사람이 돼야 한다."(「표현과 기술」) 그런 시인의 문학 행위에 발맞춰 "비평가는 위대한 문학은 벌써 건설된 전당이라는 신념을 파지(把指)하고 안연(晏然)할 수는 없다. 만일에 창조가 아직도 행해지고 있다는 것을 알지 못한다면, 그는 고전건축의 폐허에 사람을 인도하는 안내자에 지나지 않을 것이다"(「나의 비평의 태도」)라고도 말합니다. 이런 김환태 평론가의 말들이 저에게는 문학에서의 폐허가 '문학 아닌 문학'이 아니라 '위대하거나 완성된 문학처럼 보이는 문학' 위에 세워짐을 경고한 것으로 읽힙니다.

이런 맥락에서 어쩌면 실패처럼 보이는 문학의 '그림자'가 오히려 더 나은 '빛'이 될 수도 있기를 바라는 문학 행위임을 담고 싶었던 책 제목 '그림자의 빛'과도 연결시켜 봅니다. 더 겸손한 그림자가 되어 읽고 쓰겠습니다. 오늘보다 조금 더 낮게 실패하겠습니다. '오늘'의 그림자까지 담아내는 '내일'의 그림자 문학을 지향하겠습니다. 아무것도 보이지 않는다는 의미가 아니라 어둠이 보인다는 의미에서의 '그림자의 빛'을 놓치지 않겠습니다. 점점 더 어두워진다고 느끼고 있을 때 한줄기 문학의 빛을 비춰 주셔서 감사합니다.

나'들'의 문학'들'

김환태와 '나'

문학평론가에게 '나'라는 1인칭 시점은 낯설다. 그래서 '문학적 자서전'의 형식은 더욱 어색하다. 언제나 문학 텍스트 자체가 1인칭이었기 때문이다. 그런 평론가로서 '나'를 가장 잘 드러내는 것이 과연 무엇일까. 고민 끝에 '나'라는 문학 텍스트가 '나'의 책들에 쓴 서문일 수도 있겠다는 생각이 들었다. 앞으로 이 글에서 범람하게 될 '나'와 나'들'의 출처는, 그래서 '나'가 쓴 책들의 서문에 담겨 있는 나름의 문학적 고백들이자 지금도 유효한 문학적 질문들이 될 것이다. 이처럼 주로 책의 서문들을 끌어오기에 결국에는 사람 자체가 아닌 문학 텍스트를 다시 1인칭으로 내세우는 형국이겠지만, 그것이 그나마 덜 부끄러운 우회로기에 어쩔 수 없다고 합리화해 본다. 그럼에도 그동안 출간한 총 6권의 책들이 놓여 있는 책상이 더욱 어지러워 보이는 것은 전적으로 '나'의 탓일 것이다. 수많은 나'들'이 '나'를 염치 '있게' 바라보는 형국이니까.

우선 그 시발점일 수 있는 김환태 평론가와 '나'와의 만남은 대학원 석사 첫 학기로 거슬러 올라간다. 지금과는 달리 국문학사 수업이 필수과목이었는데, 1930년대 김환태 평론의 의의를 논하는 기말 과제물을 제출했었다. 학부 때는 순수문학을 강조한 평론가로만 막연히 인식됐던 김환태 평론의 실체를 확인하고 싶다는 욕심 때문이었다. 구체적인 내용은 기억나지 않지만 아마도 매슈 아널드와의 대비 차원에서 인상주의적 요소나 몰개성론, 감동론 등이 어떻게 김환태 평론과 연결될 수 있는지에 주목했던 듯하다. 그 결과물로서의 학점은 참담했다. B+를 받은 것이다. 학부와는 달리 대학원 학점에서 B 등급은 거의 최하 등급에 해당하기에 엄청난 충격을 받았다. 그 이후로 두 가지가 변했다. 나름 학부때 '학점 대장'이었던 '나'가 정말 궁할 때가 아니고는 촌스럽게 학점 자랑을 하지 않게 된 것이고, 메타 비평에 대한 트라우마가 생겨 평론가들에 대한 논문을 거의 쓰지 않게 된 것이다. 때문에 '나'에게 김환태 평론은 지금까지도 '겸손'이라고 쓰고 '상처'라고 읽는 두 겹의 마음을 불러 일으킨다.

이전의 수상자들도 그랬겠지만 수상 소식을 전해 듣고 다시 『김환태 전집』을 읽는 '나'의 마음은, 그래서 지금은 맞고 그때는 틀렸던, 혹은 지금도 틀리지만 나중에야 맞을 수도 있는 김환태 평론의 본질을 되새겨보게 한다. 언제나 김환태 평론은 그 후로도 '나'에게 오랫동안 학문적 부끄러움이었고 평론적 난제였다. 당연히 그때의 '나'는 김환태 평론의 표면만 보고 그 이면을 간파하지 못했을 것이다. 한 번 생각했지 여러 번 곱씹지는 않았을 것이다. 김환태 스스로 밝힌 예술지상주의가 사실은 작품지상주의에 다름 아니라는 것, 또한 그의 평론을 이야기할 때 빠지지 않는 인상주의가 작품에서 느끼는 감동이나 기쁨의 재분할이라는 것을 아마 그 당시에는 놓쳤을 것이다. 평론가로서 김환태처럼 "이 작품은 문학작품이다. 그러니 좋다"(「문학적 현실과 사실」)라고 당당하게 말하기는 얼마나 어려운가. "나는 단지 작자에게 불변의 법령을 내리는 입법자나 작품에 판결을 언도하는 재판관이 되고 싶지 않다. 나는 예원의 순례자다"(「나의 비평적 태도」)라고 낭만적으로 말하기는 또 얼마나 어려운가.

이처럼 그 누구보다도 작품 자체에 대한 사랑을 강조하면서 문학 작품 사이를 순례하려 했던 김환태 평론의 의미를 '나'의 또 다른 김환태'들'에게서 배우게 됐다고 지금 이 자리를 통해 밝히고 싶다. 의외로 살갑지 못한 성격으로 인해 평소에는 잘 표현하지 못했던 '나'의 문학적 교과서들에 대한 고백이다. 현대문학 전공은 아니셨지만 김환태 평론을 절대 놓지 못하게 해 주신 국문학사 담당 교수님부터, 한 번도 혼내신 적이 없었던 지도교수 김상태 선생님, 정반대로 혼내시면서 큰 깨달음을 주셨던 이어령 선생님, 박사논문 심사 때부터 균형과 조화의 표본이 돼 주시는 권영민 선생님, 신춘문에 심사위원이셨던 인연으로 늘 응원해 주시는 유종호 선생님이 '나'에게는 잊을 수 없는 스승들이다. 막상 '나'도 선생이 되고 보니, 좋은 스승 되기가 얼마나 힘든지 알겠다. 평론가로서 통과해야 할 관문들 앞에서 필요했던 적절한 열쇠들을 '나'의 손에 쥐어 주셨던 선생님들께 깊은 감사의 마음을 전한다.

안티고네와 '나'

박사논문을 출간한 책의 제목은 『한국여성소설과 페미니즘』(1996)이다. 그 이후에 『여성문학을 넘어서』(2002)와 『젠더 프리즘』(2008)을 출간했으니, 총 6권의 단행본 중에서 절반 정도가 여성소설을 대상으로 한 책들에 해당한다. 초등학교가 아닌 국민학교 세대에게는 남녀공학보다 여중을 거쳐 여고를 나오는 것이 더 흔했다. 김환태 평론가가 고향인 무주로 내려가기 직전까지 2년여 동안 교사 생활을 한 무학여고를 '나'가 졸업한 것도 또 하나의 인연일 수 있겠다. 그런데 대학만은 남녀공학을 가고 싶었음에도 이화여대에 진학한 데는 가족들과 고3 담임선생님의 강요 아닌 강요가 작용했다. 국문학을 전공하겠다는 생각은 중학교 때부터 확고했으나 굳이 여대를 가고 싶지는 않았다. 하지만 이화여대 입학은 진정한 전화위복이 됐다. 지금 도 '나'가 선택한 일 중 가장 잘한 선택이라고 생각하기 때문이다. 그런 경험이 작용한 결과물인 『한국여성소설과 페미니즘』의 서문에는 지금 바로 수정해야 할 대목들도 있다. 가령 "나는 여성이지만 그 이유로 억압을 당했거나 손해를 보았다고 절실하게 느껴본 적이 아직까지는 없다."라는 대목이다. "아직까지는"이 "그때까지는"의 의미였기에 소위 여성문제를 글로 배운 한계를 여실히 드러내고 있는 무책임한 고백이기 때문이다. 그럼에도 '나'는 여성문학을 박사논문 주제로 선택해서 지금까지도 공부하는 것을 '나'의 인생에서 두 번째로 잘한 일이라고 생각한다. "여성문학이라는 나무에 물 한번 주는 행위가 되었으면 좋겠다. 그래서 그 나무를 살아 있게 하는 힘이 되었으면 좋겠다"라는 이 책에서의 포부는 여전히 유효하기 때문이다.

　『여성문학을 넘어서』는 박사논문의 후속 작업에 해당하는 평론집이다. 1990년대에 급부상했던, 그래서 1930년대 이후 제2의 르네상스기라고 불렸던 여성문학을 차분하게 되짚어 보고 싶었다. "여성문학이냐 아니냐가 아니라 진짜 여성문학이냐 가짜 여성문학이냐가 더 중요한 문제"라는 성찰적 페미니즘의 입장을 취한 것도, 감히 여성문학을 '넘어서'라는 표현을 책 제목에 쓴 이유도 이 때문이다. 여전히 '비문학적'이고 너무 '비슷하게' 반복되는 여성문학 논의에서부터 벗어나야 1990년대 여성문학이 르네상스를 구가하고 있다는 착시효과를 거부할 수 있다는 문제의식 때문이었다. 21세기 들어 페미니즘 리부트 현상이 일어나고 여성혐오가 사회적 문제로도 등장하는 것을 볼 때 이 책 서문에서 언급하고 있듯이 "여성 억압의 역사가 하루아침에 이루어진 것이 아니듯이 그에 대한 해결도 하루아침에 이루어질 수는 없을 것이다." 젊은 여성작가들의 수가 증가하고 문학상을 수상하는 경우가 늘어나도 여전히 현재진행형인 것이 바로 여성적 결핍임을 재확인하게 된다.

이런 여성문학의 균열과 틈새를 생각할 때마다 떠오르는 형상이 바로 안티고네다. 『젠더 프리즘』에서는 이런 안티고네의 시선으로 여성의 '안'에서 '바깥'을 보려 한 포스트페미니즘적 시도를 해 봤다. 고정되고 유일한 여성 정체성이 아니라 가변적이고 개별적인 여성 정체성을 지닌 인물이 바로 안테고네다. '나'의 직장인 이화여자대학교의 영어 명칭은 'Ewha Womans University'다. 이때의 'Womans'에 대해 'Women's'를 잘못 표기한 틀린 영어가 아니냐는 질문과 지적을 많이 받는다. 그러나 이 단어에는 한 명 한 명의 단수 여성(Woman)이 모여 복수의 여성들(Womans)을 이룬다는 학교의 이념이 담겨 있다. 안티고네는 아빠이자 오빠이기도 한 남성을 사랑하는 딸이자 동생이고, 아들 노릇을 하는 딸이자 남성의 언어를 잘 전유하는 여전사다. 때문에 이 책의 서문에서 밝혔듯이 "보편적인 여성(Women)이 아니라 여성(Woman)의 차이와 다양성을 확보하기 위해 수행적이고 전복적인 정체성"을 구현할 수 있는 여성 인물이다. 그런 의미에서 지금도 가장 많이 찾아보게 되는 것이 바로 이 책이다. 물론 지금도 참조한다는 것은 여전히 풀리지 않는 문제가 있다는 의미이기도 하다. 마치 예시처럼 이 책에서 밝히고 있다. "젠더는 대답한다. 고로 실패한다." 그다음에는 다음처럼 이어 쓰고 있기도 하다. "젠더는 실패한다. 고로 존재한다."

그림자와 '나'

1995년에 등단한 이후 처음으로 출간한 평론집인 『판도라 상자 속의 문학』(2001)에서는 흔히 '처음'이라는 상징이 줬던 열기와 두려움이 지금도 전해진다. '나' 스스로 판도라가 되어 문학이란 상자를 열었지만, 그 속에서 끄집어내는 것들이 과연 선물인지 재앙인지 잘 모르겠다는 고백이 등장하기 때문이다. 당시는 문학평론이 '주례사'나 '선전 문구'처럼 기능한다는 비판을 받기도 했다. 지금은 블로거나 네티즌들의 단평이 그 역할을 대신하고 있기에 그런 비판조차 사치가 돼 버린 문학평론계의 현실을 생각하면 격세지감이 느껴지기도 한다. 당연히 김환태 평론처럼 그때나 지금이나 '나'는 입법자나 재판관이 아니라 문학을 살리는 십자군이나 아군이 되고 싶었기에 이 책의 서문에서 세 가지 평론을 지향한다고 밝혔다. '읽히는 평론', '문체가 있는 평론', '그 자체로 창작인 평론'이 그것이다. '나'의 평론의 경쟁 상대는 "다른 〈평론〉이 아닌 〈소설〉"이라고도 밝혔다. 그때의 다짐이 지금도 '나'의 글들 속에서 커다란 그림자로 어른거린다. 다짐에만 그친 글들이 많기 때문이다. 그나마 "나에게 중요한 것은 문학 같지 않은 문학을 한다는 패배의식이 아니라, 그럼에도 불구하고 계속 글을 써야 한다는 사실이다. 그리고 나를 강하게 만드는 것은 문학에 대한 사랑이 아니라 문학으로부터 달아날 수 없게 하는 문학에 대한 맹목이다"라는 말을 나름의 면죄부로 삼게 된다.

이와는 전혀 다른 맥락에서 가장 이론적 문학 방법론을 토대로 집필한 책이 『번역 트러블』(2016)이다. 언어번역이 아니라 문화번역의 측면에서 작가와 작품을 다시 새롭게 바라보려던 의도를 반영한 것이다. 문학의 알리바이, 즉 부재가 현존을 결정하는 '현장부재증명'으로서의 문학에 주목해 보고 싶었다. 그래서 이 책 서문은 "'무엇'을 말한다는 것은 '무엇이 아닌 것'은 말하지 않는다는 뜻이다. 이와 동시에 '무엇이 아닌 것'을 '무엇'으로 말하지 말하는 뜻이기도 하다."라는 문장으로 시작한다. 그리고 첫 문단의 마지막 문장은 "그래서 무엇을 말하는가에 책임이 있는 것이 아니라, 무엇을 말하지 않으며 어떻게 말하고 있는가에 대해 책임이 있다"라는 말의 인용으로 끝난다. 지금 생각해 보면 실체가 흐릿한 문학을 그것의 그림자를 통해서라도 규명해 보고 싶었던 욕망을 밝힌 듯하다. 이것을 말하면서도 저것을 말하고, 아무 말도 하지 않는데 무엇인가가 들리는 문학들처럼 '원본 없는 그림자'를 추적해 보고 싶었던 것이다. 그래서 '트러블trouble'이 '여행tour'으로도 번역되는 과정을 통해 김환태 평론처럼 문학의 '순례자'가 되어 돌아다니고 싶었을 수도 있겠다.

이제 이런 '나'의 평론적 여행 혹은 순례를 통해 드디어 최근 평론집 『그림자의 빛』(2020)에 이르렀다. 나름 앞의 책들에서 흩어져 작용했던 그림자의 상징을 전면화시킨 평론집에 해당한다. '그림자의 빛'이라는 책 제목은 관념적인 언어유희 같지만, '나'로서는 21세기 들어 현격해진 문학의 형질 변화에서 그림자와 빛을 적이나 동지, 혹은 동격이나 소유격의 관계로 쉽게 구분하는 것 자체가 무의미하다는 자각 때문에 그렇게 정할 수밖에 없었다. '부정 속의 긍정'이 아니라 '부정 자체의 긍정'을 통해 21세기 문학의 존재 이유를 강조하고 싶었기 때문이다. 그래서인지 이 책에서 언급한 다음과 같은 문학적 현실이 그 자체로 절실하게 다가온다. "그림자의 문학이 위험에 빠질 때는 그림자가 보이지 않을 때가 아니라 보이지 않는다고 착각할 때다. 그림자의 문학에서 그림자는 보이지 않을 때도 존재하기 때문이다. 심지어 정오에도 그림자는 스스로를 벗어던지지 않고, 빛이라는 외투를 입고 나타난다. 그림자를 벗어던졌을 때는 '보이는 것'이 전부지만, 빛이라는 외투를 입었을 때는 '빼앗긴 것'까지도 보여 준다. 그렇다면 '사라짐'이 아니라 '다시 나타남'에 더 주목해야 할 것이다." 문학이라는 판도라 상자 속에서 끄집어낸 것들이 그림자'들'이었다는 것, 그런 그림자들과의 끝없는 트러블(여행)이 '나'를 지금 이곳으로 데려온 것이라는 걸 실감하게 된다. 아직도 그리고 여전히 '나'의 문학적 그림자는 지나치게 길고 어둡지만 말이다.

'나'와 '나'

어느덧 학생에서 선생이 된 '나', 김환태 평론을 공부했던 '나'에서 가르쳐야 하는 '나'로 변한 '나'를 동시에 바라보는 감정은 복잡하다. 더 이상 젊지 않은 '나'를 젊은 학생들이 바라보고 있다는 생각에 더욱 그렇다. 요즘 20~30대 여성들 사이에서 특히 유행한다는 'MBTI'라는 성격유형 테스트를 학생들의 요청으로 해 본 적이 있다. 젊은 학생들은 선생의 심리테스트 결과도 당당하게 궁금해한다. '나'의 테스트 결과는 예상과 달리 실용주의를 중시하는 엄격한 관리자형(ESTJ)이었다. 논리나 통제를 중시하는 리더형이라는 것이다. 스스로를 감정적 예술가형에 가까울 것이라고 착각한 탓에 그 결과는 '나'와 학생들 모두에게 가히 충격 아닌 충격이었다. 웃자고 한 일에 죽자고 덤빌 필요는 없겠지만, 학생들 대부분은 감정 중심의 유형에 속해서인지 논리 중심이라는 선생과의 괴리에 더 긴장했다는 후문을 들었다. '나'는 왜 이런 테스트에서조차 엄격함의 그림자가 드리워진 유형인 걸까.

다시 김환태 평론으로 돌아가 보자면, 그가 중시한 감동이나 인상 등은 감정을 중시하되 논리를 통해 설득해야 한다는 의미일 것이다. 이와 연관돼 자주 인용되는 글에서 김환태는 말한다. "감상이 어떻게 객관성과 보편성을 확보할 수 있느냐? 그것은 주관에 철저함으로써다. 감상하는 주관이 그 자신에 철저할진대, 그 감상은 객관적 보편성을 획득해 비평이 될 것이다. 그것은 순수한 주관이 순수한 객관인 까닭이다. 진정한 나를 보는 것은 진정한 그를 보는 까닭인 것이다."(「나의 비평의 태도」) 이런 비평적 태도로 인해 실제 비평에서도 같은 구인회 멤버였던 박태원 소설에 대해 "기교에 대한 너무나 편협된 일면적 관심은 때로는 문학의 빈약과 경박을 초래하는 수가 없지 않다. (……) 문학이 우리를 감동시키는 것은 결국

'형(形)'이 아니요 '심(心)'인 까닭이다."(「비평문학의 확립을 위하여」)라고 충언한다. 날카로우면서도 단호한 진심이 느껴진다.

　문학 공부를 할 때 이론이나 논리를 보완하기는 나름 쉬워도 태도나 마음을 바꾸기는 은근히 어렵다. 예전에 비해 점점 더 그런 생각을 자주 하게 된다. 문학을 대하는 태도나 마음을 김환태 평론에서의 용어인 '순수한 주관'에 더 가까운 자세로 이해할수록 더욱 그렇다. 여전히 '나'는 이론이나 논리 중심의 '순수한 객관'을 더 중시하면서 그것을 통해 '순수한 주관'에 도달하려는 주객전도의 방법을 중시하고 있는 것은 아닐까. 그로 인해 엄격한 선생이나 평론가에 머물러 있는 것은 아닌지 되돌아보게 된다. 김환태 평론처럼 엄격하기만 한 것이 아니라 엄격하기도 하려면 아직도 멀었다는 반성을 하게 된다. 문학이 엄격해야 하는 이유는 세상에 대한 애정을 포기할 수 없기 때문이다. 문학평론이 엄격하지 않아야 하는 이유는 작가나 작품에 대한 애정을 숨길 수 없기 때문이다. 그 사이에서 어설프게 엄격했던 '나'의 문학평론들을 제대로 순수하게 성찰할 기회를 준 김환태평론문학상과 《문학사상》의 이 지면에 감사함을 전한다.

암리타가 있는 키친의 풍경

바나나와 나

"나는 아무리 친한 사람이라도, 외국에서 돌아오는 사람을 마중하기 위해 나리타 공항까지 가는 것은 좋아하지 않는다. 비행기 여행에 지쳐 기진맥진한 데다, 안색도 안 좋고 피부도 거칠거칠한 나를 마중하러 나와주기를 아무에게도 바라지 않는 마음과 관계 있을지 모르겠다. 돌아오는 길, 도쿄로 향하는 차 속에서 쿨쿨 자다 보면 백년 동안의 사랑도 식어, 어서 빨리 목욕하고 자고 싶다고 생각하는 것이 보통이다."

— 『암리타』(민음사, 2001)에서

바나나가 절대로 마중 나와 있지 않을 나리타 공항에 도

착했다. 당연하다. 바나나와 나는 친하기는커녕 처음 만나는 사이니까. 그리고 내가 바나나를 만나러 가는 것은 '돌아오는 길'이 아닌 '돌아갈 길'을 위한 여행이니까. 더구나 두 시간 남짓한 짧은 비행기 여행이었기에 나는 기진맥진할 이유조차 없었다. 오히려 시차가 없는 국경 이동에 싱거움을 느낄 정도였다.

긴장감이나 떨림은 다른 데에서 왔다. 작가를 직접 만나는 것은, 그것도 언어가 다른 외국 작가를 만나는 것은 모험이다. 작가를 만나기 이전으로 돌아갈 수 없기 때문이다. 작가를 직접 만난 후에는 그(녀)가 더 좋아지거나 실망하게 될 것이다. 소설보다 작가가 더 낫거나 더 못하거나 둘 중의 하나이지 그 중간은 없다. 그래서 나는 걱정이 되었다. 바나나의 소설을 좋아하는 것은 나이기 때문이다. 무엇인가를 좋아하는 사람은 상처 입기 쉬운 약자(弱者)가 된다.

그래서인지 '바나나 현상'이라는 말에 '바나나 소설에 대한 열광' 이외의 뜻이 있다는 사실을 알고 어떤 암시를 받은 것처럼 마음이 불안했다. 바나나 현상에는 '우리 동네 사람 근처에는 절대 아무것도 짓지 말라 Build Absolutely Nothing Anywhere near Anybody'라는 뜻도 있다는 것이다. '우리 뒷마당에는 안 된다 Not In My Back Yard'는 님비nimby 현상과 같은 뜻이라니, 기가 막힐 노릇이었다. 혹시 나도 그녀에게 '기피'나 '혐오'의 대상이 되어 그녀의 영역에 발조차 못 들여놓는 것은 아닐까? 그래서 우리나라에는 소개되지 않는 그녀의 대담집 『바나나의 바나나』에 등장하는 '액튼'처럼 초현실적인 존재가 되어보겠다는 나의 야무진 꿈이 좌절되는 것은 아닐까? 액튼은 대담자인 리처드의 몸을 빌려 나타나는 영적 존재의 집합체란다. 이런 액튼을 통하면 다른 차원의 언어를 통해 대화하는 신비한 체험을 할 수 있다니 얼마나 황홀한 일인가. 꿈이 너무 커서 약자가 된 사람은 의기소침해지고 걱정도 많아진다.

이런 노파심이 들 정도로 나는 바나나 소설을 좋아한다. 나에게 바나나의 소설은 그녀의 단편 「피와 물」에 나오는 아키라의 마스코트와 같다. 대단한 것처럼 보이지는 않지만 가지고 있으면 상처받은 마음에 위로가 되는 신비한 힘을 지닌 것이다. 그녀의 소설은 '결핍'이 아니라 '상실'을 다룬다. '부족한 것'이 아니라 '잃어버린 것'을 문제삼기 때문이다. 그래서 더 슬프다. 그런데 이상하게도 그 슬픔 때문에 불안하지 않고 오히려 안심이 된다. "인간은, 마음속에서 떨고 있는 조그맣고 연약한 무언가를 갖고 있어서, 가끔은 눈물로 보살펴주는 것이 좋으리라"(『암리타』)고 말하는 작가이기 때문일까. 눈물이 보살핌의 도구가 되는 바나나 같은 작가에게서는 "절망을 달착지근하게 조린 시럽 같은 향"(『NP』)이 난다. 그래서인지 그녀는 아무리 배가 고프더라도 자신이 나르는 음식에 탐을 내지 않는 프로급 웨이트리스처럼 슬픔을 운반한다.

지금 생각해 보니 내가 그런 바나나를 만나기는 만난 것일까? 그래, 나는 바나나를 '한 번'이 아니라 '반 번'만 만났는지도 모른다. 반 번에 해당하는 1/2란 30초일 수도 있고, 30분일 수도 있으며, 12시간일 수도 있다. 그리고 한 번 만나도 백 번을 만난 것 같은 사람이 있는가 하면, 백 번을 만나도 한 번 만난 것 같은 사람이 있다. 만남의 이런 불공정 거래는 거기서 그치지 않는다. 한 번 만나도 백 번을 만난 것 같은 사람은 일단 만나면 반갑지만 만나지 않을 때는 별로 생각나지 않는다. 반면 백 번을 만나도 한 번만 만난 것 같은 사람은 만나지 않을 때에도 자꾸만 생각이 난다. 그런 사람을 한 번도 아닌 반 번밖에 만나지 못한 경우라면 그런 갈증이나 그리움은 더 클 것이다. 물론 나의 지나친 애정 때문에 다시 그녀를 만나도 그녀와 이야기를 잘 나누지는 못할 것이다. 그래도 나는 그녀를 아흔아홉 번하고도 반 번 더 만나고 싶다. 바나나는 바나나이니까. 나의 바나나가 나만의 바나나인 것처럼.

사실 바나나는 '능구렁이'처럼 말을 잘하는 작가는 아니었다. 오히려 '도마뱀'처럼 말의 꼬리를 자르면서 짧게 대답하는 쪽에 가까웠다. 어쩌면 그녀는 언어 자체가 너무 노골적이라서 표현되는 순간 도망친다고 생각하는지도 모른다. 그런

점이 단순함과 간결함을 지향하는 그녀의 소설과 더 잘 어울린다. 그녀는 짧게 그러나 친절하게 대답함으로써 많이 생각한 척하면서 길어진 나의 질문을 무색하게 했다. 약자는 언제나 말이 많다. 그리고 뒷말도 많은 법이다. 그녀와의 대담을 정리하면서 그래도 못다 한 말을 덧붙이는 형식을 취한 것도 바로 그 때문이다.

바나나와 한국

김미현 한국 요리를 좋아해서 자주 가는 한국 음식점이 있다고 들었습니다. 여전히 한국 음식을 좋아하시는지요?

바나나 네, 여전합니다. 그래서 일주일에 한 번씩은 아직도 한국 음식을 먹습니다.

김미현 한국 영화 「쉬리」가 일본에서도 상영되는 등, 최근 한국 문화가 일본에서 유행하고 있다고 들었습니다. 한국 음식 이외에 관심이 있는 다른 한국의 문화는?

바나나 지금은 한국 음악에도 흥미가 있습니다.

김미현 한국의 작가나 작품에 대해 혹시 알고 계신 것이나 읽어본 작품이 있습니까?

바나나 거의 없는 것 같아요. 저는 책을 전혀 읽지 않습니다. 다른 일본 작가의 작품도 전혀 읽지 않습니다.

| 김미현 | 당신의 작품은 외국어로 많이 번역되었습니다. 특히 이탈리아에서 아주 인기가 많다고 들었습니다. 일본 이외의 나라에서 독자들이 보이는 반응에 차이가 있습니까?
| 바나나 | 먼저 일본 독자의 경우, 자기에게 모든 것을 맞춰서 읽는다고 생각합니다. 이탈리아 독자들은 책을 읽는 사람이 별로 없는 것 같지만 일단 책을 읽는 사람은 정말로 책을 좋아해서 읽는 것 같아요. 하나의 작품으로 생각하면서 진지하게 읽는 거죠. 한국의 독자들에 대해서는 아직 잘 모르겠습니다. 사실 한국에서는 팬레터 같은 것이 잘 오지 않아서 내가 그렇게 인기가 많은지 실감하지 못하고 있습니다. 가끔 인터뷰를 할 때만 '내 작품이 한국에서도 인기가 있구나'라고 느끼곤 합니다. 한국의 독자들에게서도 팬레터를 많이 받고 싶습니다.
| 김미현 | 한국에도 당신을 좋아하는 독자가 아주 많습니다. 매니아도 아주 많은 것 같아요. 한국에 가면 그들에게 매니아로서의 '본분'(?)을 다하라고 독려해야겠습니다.

당신의 소설에 「김치꿈」이라는 단편이 있습니다. 이 소설을 보면 동

료의 한국인 아내에게서 얻어온 김치 때문에 꾸게 된 꿈 이야기가 나옵니다. 냉장고에 넣어둔 김치의 냄새가 얼음에 배어 얼음 베개를 밴 두 사람이 모두 김치와 관련된 꿈을 꾸게 되죠. 이때의 김치 냄새는 눈에 보이지는 않지만 서로 공유되는 경험이나 무의식적인 영향을 의미할 수 있을 겁니다. 혹은 뇌에 직접 전달되는 강렬한 감각을 의미할 수도 있구요. 그것에 대해 당신은 '같은 음식, 같은 냄새, 같은 방에 포함된 정보가 꾸게 한 똑같은 꿈. 제각기 다른 몸을 가지면서 공유할 수 있는 것, 생활. 살아간다는 것의 의미'라고 썼더군요. 사람들이 영화를 볼 때 웃는 대목은 서로 다르지만 우는 대목은 서로 비슷하답니다. 이것이 바로 기쁨보다 슬픔의 전염력이나 전파력이 큰 이유일 것입니다. 만국공용어가 웃음이 아닌 눈물인 이유도 될 테고요. 저는 「김치꿈」에서의 김치 냄새가 그런 슬픔과 눈물은 아닐까 하는 생각을 해봤어요. 우리는 서로 다른 몸을 지녔지만 슬픔 혹은 눈물이라는 김치 냄새로 연결된다면 동일한 꿈을 꿀 수 있으니까요. 그래서 슬픔을 요리하는 당신의 소설이 보편성을 지니게 되는 거겠죠. 아무리 보잘것없어도 '키친'이 없는 집은 없잖아요. 이런 맥락에서 당신에게는 한국이라는 나라도 슬픔의 냄새가 배어 있는 사람들이 사는 곳이자 슬픔이 요리되는 '키친'에 다름 아닐 거라고 생각해요. 그래서 '특별한 어떤 곳'이기보다는 '세상 어디에나 있는 곳'이 되겠죠.

바나나와 바나나

김미현　당신은 "나는 옛날부터 오직 한 가지를 얘기하고 싶어 소설을 썼고, 그에 대해 더 이상 말하고 싶지 않아질 때까지는 무슨 일이 있어도 계속 쓰고 싶습니다"(『키친』)라고 말한 적이 있습니다. 그 '한 가지'가 무엇입니까? 그리고 그것이 아직도 변하지 않았는지 알고 싶습니다.

바나나　나이를 먹으면서 분위기는 바뀌고 있을지 몰라도, 여전히 그 '한 가지'가 바뀌지는 않았습니다. 그것을 한마디로 말하기가 힘들지만, '희망'이나 '자유' 같은 것 아닐까요. 저는 희망이 있는 소설, 사람을 자유롭게 만드는 소설을 쓰고 싶습니다. 제가 「록키 호러 픽쳐쇼」라는 영화가 '내 모든 근원'이라고 말한 적이 있었는데, 그것도 바로 그 영화가 자유의 분위기를 잘 나타내었기 때문입니다. 그래서인지 지금도 몇 번이나 보고 싶은 영화입니다.

김미현　삼십 대 후반에 소설을 제일 많이 쓸 수 있을 것이라고 말하셨는데, 현재의 창작 활동에 만족하고 계십니까?

바나나　삼십 대 후반인 이제서야 겨우 생각한 대로 쓸 수 있는 것 같습니다. 이십 대에는 생각한 것을 그대로 문장으로 표현하기가 무척 힘들었습니다. 지금은 이런 것을 써서 이런 결과를 내고 싶다고 생각하면 생각한 대로 잘 써지는 편입니다. 그런데 아이러니컬하게도 그것이 오히려 재미가 없어서 다시 쓰는 경우도 있습니다.

김미현   재미없어진다는 것은 구체적으로 무슨 의미입니까?

바나나   생각한 바 그대로 소설이 나오면 너무 작아져 버리거나 이상적으로 생각했던 것이 없어져 버리거나 한다는 거죠.

김미현   요즘 쓰고 있는 소설이나 관심 있는 주제는 무엇인가요?

바나나   지금은 '오키나와'에 대해 쓰고 있습니다. 오키나와는 일본 남쪽에 있는 섬입니다. 오키나와는 오키나와만의 음식이 있고 문화가 있으며 고통이 있습니다. 오키나와의 경우에는 일본에 있지만 같은 일본이라고 생각하지 않습니다. 지금까지 오키나와 출신이 쓴 작품은 있지만 여행자들이 쓴 오키나와에 대한 작품은 없어요. 그래서 여행자의 입장에서, 즉 바깥의 시선으로 일본 아닌 일본인 오키나와에 관한 작품을 쓰고 싶습니다.

김미현   필명을 '바나나'라고 한 이유 중에서 '국적 불명',

'성별 불명'이기 때문에 국제적인 감각을 가질 수 있다고 설명하신 것이 인상적이었습니다. 그래서 드리는 질문인데요, 먼저 '국적 불명'과 관련하여, 당신에게 있어서 '일본'은 무엇입니까?

바나나   글쎄요. 일본을 떠나서 살아본 적이 없기 때문에 오히려 일본적인 것에 대한 생각이 없었던 것 같습니다. 아까도 말씀드렸듯이 다른 일본 작가들의 작품을 읽지 않는다는 사실과 통하는 것인데요, 문학이나 다른 무엇보다 일본의 자연이 저에게 더 영향을 미치는 것 같습니다. 일본의 자연은 세계적으로도 그 예를 찾아볼 수 없을 정도로 대단히 훌륭한 것입니다. 다이내믹한 느낌이나 거대하다는 느낌을 주는 자연은 세계 어디서나 볼 수 있지만 일본과 같은 사계절은 어디서나 볼 수 있는 것이 아닙니다. 큰 도시는 어디나 비슷하기 때문에, 도시에서 살고 있긴 하지만 도시에서 배우는 것은 그다지 없습니다.

김미현   소설 자체는 도시적인 감수성이 더 진하게 느껴지는 것 같은데 오히려 자연에 더 애착을 가지시는군요.

바나나   그건 도시에 살고 있기 때문에 도시에 대해 잘 알 수 있는 것이 있어서 그런 것 같습니다.

김미현   다음으로 '성별 불명'과 관련해서는 어떤 이야기를 해주시겠습니까? 작가가 아닌 여성 작가이기 때문에 다른 점이 있습니까? 혹은 여성 작가라는 자의식이 있나요?

바나나   여성의 관점에서 쓰는 소설의 방법이 있긴 하겠지만 내게는 전혀 맞지 않았습니다. 일부러 거부한 것은 아니었는데 그냥 내게는 맞지 않았습니다.

김미현   '안 맞았다'는 것은 뭔가를 여성적인 문학이라고 상정하고 하시는 말씀일 텐데요, 여성 문학의 특징이 무엇이라고 생각하십니까?

바나나   대학의 문예학과에서 내는 문집 같은 것을 보면 여성 작가 지망생의 경우 열 명 중의 여덟 명은 연애나 자신의 육체에 관련된 주제에 중점을 두고 쓰고 있습니다. 그래서인지 제게는 그런 것에 중점을 두는 것이 여성 문학으로 다가왔습니다. 그런 작품들에 대해 반감은 없지만 제게는 그냥 맞지 않았습니다.

김미현   그렇다면 여성으로서의 체험이 아닌 다른 체험은 당신의 문학에 영향을 미치나요? 흔히 새로운 문학의 흐름으로 자전적 삶을 거부하는 인공의 문학(경험이 없는 문학)을 지적하기도 하는데요.

바나나   저의 경우는 자전적 체험이 어느 정도 소설에 영향을 미친다고 생각합니다. 특히 주제를 결정할 때 영향을 미칩니다. 꿈이나 연애, 가족의 고통 같은 것을 다룰 때, 더러 그것들이 자전적인 것이 아니라 환상적인 것이라고 오해되기도 하지만, 저의 소설은 다른 사람들의 소설에 비해 자전적인 요소가 많이 투영되어 있다고 생각합니다. 제가 관심이 있는 것은 어디까지나 환상이 아니라 일상입니다.

당신은 결혼한 지 1년쯤 된다고 했습니다. 오랜 세월 동안 함께 살았던 자전거 수리공이 그 상대냐고 제가 무심코 물었더니 당신은 아니라고 했습니다. 그와는 헤어졌고 다른 사람과 결혼했다고 했습니다. 그리고 결혼하고 나니 마음이 무척 안정되면서 편안해졌다고도 했습니다. 희망과 자유를 추구하는 당신에게 어울리는 변화일 거라는 생각이 들었습니다. 당신은 행복에 관심이 많은 작가이니까요. 슬픔을 아니까 '그만큼' 행복해질 수도 있는 것 아닌가요? 당신은 강해 보였습니다. 슬픔을 느끼지 않아서가 아니라 슬픔을 견딜 수 있어서요. 당신의 '살아가는 건 지옥이다'라는 말은 '살아가는 건 천국이다'와 똑같은 '의미의 분량'으로 대치할 수 있습니다. "나는 행복해지고 싶다. 오랜 시간, 강바닥을 헤매는 고통보다는, 손에 쥔 한줌 사금에 마음을 뺏긴다. 그리고 내가 사랑하는 모든 사람들이 행복해지면 좋겠다고 생각한다."(「달빛 그림자」) 그래서 당신은 우리들에게 자기 자신 속에서 슬픔을 이겨낼 수 있는 생명의 감로수인『암리타』를 발견하라고 말합니다. 삶의 기쁨이나 신비란 "늘 거기에 충만하게 있으면서도 쉽사리 만질 수 있는 찬란한 것"(『암리타』)이라고도 말해 줍니다. 당신은 이런 희망을 말하기 위해 상처나 고통을 말했을 겁니다. 그리고, 우리들의 몸은 조그맣고 차가우니까 누군가가 따뜻하게 감싸주어야 한다고 말했을 겁니다.

인간은 약한 존재입니다. 죽음을 피할 수 없을 정도로요. 그리고 사랑을 하게 되는 것은 슬픈 일입니다. 사랑을 해도 시간은 흐르니까요. 그러나 당신 말에 따르면 인생이란 제대로 절망해 봐야 정말 버릴 수 없는 것이 무엇인지를 알게 되는 것입니다. 그리고 진정으로 "살아 있는 사람"이 될 수도 있습니다. "사람의 마음에는 보석이 있다."(「만월」) 더구나 "세상이 우리를 사랑한다."(『허니문』) 그렇다면 우리는 이제 소설이라는 세상 속에서 당신이 사랑하는 보석들과 만날 수 있겠군요.

바나나와 소설

김미현   스스로 생각하기에 왜 사람들이 당신의 소설을 사랑한다고 생각하십니까?

바나나   사람들은 서로 전혀 다르지만, 이런 일이 일어나면 슬프고, 이런 날씨에는 기분이 좋고 하는 것들은 다 비슷합니다. 그러나 감수성이 강한 젊은이들은 이런 작은 것에서도 자신에 대한 불안을 느낍니다. 제 소설은 그런 사람들을 안심시키는 요소가 있는 것 같습니다. 위로가 된다는 뜻이겠죠.

김미현　그래서인지 나이 든 사람보다는 젊은 사람들이 당신의 소설에 보다 쉽게 공감하는 것 같습니다. 스스로도 젊은 작가라고 생각하십니까?

바나나　젊은 작가라고 생각하지는 않지만 젊은 사람들을 위해 소설을 쓰고 있기는 합니다.

김미현　한국에서 흔히 1990년대의 신세대 작가들의 작품을 '젊은 소설'이라고 말할 때 대중문화적인 것을 문학에 도입했다는 사실을 지적합니다. 당신도 소설을 통해 '한 편의 영화를 봤을 때, 좋은 음악을 들었을 때와 같은 감정을 전할 수 있기를 원한다'고 하셨습니다. 특히 「오카와바타 기담(奇譚)」은 음악이 직접적인 모티브가 되어 쓴 소설이라 밝히시기도 했고요. 이처럼 문학에서도 대중문화적인 것이 중요하다고 생각하십니까?

바나나　저도 음악을 무척 좋아하지만 음악을 좋아하는 사람들만을 위한 글을 쓰고 싶지는 않습니다. 그리고 소수의 젊은이들밖에 얘기하지 못하는 소설도 쓰고 싶지 않습니다. 그래서 오히려 그 시대가 반영되지 않

	는 글을 쓰고 싶습니다. 그래야 더 보편적일 테니까요. 때문에 저에게 '대중적'이라는 의미는 '보편적'이라는 뜻이지, '대중문화적'이라는 뜻이 아닙니다.
김미현	다른 문화와는 달리 문학만이 줄 수 있는 것도 있지 않겠습니까?
바나나	문학은 다른 예술보다 자유롭습니다. 자신의 머리에서 자유롭게 생각해서 자유롭게 그것을 풀 수 있으니까요. 그것을 통해 자신만의 소설을 만들 수 있는 자유도 더 많구요. 반면 영화는 그 속에 들어가서 만들 수밖에 없습니다. 그래서 제약이 따르죠. 하지만 소설은 자신의 공상을 자유롭게 스스로 만들 수가 있습니다. 흔히 마음을 흔들리게 하는 것이 어렵다고 하지만, 소설 속에서는 제가 생각하지 않았던 일도 일어날 수 있습니다. 예를 들면 별로 좋아하지 않는 음악이 있었는데 당신의 소설을 읽고 나서 그 음악을 들었더니 정말 좋았다고 말하는 것은, 그 소설이 그 사람의 것이 되었다는 뜻입니다. 그때 저는 소설이 자유롭게 느끼게 하는 가능성을 넓혔다는 생각을 하게 됩니다.
김미현	《아사히 신문》에서 당신의 소설은 마치 '롤러코스터' 같다고 평한 적이 있습니다. 그러나 저는 당신의 소

설이, 타고 나면 갑자기 빠른 속도로 올라갔다가 빠른 속도로 내려오는 롤러코스터보다는 오히려 천천히 올라갔다가 오래 남는 '바이킹' 같다는 느낌이 듭니다. 그래서 더 무섭다고 생각합니다. '롤러코스터' 같다는 그 비유에 대해서는 어떻게 생각하십니까?

바나나 저도 바이킹이 롤러코스터보다 훨씬 무섭고 오래 남습니다. 그리고 바이킹은 사람 각자가 가지고 있는 느낌에 따라 전혀 다르게 느낄 수 있습니다. 당신의 생각에 저도 공감합니다.

김미현 한국에 소개되지 않은 최근의 단편집(『불륜과 남미』, 『몸은 전부 알고 있다』)이나, 최근의 작품에 무슨 변화가 있습니까? 최근의 소설에 대해 말해 주세요.

바나나 그 두 권은 단편집입니다. 그 작품들을 통해 단편 쓰는 연습을 아주 많이 했습니다. 저의 경우 단편에서는 이것은 좋고 이것은 나쁘다는 것을 확실하게 이야기하지 않고 미묘하게 쓰게 됩니다.

김미현 장편보다 무거워졌다는 뜻입니까?

바나나 아무래도 단편은 똑같은 무게를 작은 분량에 담아내려니까 자연히 무거워지는 것 같아요.

김미현 조심스러운 질문인데요, 당신의 소설이 가볍다는 지적에 대해서는 어떻게 생각하십니까.

바나나   그렇게 생각하지 않습니다. 저는 무거운 것을 가볍게 보여 주는 것뿐입니다.

김미현   그렇다면 무거운 것을 왜 가볍게 얘기하십니까?

바나나   무거워서 손에 잡히지 않으니까요. 그러니까 손에 잡힐 수 있도록 가볍게 만들어줘야 하지 않나요?

김미현   '진지함 이전'이 아니라, '진지함 이후', 즉 눈물을 흘리기 이전이 아니라 눈물이 마르는 과정을 그리기 때문이 아닐까 생각합니다만?

바나나   사람의 마음이 갖는 흐름은 간단하게 말하기 어렵습니다. 그 과정이 굉장히 복잡하죠. 때문에 커다란 감동을 억지로 주려는 영화와는 달라야 한다고 생각합니다.

김미현   좀더 도전적으로 질문해 보겠습니다. 당신의 소설이 새롭다고 생각하십니까? 새롭다면 기존의 문학과 당신의 문학이 어떤 점에서 다르다고 생각하십니까?

바나나   저는 소설가라고 불려지는 사람들이 하는 일은 이전의 사람들이나 지금의 다른 사람들과 비슷하다고 생각합니다. 아마도 저와 비슷한 고민을 하는 젊은 작가들이 많을 겁니다.

김미현   그렇다면 하늘 아래 새로운 문학은 없다고 생각하

|바나나| 시는지요?
저는 사람의 마음이란 것은 시간이 흘러도 변하지 않는다고 생각합니다. 물론 지금까지 본 적이 없는 것을 그려야 한다면 새로운 구성을 생각해 내야겠죠. 그러나 저는 변하지 않는 것에 더 관심이 있기 때문에 시대성이 드러나지 않거나, 세상이 변해도 읽을 수 있는 글을 쓰고 싶습니다.

|김미현| 저는 당신 소설의 등장 인물이 '드라이아이스'처럼 다가옵니다. 몽롱하면서도 차갑다는 느낌이 들어요. 개인적으로 한국에 소개된 작품 중에서 『NP』를 가장 좋아합니다. '스이'라는 인물 때문이죠. 그녀가 가장 바나나다운 인물이라는 생각도 합니다. 그녀는 공기처럼 다가와서 눈물처럼 남습니다. 그것이 당신 소설의 매력이라고도 생각하는데, 인물을 설정할 때 가장 중시하는 것은 무엇입니까?

|바나나| '그 인물들이 정말 살아 있다면'이라는 가정이 제일 중요합니다. 그런 가정 하에서의 리얼리티를 살리려고 노력합니다. 옛날 이야기나 만화 등에서는 어떤 주제가 있고 그 주제를 위해 등장인물이 나오지만, 저의 소설에서는 주제보다 등장인물이 먼저입니다.

|김미현| 당신의 소설 속에 나오는 가족은 거의 붕괴되어 있

다고 생각합니다. 이처럼 평범한 가족이 없는 이유
는 무엇입니까?

바나나   가족이라는 주제를 쓴다는 것은 아주 어렵습니다.
연애나 결혼 같은 것과 비교할 때 말입니다. 지금의
일본의 가족은 보통의 가족이라고 부르기 어렵습니
다. 시대가 변했기 때문이겠지요. 주변에서 보아도
제대로 된 가족이 거의 없습니다.

김미현   왜 지금의 가족들이 그럴까요? 한국도 비슷한 실
정인데요.

바나나   아무래도 경제적 이유 때문이 아닐까요? 경제적인
격변 때문에 제가 어렸을 때와 같은 평범한 가족이
점점 사라지는 것 같아요. 지금의 상황에서는 부모
가 아이에게 뭔가 말할 수 있는 올바른 기준을 가지
고 있지 않습니다.

김미현   거의 대담이 끝나가는데요, 마지막으로 한국에서는
순수문학이 위기에 처했다고 걱정들을 많이 합니다.
그래서 오히려 문학은 다품종 소량 생산으로 가지
않으면 안 된다는 목소리도 나오고 있습니다. 앞으
로 문학이 어떻게 될 것인지에 대한 당신의 의견을
듣고 싶습니다.

바나나   일본에서도 마찬가지입니다. 순수문학 잡지도 거의

없어지고 있습니다. 나는 순수문학의 계열에는 들지 않아서 다행히 지금까지는 그 여파를 피할 수 있었습니다. 순수문학이 없어진다는 것은 소수의 것이나 필요 없는 것은 없어져야 한다는 것과 마찬가지 논리이기 때문에 위험합니다. 그런 세상은 행복한 세상이 될 수 없습니다. 옛날에는 전혀 팔리지 않는 작가의 원고라고 해도 출판사는 그 작가에게 투자를 했었습니다. 그런데 지금은 전혀 그렇지 않습니다. 정말 슬픈 일이라고 생각합니다. 이것은 큰 슈퍼마켓이 하나 있으면 작은 가게들은 필요 없게 되는 것과 마찬가지입니다. 그런 위험한 상황은 절대로 바뀌어야 한다고 생각합니다.

김미현   스스로 당신이 순수문학에서 빗겨나 있다고 하셨는데, 그렇다면 순수문학 작가가 아니라 대중문학 작가라는 뜻입니까?

바나나   그렇지도 않습니다. 순수문학과 대중문학의 관계에 대해서는 뭐라 말하기가 곤란하군요. 그냥 저는 그 어디에도 위치해 있지 않다고 생각합니다.

김미현   문학의 미래를 포함하여 당신은 세상을 무척 호의적으로 보는 것 같습니다. 그래서 당신의 소설에서는 고통이 전면에 드러나는데도 불구하고 역설적인

	희망이 느껴집니다. 정말로 세상에는 아직 희망이 있다고 생각하시나요?
바나나	이 세상에 의미 없는 것은 없습니다. 인간이라는 것도, 심지어 애증이라는 것도 무엇인가 의미가 있습니다. 그것은 호의적이고 희망적인 것입니다.
김미현	그래서 당신의 글을 보면 따뜻해집니다. 평론가가 아닌 독자로서 그렇게 생각합니다. 앞으로도 그런 따뜻한 소설을 통해 이 세상을 견딜 만한 힘을 독자들에게 많이 주시기를 바랍니다. 대담에 응해 주시고, 좋은 말씀 많이 해 주셔서 감사합니다.
바나나	저도 감사합니다.

당신의 장편소설인 『암리타』를 보면 머리를 다쳐 기억을 잃었던 여주인공 사쿠미가 고등학교 때 열심히 읽었던 카사이 키요시란 작가의 『철학자의 밀실』이라는 작품을 보고 기억을 생생하게 되찾는 대목이 나옵니다. 어떤 장소나 시간, 물건, 사람이 아니라 소설을 통해 이전의 기억을 되찾는다는 것이 아주 감동적이었습니다. 이전에 그 책을 읽으면서 흥분했던 대목, 등장인물들에 대한 평가나 자신의 느낌 등을 통해 자아 정체성을 찾는 것이죠. 소설, 즉 문학이 어긋나 있던 기억의 톱니바퀴를 제대로 맞물리게 해 준 것입니다. 그래서 사쿠미는 "소설은 살아 있어요. 살아서, 이쪽에 있는 우리들에게 영향을 끼쳐요"라고 말할

수 있었을 겁니다. 당신에 의하면 "인간 저마다 제각각 서로 다른 국면에서 말로 다 표현하지 못하고, 표현하기 어려웠던 무언가를 소설로 써서 낯 모르는 타인과 나누어갖는 것"(『NP』)이니까요. 그래서 당신의 소설에는 「달빛 그림자」의 우라라나 『암리타』의 사세코처럼 타인의 상처를 잘 알아보고 그것을 치유해 주려는 영매와 같은 존재가 많이 등장하는 것 같습니다.

그러고 보니 저는 다음의 구절에서 당신이 소설을 쓰는 궁극적인 이유를 발견하게 됩니다.

"무언가 치유되는 과정이란, 보고 있으면 즐겁다. 계절이 바뀌는 것과 비슷하다. 계절은, 절대로 보다 낫게 변하지 않는다. 그저 어쩌다 그렇게 된 것처럼, 낙엽이 떨어지고 잎이 무성해지고, 하늘이 파래지고 높아질 뿐이다. 그런 것과 흡사하게 이 세상이 끝나는 건가 싶을 정도로 기분이 나쁘다가, 그 상태가 조금씩 변화해 갈 때, 딱히 좋은 일이 생긴 것도 아닌데, 어떤 위대한 힘을 느낀다. 갑자기 음식이 맛있게 느껴지고, 문득 불편하던 잠자리가 편안해지는 것은 곰곰이 생각해 보면 신기한 일이다. 고통은 찾아왔던 것과 똑같은 길을 걸어 담담하게 사라진다."(『허니문』)

이런 치유를 위한 정신적 제의를 통해 당신은 "여행"이 아닌 "미래", "동경"이 아닌 "공감", "기억"이 아닌 "신비"를 문제삼고 있습니다. 그래서 당신의 소설은 가볍지 않고 단지 가벼움을 지향할 뿐입니다. 새롭지 않고 그저 낯익은 것에 충격을 주려 할 뿐입니다. 가벼운 소설을 다시 가볍게 만들 필요는 없고, 새로운 소설에 다시 충격을 줄 필요는 없으니까요. 어쩌면 당신에게 중요한 것은 무거움이나 가벼움, 새로움이나 익숙함의 문제가 아니라 "딱딱한 유연함"과 "유연한 딱딱함", "따뜻함과 차가움", "상처와 치유" 등의 문제가 아닐까요. 이것이 바로 제가 당신의 대표작인 『키친』을 읽고 나서 "읽을 때는 바나나 같고 읽고 나면 마늘 같다. 읽을 때는 해준 음식을 먹고 싶고, 읽고 나면 음식을 해주고 싶다"라고 짧게 이야기했던 이유입니다. 이런 느낌의 변화는 당신의 『키친』 속에서 내 마음에 있는 『암리타』가 요리되고 있기 때문입니다. 앞으로도 당신의 요리 솜씨가 여전하기를 빕니다.

더 나은 실패

1판 1쇄 찍음 2024년 9월 6일
1판 1쇄 펴냄 2024년 9월 13일

지은이   김미현
발행인   박근섭·박상준
펴낸곳   (주)민음사

출판등록   1966. 5. 19. 제16-490호
서울시 강남구 도산대로 1길 62(신사동)
강남출판문화센터 5층(06027)
대표전화 02-515-2000 | 팩시밀리 02-515-2007
홈페이지   www.minumsa.com

ⓒ 김미현, 2024. Printed in Seoul, Korea

ISBN   978-89-374-1648-4 (03810)

* 잘못 만들어진 책은 구입처에서 교환해 드립니다.

그림자의 문학이 위험에 빠질 때는
그림자가 보이지 않을 때가 아니라
보이지 않는다고 착각할 때다.
그림자의 문학에서 그림자는
보이지 않을 때도 존재하기 때문이다.
심지어 정오에도 그림자는 스스로를
벗어던지지 않고, 빛이라는 외투를 입고 나타난다.
그림자를 벗어던졌을 때는 '보이는 것'이
전부지만, 빛이라는 외투를 입었을 때는
'빼앗긴 것'까지도 보여 준다.
그렇다면 '사라짐'이 아니라 '다시 나타남'에
더 주목해야 할 것이다.

『그림자의 빛』 서문에서